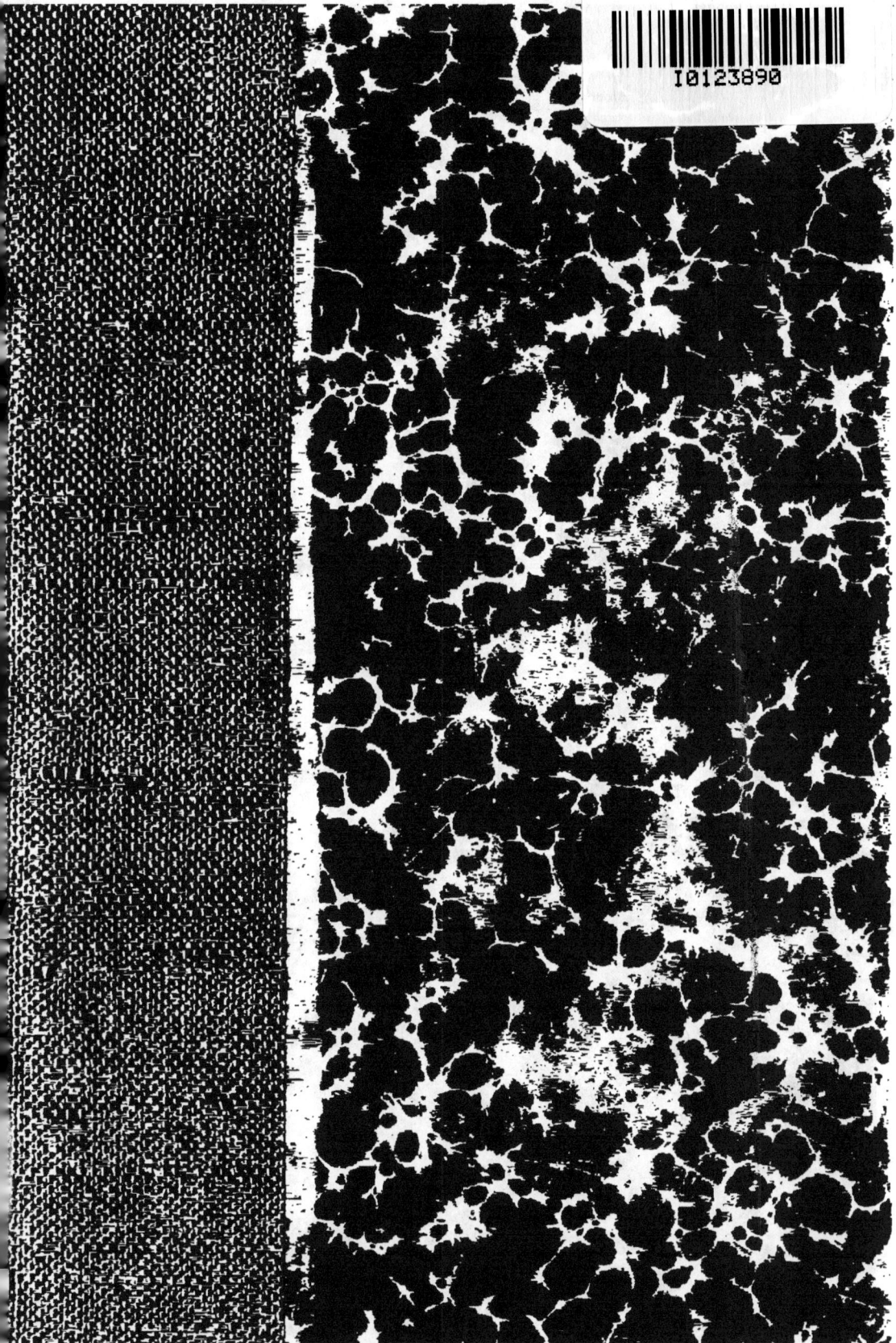

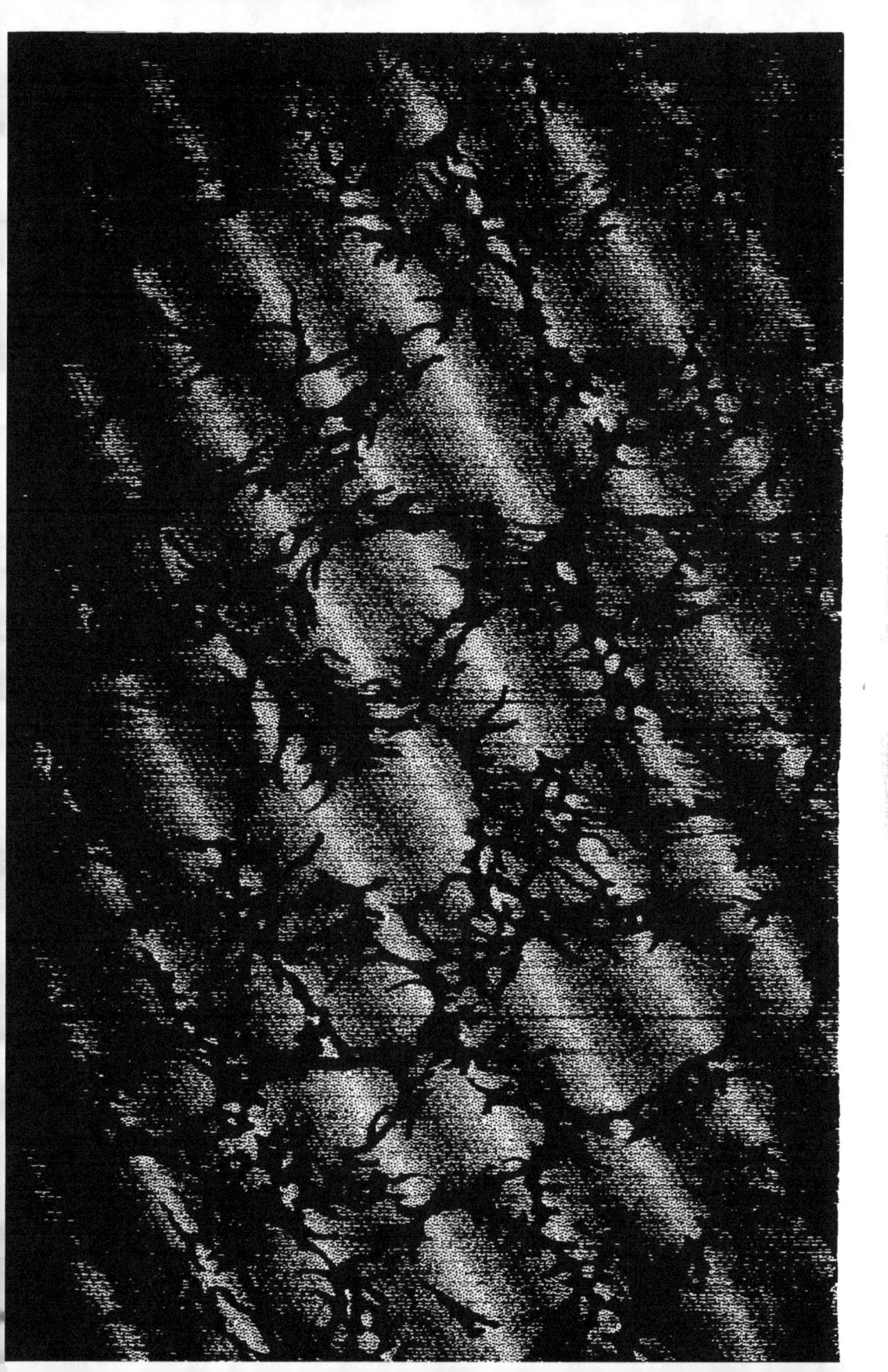

BIBLIOTHÈQUE DE L'ARMÉE FRANÇAISE

NAPOLÉON

CAMPAGNES

D'ITALIE, D'ÉGYPTE

ET DE SYRIE

TOME DEUXIÈME

PARIS

LIBRAIRIE HACHETTE ET Cie

BOULEVARD SAINT-GERMAIN, 79

1872

BIBLIOTHÈQUE

DE L'ARMÉE FRANÇAISE

PUBLIÉE PAR ORDRE .

DU PRÉSIDENT DE LA RÉPUBLIQUE

SOUS LA DIRECTION

DU MINISTRE DE LA GUERRE

PAR LES SOINS DE M. CAMILLE ROUSSET

HISTORIOGRAPHE DU MINISTÈRE DE LA GUERRE

PARIS. — TYPOGRAPHIE LAHURE

Rue de Fleurus, 9

BIBLIOTHÈQUE DE L'ARMÉE FRANÇAISE

NAPOLÉON

CAMPAGNES

D'ITALIE, D'ÉGYPTE

ET DE SYRIE

TOME DEUXIÈME

PARIS

LIBRAIRIE HACHETTE ET Cⁱᵉ

BOULEVARD SAINT-GERMAIN, 79

1872

CAMPAGNES
D'ÉGYPTE ET DE SYRIE

CHAPITRE PREMIER

PRISE DE MALTE

I. Le traité de Campo-Formio avait rétabli la paix sur le continent. L'empereur d'Allemagne était satisfait des conditions qui lui avaient été accordées. La France était rentrée dans l'héritage des Gaulois : elle avait reconquis ses limites naturelles. La première coalition, qui avait menacé d'étouffer la République à son berceau, était vaincue et dissoute.

8   1—1

L'Angleterre restait seule armée. Elle avait profité des calamités du continent pour s'emparer des deux Indes et s'arroger la tyrannie sur les mers. Le Directoire avait rompu les négociations de Lille, convaincu que l'on ne pouvait espérer le rétablissement de l'équilibre aux Indes et la liberté des mers qu'en faisant une campagne heureuse sur mer et dans les colonies.

Plusieurs projets de campagne furent discutés pour l'année 1798. On parla de descente en Angleterre avec des bateaux plats partant de Calais et sous la protection d'un mouvement combiné des escadres françaises et espagnoles. Mais il fallait pour les préparatifs une centaine de millions, que l'état dérangé des finances ne permettait pas d'espérer. D'ailleurs, une invasion en Angleterre exigeait l'emploi des principales forces de la France ; ce qui était prématuré dans l'état d'agitation où se trouvait encore le continent.

Le gouvernement adopta le plan de tenir dans des camps, sur les côtes de la Manche, 150,000 hommes menaçant l'Angleterre d'une invasion imminente, mais en effet prêts à se porter sur le Rhin si cela devenait nécessaire, pendant que deux petites armées, chacune de 30,000 hommes, agiraient offensivement. L'une serait embarquée sur l'escadre de Brest et opérerait une descente en Irlande, où 100,000 insurgés l'attendaient ; l'autre opérerait dans l'Orient, traversant la Méditerranée, où dominait l'escadre de Toulon. Les établissements anglais aux Indes en seraient ébranlés. Tippoo-Sahib, les Mahrattes, les Sikhs, n'attendaient qu'un signal. Napoléon parut nécessaire à l'armée d'Orient. L'Égypte, la Syrie, l'Arabie, l'Irak, attendaient un homme. Le gouvernement turc était tombé en décrépitude. Les suites de cette expédition pouvaient être aussi étendues que la fortune et le génie du chef qui la dirigerait.

Une ambassade solennelle, avec les moyens nécessaires pour réussir, devait être rendue à Constantinople en même temps que l'armée aborderait en Orient. En 1775, les Mameluks avaient conclu un traité de commerce avec la Compagnie des Indes anglaises ; depuis ce moment, les maisons françaises avaient été insultées et couvertes d'avanies. Sur les plaintes de la cour de Versailles, la Porte avait envoyé, en 1786, le capitan-pacha Hassan contre les beys ; mais, depuis la révolution, le commerce français était maltraité de nouveau. La Porte avait déclaré qu'elle ne pouvait rien, que les beys étaient *gens avides, irréligieux et rebelles*, et laissa entrevoir qu'elle tolérerait une expédition contre l'Égypte, comme elle avait toléré celles contre Alger, Tunis et Tripoli.

II. Les escadres anglaises avaient évacué la Méditerranée à la fin de 1796, après que le roi de Naples eut fait sa paix. Depuis ce temps, le drapeau tricolore dominait dans l'Adriatique, dans le Levant, et jusqu'au détroit de Gibraltar. Le succès

de la marche de l'armée d'Orient dépendait du secret avec lequel seraient faits les préparatifs. Napoléon, comme général en chef de l'armée d'Angleterre , visita d'abord les camps de la Manche ,
paraissant s'en occuper uniquement, mais ne s'oc-
cupant que de l'armée d'Orient. Des villes de la
Flandre et de la Belgique où il séjourna, il expédia
des courriers pour porter ses ordres sur les côtes
de la Méditerranée. Il s'était chargé de diriger tous
les préparatifs de terre et de mer. La flotte , les
convois, l'armée, tout fut prêt en peu de semaines.
Il correspondait avec les généraux Caffarelli à Toulon , Reynier à Marseille , Baraguey d'Hilliers à
Gênes, Desaix à Gività-Vecchia, Vaubois en Corse.
Ces cinq commissaires firent confectionner les vivres, réunir et armer les bâtiments avec une telle
activité, que le 15 avril les troupes étaient embar-
quées dans ces cinq ports. Les commandants n'attendaient plus que les ordres de mouvement.

L'état de situation de ces expéditions était le
suivant :

PORTS D'EMBARQUE- MENT.	VAISSEAUX DE LIGNE.	FRÉGATES.	CORVETTES ET AVISOS.	FLUTES.	HOMMES A BORD.	CHEVAUX A BORD.
Toulon........	13	7	6	106	20 500	470
Marseille....	»	»	2	30	3.200	60
Corse	»	»	1	20	1.200	»
Gênes........	»	1	1	35	3.100	70
Civita-Vecc.	»	1	1	41	4.300	80
	13	9	11	232	32.300	680

Sur les treize vaisseaux de ligne qui composaient l'escadre, l'amiral était de 120 canons, trois étaient de 80 et neuf de 74. Parmi ceux-ci, *le Guerrier* et *le Conquérant* étaient vieux et mauvais; ils n'étaient armés que de pièces de 18. Parmi les flûtes du convoi, il y avait deux vaisseaux vénitiens de 64, quatre frégates de 40 canons et 10 corvettes-avisos, qui lui servaient d'escorte. Le vice-amiral Brueys, officier de l'ancienne marine, qui avait commandé l'année précédente dans l'Adriatique, passait pour un des meilleurs marins de la République. Les deux tiers des vaisseaux étaient bien commandés, mais l'autre tiers l'était par des officiers incapables. L'escadre et l'armée étaient approvisionnées pour cent jours en vivres et quarante jours d'eau.

L'armée de terre était composée de quinze demi-brigades d'infanterie, de sept régiments de cavalerie et de vingt-huit compagnies d'artillerie, d'ouvriers, de sapeurs, de mineurs, savoir : des 2e, 4e, 21e, 22e demi-brigades d'infanterie légère; des 9e, 18e, 19e, 25e, 32e, 61e, 69e, 71e, 80e, 85e, 88e demi-brigades d'infanterie de ligne; chacune de trois bataillons, chaque bataillon de neuf compagnies; des 7e de hussards, 22e de chasseurs, 3e, 14e, 15e, 18e, 20e de dragons; de seize compagnies d'artillerie; huit compagnies d'ouvriers, de sapeurs, de mineurs; quatre compagnies du train d'artillerie. La cavalerie avait ses selles et brides, et seulement trois cents chevaux. L'artillerie avait triple approvisionnement, beaucoup de boulets, de poudre, d'outils, un équipage de siége et tout ce qui est propre à l'armement d'une grande côte, douze mille fusils de rechange, des équipements, des harnais pour six mille chevaux. La commission des sciences et arts avait des ouvriers, des bibliothèques, des imprimeries française, arabe, turque, grecque, et des interprètes de toutes ces langues. Infanterie, 24,300 hommes; cavalerie, 4,000; artillerie, 3,000; non-combattants, 1,000 : total, 32,300 hommes.

Le général Berthier était chef de l'état-major de l'armée. Le général Caffarelli du Falga commandait le génie et avait sous ses ordres un bon nombre d'officiers les plus distingués de cette arme. Le général Dommartin commandait l'artillerie; sous lui les généraux Songis et Faultrier. Les généraux Desaix, Kléber, Menou, Reynier, Bon, Dugua, étaient les lieutenants généraux. Parmi les maréchaux de camp, on citait les généraux Murat, Lannes, Lanusse, Vial, Vaux, Rampon, Junot, Marmont, Davout, Friant, Belliard, Leclerc, Verdier, Andréossy.

Desaix était l'officier le plus distingué de l'armée; actif, éclairé, aimant la gloire pour elle-même. Il était d'une petite taille, d'un extérieur peu prévenant, mais capable à la fois de combiner une opération et de la conduire dans les détails d'exécution. Il pouvait commander une armée comme une avant-garde. La nature lui avait assigné un rôle distingué, soit dans la guerre, soit dans l'état civil. Il eût su

gouverner une province aussi bien que la conquérir
ou la défendre.

Kléber était le plus bel homme de l'armée. Il en
était le Nestor; il était âgé de quarante-cinq ans.
Il avait l'accent et les mœurs allemandes. Il avait
servi huit ans dans l'armée autrichienne en qualité
d'officier d'infanterie. En 1790, il avait été nommé
chef d'un bataillon de volontaires de l'Alsace, sa
patrie. Il se distingua au siége de Mayence, passa
avec la garnison de cette place dans la Vendée, où
il servit un an, fit les campagnes de 1794, 1795,
1796 à l'armée de Sambre-et-Meuse (il en commandait la principale division), s'y distingua, y rendit
des services importants, y acquit la réputation d'un
général habile. Mais son esprit caustique lui fit des
ennemis. Il quitta l'armée pour cause d'insubordination et fut mis à la demi-paye. Il demeurait à
Chaillot pendant les années 1796 et 1797. Il était
fort gêné dans ses affaires. Lorsqu'en novembre
1797 Napoléon arriva à Paris, il se jeta dans ses
bras. Il fut accueilli avec distinction. Le Directoire
avait une grande aversion pour lui, et celui-ci le
lui rendait complétement. Kléber avait dans le caractère on ne sait quoi de nonchalant qui le rendait
facilement dupe des intrigants. Il avait des favoris.
Il aimait la gloire comme le chemin des jouissances.
Il était homme d'esprit, de courage, savait la
guerre, était capable de grandes choses, mais
seulement lorsqu'il y était forcé par la nécessité
des circonstances, alors que les conseils de la

nonchalance et des favoris n'étaient pas de saison.

Le général Bon était de Valence, en Dauphiné. Il avait servi à l'armée des Pyrénées-Orientales, où il avait acquis tous ses grades. C'était un intrépide soldat. Il s'était distingué à l'armée d'Italie dans les campagnes précédentes ; il commandait la gauche de l'armée à la bataille de Saint-Georges.

Le général Caffarelli était d'une activité qui ne permettait pas de s'apercevoir qu'il eût une jambe de moins. Il entendait parfaitement les détails de son arme ; mais il excellait par les qualités morales et par l'étendue de ses connaissances dans toutes les parties de l'administration publique. C'était un homme de bien, brave soldat, fidèle ami, bon citoyen. Il périt glorieusement au siége de Saint-Jean-d'Acre, en prononçant, à son lit de mort, un très-éloquent discours sur l'instruction publique. Il était chargé de la direction de la commission des savants et artistes qui étaient à la suite de l'armée.

était plus propre que personne à les contenir, diriger, utiliser, et à les faire concourir au but du chef. Cette commission était composée des académiciens Monge et Berthollet, Dolomieu, Denon ; des ingénieurs en chef des ponts et chaussées Le Père (J. M.), Girard ; des mathématiciens Fourier, Costaz, Corancez ; des astronomes Nouet, Beauchamp et Méchin ; des naturalistes Geoffroy Saint-Hilaire, Savigny ; des chimistes Descotils, Champy et Delile ; des dessinateurs [Dutertre, Redouté ; du musicien

Villoteau ; du poëte Parseval ; des architectes
Le Père, Protain, Norry ; enfin de Conté, qui était
à la tête des aéronautes, homme universel, ayant
le goût, la connaissance et le génie des arts, précieux dans un pays éloigné, bon à tout, capable de
créer les arts de la France au milieu des déserts de
l'Arabie. A la suite de cette commission étaient une
vingtaine d'élèves de l'École polytechnique ou de
celle des Mines, parmi lesquels se sont fait remarquer Jomard, Dubois aîné, Lancret, Chabrol, Ro-
zières, Cordier, Regnaud, etc.

III. Comme tous les préparatifs étaient achevés,
arriva l'événement de Bernadotte à Vienne, qui fit
craindre le renouvellement de la guerre continen-
tale. Le départ de l'armée fut retardé de vingt jours,
ce qui devait la compromettre. Le secret s'était
divulgué, et tous les préparatifs faits en Italie avaient
eu le temps d'être connus à Londres. Cependant ce
ne fut que le 16 mai que l'amirauté fit partir une
escadre de la Tamise pour la Méditerranée ; elle
arriva le 12 juin devant Toulon. La flotte française
en était partie le 19 mai ; elle avait une avance de
vingt-cinq jours. Cette avance eût été de quarante-
cinq jours sans l'incartade si folle de Bernadotte.

Napoléon arriva à Toulon le 9 mai. Il passa la
revue de l'armée. Il lui dit en substance par l'ordre
du jour :

« Soldats, vous êtes une des ailes de l'armée d'Angleterre.... Les légions romaines, que vous avez

imitées, mais pas encore égalées, combattaient Carthage tour à tour sur cette même mer et aux plaines de Zama.... L'Europe a les yeux sur vous.... Vous avez de grandes destinées à remplir.... Soldats, matelots, la plus grande sollicitude de la République est pour vous.... Vous serez dignes de l'armée dont vous faites partie !... »

Le convoi de Marseille appareilla sous la protection de deux frégates. Il mouilla le 15 dans la rade de Toulon. Napoléon monta sur *l'Orient*, de 120 canons. C'était un des plus beaux vaisseaux, ayant toutes les qualités qu'on pouvait souhaiter. Le 18, la croix des Sablettes signala des vaisseaux anglais : c'était la division légère de Nelson, de trois vaisseaux. Le 19, la flotte mit à la voile. Dans la nuit du 20 au 21, elle doubla le cap Corse et y essuya un coup de vent. Le convoi de Gênes rallia le lendemain ; celui de Corse le 26, par le travers du détroit de Bonifacio. Le 2 juin, elle reconnut le cap Carbonara, à l'extrémité de la Sardaigne. Une corvette envoyée à Cagliari y apprit que la division légère de trois vaisseaux anglais, commandée par Nelson, avait eu des avaries ; qu'elle était à les réparer dans la rade de Saint-Pierre. L'amiral aurait été l'y attaquer ; mais un brick anglais, poursuivi par l'aviso *le Corcyre*, fut obligé de se jeter à la côte de Sardaigne. L'équipage fut fait prisonnier ; il donna la nouvelle que Nelson attendait dix vaisseaux d'Angleterre. La flotte croisa trois jours pour attendre le convoi de Cività-Vecchia, qui avait manqué le premier rendez-vous. Le 4, elle continua sa route, reconnut l'île de Maretimo. Le 5, un aviso communiqua avec la Sicile et rassura le gouverneur, qui était fort alarmé. Une frégate fut expédiée à Naples, une à Tunis, une à Tripoli et une devant Messine.

L'escadre naviguait dans le plus bel ordre, sur trois colonnes, deux de quatre vaisseaux, celle du centre de cinq vaisseaux. Le capitaine de vaisseau Decrès éclairait la marche avec une escadre légère composée de frégates et de corvettes bonnes marcheuses. Le convoi, escorté par les deux vaisseaux vénitiens de 64, par les quatre frégates et un grand nombre de petits bâtiments, s'éclairait de son côté dans tous les sens. Il avait ordre, si l'escadre était attaquée par une flotte ennemie, de gagner un port ami. Des troupes d'élite étaient distribuées sur tous les vaisseaux de guerre; elles étaient exercées trois fois par jour aux manœuvres du canon.

Napoléon avait le commandement de l'armée de terre et de mer; il ne se faisait rien que par son ordre. Il dirigeait la marche. Il se plaignait souvent que les vaisseaux de guerre se tinssent trop éloignés les uns des autres, mais il ne se mêla jamais d'aucun détail qui eût supposé des connaissances et l'expérience de la mer. A la hauteur du cap Carbonara, l'amiral Brueys soumit, le 3 juin, à son approbation un ordre pour détacher quatre vaisseaux et trois frégates à la rencontre du convoi de Cività-Vecchia; il écrivit en marge: « Si, vingt-

quatre heures après cette séparation, on signalait
dix vaisseaux anglais, je n'en aurais que neuf au
lieu de treize . » L'amiral n'eut rien à répliquer .
Le 9 juin, à la pointe du jour, on signala le Gozzo
et le convoi de Cività-Vecchia. L'armée se trouva
ainsi toute réunie.

IV. Sur sept Langues qui composaient l'Ordre
de Saint-Jean de Jérusalem, trois étaient françaises.
La République, ne pouvant reconnaître chez elles un
Ordre fondé sur les distinctions de naissance, l'avait
supprimé ; elle avait assimilé ses biens à ceux des
autres Ordres religieux, et admis à la pension les·
chevaliers. Le grand maître Rohan, en représailles,
avait refusé de recevoir un chargé d'affaires de
France. Les bâtiments marchands français n'étaient
reçus dans le port qu'en masquant le pavillon tricolore. Aucune relation diplomatique n'existait entre
la République et l'Ordre. Les Anglais y étaient
reçus et favorisés ; les secours leur étaient prodigués ; les autorités constituées veillaient au recru-
tement et à l'approvisionnement de leurs escadres.
Vingt milliers de poudre avaient été fournis des magasins du grand maître au vice-roi de Corse Elliott.
Mais ce qui décida du sort de cet Ordre, c'est qu'il
s'était mis sous la protection de l'empereur Paul,
ennemi de la France. Un prieuré grec avait été
créé ; ce qui blessait la religion et les puissances du
rite romain. La Russie visait à la domination de
cette île, si importante par sa situation, la bonté

et la sûreté de son port, la force de ses remparts.
En cherchant une protection dans le Nord, l'Ordre
avait méconnu et compromis les intérêts des puissances du Midi. Napoléon était résolu de s'emparer
de l'île, si toutefois il pouvait le faire sans compromettre son objet principal.

Malte est située à vingt lieues de la Sicile et à
soixante des côtes d'Afrique. Cette île a six ou sept
lieues de long, quatre de large et vingt de circonférence. Les côtes ouest et sud sont escarpées, mais
celles du nord et de l'est ont un très-grand nombre
de cales et de très-bons mouillages. L'île de Cumino, qui a 300 toises de circuit, est située entre
Malte et le Gozzo. Le Gozzo a quatre lieues de longueur, deux de largeur, dix de circonférence. La
population des trois îles était de 100,000 âmes. Le
sol de Malte est un rocher couvert de huit à dix
pouces de terre végétale. La principale production
est le coton, qui est le meilleur du Levant. L'ancienne capitale de Malte était la Ville-Noble, ou
Citta-Vecchia, qui est au centre de l'île. La ville de
la Valette, bâtie en 1566, a été assiégée plusieurs
fois par les Turcs. Elle possède le meilleur port de
la Méditerranée, a 30,000 habitants, de jolies maisons, de beaux quais, de superbes magasins de
blé, de belles fontaines. Les fortifications sont bien
entendues, construites en pierres de taille, tous les
magasins à l'abri de la bombe. Les ouvrages, les
batteries et les forts sont nombreux et entassés les
uns sur les autres. Le général Caffarelli dit plaisam-

ment, en les visitant le lendemain de la reddition :
« Il est heureux qu'il y ait eu du monde dedans pour
nous ouvrir les portes. » Il faisait allusion au grand
nombre de fossés, d'escarpes, de contrescarpes qu'il
eût fallu franchir si les portes fussent restées fermées.
L'Ordre jouissait, en 1789, de dix-huit à vingt millions de rente dans les divers pays de la chrétienté,
de sept millions de rente en France. Il avait hérité,
dans le quatorzième siècle, des biens des Templiers. Après son expulsion de Rhodes, Charles-
Quint lui céda les trois îles de Malte, de Cumino et
du Gozzo. Ce fut avec la condition qu'il protégerait
les côtes d'Espagne et d'Italie contre les pirateries
des Barbaresques. Cela lui eût été facile. Il pouvait
avoir six ou sept vaissaux de guerre de 74, autant de
frégates, et le double de petits bâtiments, en tenir
constamment le tiers à la mer en croisière devant
Alger, Tunis et Tripoli ; il aurait fait cesser les pirateries des Barbaresques, qui auraient été contraints de vivre en paix. L'Ordre aurait alors bien
mérité de toute la chrétienté. La moitié de ses revenus eût été suffisante pour remplir ce grand et
bienfaisant résultat. Mais les chevaliers, à l'exemple
des autres moines, s'étaient approprié les biens qui
leur avaient été donnés pour l'utilité publique et le
service de la chrétienté. Le luxe des prieurs, des
baillis, des commandeurs, scandalisait toute l'Europe. « Les moines au moins, disait-on, administrent les sacrements, ils sont utiles au spirituel ;
mais ces chevaliers ne sont bons à rien, ne font

rien, ne rendent aucun service. » Ils étaient obligés
de faire leurs caravanes. A cet effet, quatre ou cinq
galères se promenaient tous les ans dans la Méditerranée, et allaient recevoir des fêtes dans les ports
d'Italie, d'Espagne ou de France, évitant soigneuse-
ment les Barbaresques. Ils avaient raison ; ils montaient des bâtiments qui n'étaient pas propres à lutter contre les frégates algériennes. Les Barbaresques
insultaient impunément la Sicile, la Sardaigne et
les côtes d'Italie ; ils ravageaient les plages vis-à-vis
de Rome. L'Ordre s'était rendu inutile. Lorsque les
Templiers, institués pour la garde du Temple de Jérusalem et pour escorter les pèlerins sur les routes
d'Antioche, de Ptolémaïs, de Joppé au Saint-Sépul-
cre, furent transportés en Europe, l'Ordre n'eut plus
de but, tomba et dut tomber.

V. Le grand maître Hompesch avait succédé depuis peu de mois au grand maître Rohan. C'était un
homme âgé, malade, irrésolu. Les baillis, commandeurs, sénéchaux, officiers de l'Ordre, étaient des
vieillards qui n'avaient point fait la guerre, de vieux
garçons ayant passé leur vie dans les sociétés les
plus aimables. Se trouvant à Malte comme dans un
lieu d'exil, ils désiraient mourir dans le pays où ils
avaient pris naissance. Ils n'étaient animés par aucun des motifs qui portent les hommes à courir de
grands dangers. Qui pouvait les porter à exposer
leur vie pour la conservation d'un rocher stérile au
milieu des mers ? Les sentiments de religion ? Ils en

avaient peu. La conscience de leur utilité, ce sentiment d'orgueil qui porte l'homme à faire des sacri-
fices, parce qu'il protége sa patrie et son semblable?
Ils ne faisaient rien et n'étaient utiles à personne.

Malte avait pour sa défense 8 ou 900 chevaliers,
peu propres à faire la guerre, divisés entre eux
comme les mœurs et les intérêts des nations auxquelles ils appartenaient, 15 à 1,800 hommes de
mauvaises troupes, Italiens, Allemands, Français,
Espagnols, la plupart déserteurs ou aventuriers,
qui voyaient avec une secrète joie l'occasion d'attacher leurs destinées au plus grand nom militaire de
l'Europe, et 8 ou 900 hommes de milice. Ces mili-
ciens, fiers comme tous les insulaires, étaient depuis longtemps blessés de l'arrogance et de la supériorité qu'affectaient les nobles chevaliers. Ils se
plaignaient d'être étrangers dans leur pays, éloignés
de toutes les places honorifiques et lucratives. Ils
n'étaient point affectionnés à l'Ordre. Ils voyaient
dans les Français les défenseurs de leurs droits. Le
service des milices même était depuis longtemps
négligé, parce que depuis longtemps l'Ordre ne craignait plus l'invasion des Turcs et qu'il redoutait au
contraire la prépondérance des naturels. Si les fortifications, les moyens matériels de résistance étaient
immenses, les ressorts moraux les rendaient nuls.
La capitulation de Mantoue, le traitement honorable
qu'avait reçu Wurmser, étaient présents à tous les
esprits. Si l'heure de capituler était arrivée, on pré-
férait se rendre à un guerrier qui avait donné une

grande idée de la générosité de son caractère. La Valette ne pouvait, ne voulait, ne devait pas se défendre. Elle ne pouvait résister à vingt-quatre heures de bombardement. Napoléon s'assura qu'il pouvait oser, et il osa.

VI. Le 8 juin, lorsque le convoi de Cività-Vecchia parut devant le Gozzo, le grand maître pressentit les dangers qui menaçaient l'Ordre, et rassembla le grand conseil pour délibérer sur des circonstances aussi importantes. « L'escadre française se rallie à la vue de nos côtes. Si elle demande à entrer dans le port, quel parti devons-nous prendre ? » Les opinions furent partagées. Les uns pensèrent « qu'il fallait donner le signal d'alarme, tendre la chaîne, courir aux armes, déclarer l'île en état de guerre ; que cet appareil imposerait au général français ; qu'il craindrait de se compromettre contre la plus forte place de l'Europe ; qu'il fallait en même temps ne rien épargner de tout ce qui pouvait rendre favorables à l'Ordre le général et ses premiers officiers ; que c'était le seul moyen pour conjurer cet orage. » D'autres, au contraire, dirent « que la destination de l'Ordre était de faire la guerre aux Turcs ; qu'il ne devait montrer aucune défiance à l'approche d'une flotte chrétienne ; que donner à sa vue le signal de l'alarme que l'on n'était accoutumé de donner qu'à la vue du Croissant, c'était provoquer et faire éclater sur la cité cet orage qu'on voulait conjurer. Le général français n'a peut-être aucune intention hostile : si nous ne lui montrons aucune méfiance, peut-être continuera-t-il sa route sans nous inquiéter. »

Pendant ces délibérations, toute la flotte arriva. Le 9, à midi, elle se présenta à l'entrée du port, à portée de canon. Un aide de camp français demanda l'entrée pour faire de l'eau.

Les membres du conseil qui étaient d'opinion qu'il fallait se défendre représentèrent alors avec une nouvelle chaleur « l'imprudence qu'il y aurait à se livrer, les poings et les mains liés, à la disposition d'une force étrangère dont on ignorait les intentions ; il ne pouvait rien leur arriver de pis ; qu'on serait toujours à temps de se rendre à discrétion ; qu'on n'avait aucune relation diplomatique avec la République ; qu'on ne savait même pas si on était en guerre ou en paix ; et qu'enfin, s'il fallait périr, il valait mieux périr les armes à la main que par une lâcheté. » Le parti opposé représentait « qu'on n'avait pas les moyens de se défendre ; que c'était donc une extrême imprudence que de provoquer cette redoutable armée, qui déjà était à portée de canon ; qu'en peu d'heures, après les hostilités déclarées, elle serait maîtresse de Malte et du Gozzo ; qu'on n'aurait d'autre ressource que de fermer les portes de la capitale ; et que la capitale, bloquée par terre et par mer, ne pouvait pas se défendre, par défaut de vivres ; qu'on avait, il est vrai, du blé, mais qu'on manquait de tous les autres objets de consommation ; qu'il fallait moins de vingt-quatre heures aux

Français pour construire plusieurs batteries de mortiers et bombarder la place par terre et par mer; qu'il fallait s'attendre alors à la révolte des milices, qui, déjà mal disposées, ne resteraient pas témoins indifférents de l'incendie de leurs foyers; que les hostilités mettraient en évidence l'extrême faiblesse de l'Ordre, et qu'on perdrait tout; au lieu qu'on était en position, s'il le fallait absolument, de négocier avec avantage et de stipuler des conditions honorables pour l'Ordre et avantageuses pour les individus. »

Les débats furent vifs. La majorité du conseil adopta le parti des armes.

Le grand maître fit appeler le sieur Caruson, négociant de la ville, qui faisait les affaires des Français. Il le chargea de faire connaître cette volonté au général en chef. En même temps il donna le signal d'alarme. Les portes furent fermées, les grils à boulets rouges allumés, les commandements distribués. Toutes les milices prirent les armes, se portèrent aux batteries. Le commandeur Bosredon de Ransijat, de la Langue d'Auvergne, protesta contre ces mesures. Il déclara que, Français, il ne porterait jamais les armes contre la France. Plusieurs chevaliers se rangèrent de son opinion. Ils furent arrêtés et mis en prison. Le prince Camille de Rohan prit le commandement des milices de l'île, ayant sous ses ordres le bailli de Cluny. Le commandeur de Mesgrigny se porta dans l'île du Gozzo; le chevalier Valin dans l'île de Cumino. Les chevaliers se distribuèrent dans les diverses batteries et tours qui environnaient l'île. Toute la journée et toute la nuit l'agitation fut extrême.

Le 9, à dix heures du soir, le sieur Caruson rendit compte au général en chef de sa mission. Il reçut l'ordre de répondre au grand maître dans les termes suivants :

« Le général en chef a été indigné de ce que vous ne vouliez accorder la permission de faire de l'eau qu'à quatre bâtiments à la fois ; et, en effet, quel temps ne faudrait-il pas à quatre ou cinq cents voiles pour se procurer de cette manière l'eau et d'autres choses dont elles ont un pressant besoin ? Ce refus a d'autant plus surpris le général qu'il n'ignore pas la préférence accordée aux Anglais et la proclamation faite par votre prédécesseur. Le général est résolu à se procurer de force ce qu'on aurait dû lui accorder en suivant les principes de l'hospitalité, qui sont la base de votre Ordre. J'ai vu les forces considérables qui sont à ses ordres, et je prévois l'impossibilité où se trouve l'île de résister. Le général n'a pas voulu que je retournasse dans une ville qu'il se croit obligé désormais de traiter en ennemie. Il a donné des ordres pour que la religion, les mœurs et les propriétés des Maltais fussent respectées. »

Le vaisseau *l'Orient* donna en même temps le signal des hostilités. Le général Reynier se mit en mouvement avec le convoi de Marseille pour débarquer au point du jour à l'île du Gozzo. Le général

Desaix, avec le convoi de Cività-Vecchia, sous l'escorte du contre-amiral Blanquet du Chayla, mouilla dans la cale de Marsa-Scirocco. Le convoi de Gênes mouilla dans la cale de Saint-Paul.

On attendit à Malte, toute la nuit, l'arrivée du consul avec la plus grande impatience. Quand on connut qu'il était resté à bord, que les hostilités étaient commencées, la consternation fut générale. Un seul sentiment domina tous les esprits : l'impossibilité et les dangers de la défense.

VII. Le 10, à la pointe du jour, *l'Orient* donna le signal de débarquement. Napoléon débarqua avec 3,000 hommes, entre la ville et la cale de Saint-Paul. Le capitaine de frégate Motard commanda les chaloupes de débarquement. Aussitôt que l'on fut à portée des tours et des batteries, elles commencèrent le feu. Quelques canonnières armées de 24 y répondirent. Les chaloupes continuèrent à s'avancer dans le plus bel ordre. La mer était calme; cela était nécessaire, car le débarquement s'opéra sur des rochers. L'infanterie ennemie s'opposa à la descente. Les tirailleurs s'engagèrent. En une heure de temps, les batteries, les tours furent prises, et l'ennemi chassé dans la ville. Le général Baraguey d'Hilliers s'empara des cales de Saint-Paul et de Malte. Après une légère résistance, il se rendit maître des batteries, des tours et de tout le midi de l'île; il fit 150 prisonniers et eut 3 hommes tués. Le général Desaix fit débarquer le général Belliard avec la 21ᵉ légère. Il s'empara de toutes les batteries de Marsa-Scirocco. A midi, la Valette était cernée de tous côtés ; les troupes françaises étaient sous ses formidables remparts, à mi-portée de canon. La place tirait contre les tirailleurs qui s'approchaient trop. Le général Vaubois se porta à la Ville-Noble, qui a une enceinte, et s'en rendit maître sans résistance. Le général Reynier s'empara de toute l'île du Gozzo, qui était défendue par 2,500 hommes, la plupart naturels du pays, et fit prisonniers tous les chevaliers qui la défendaient. A une heure, les chaloupes commencèrent à débarquer douze bouches à feu et tout ce qui était nécessaire pour l'établissement de trois plates-formes de mortiers. Six bombardes, douze canonnières ou tartanes armées de 24, plusieurs frégates, prirent position devant le port. Le 11 au soir, la ville aurait été bombardée avec vingt-quatre mortiers par cinq côtés à la fois. Le général en chef, accompagné du général de génie Caffarelli, alla reconnaître l'emplacement des batteries, qu'il fit tracer sous ses yeux. Entre quatre et cinq heures, les assiégés firent une sortie. L'aide de camp Marmont les repoussa et leur fit quelques prisonniers. Il fut fait, en cette occasion, général de brigade. A sept heures du soir, un peu avant la nuit, un nombreux essaim de peuple se présenta pour sortir ; le cas avait été prévu : le passage fut refusé. Au signal du canon d'alarme, une grande partie des habitants de l'île étaient accourus se réfugier avec leurs familles et leurs bestiaux dans les remparts de la capitale ; ce qui avait augmenté le désordre.

Le général en chef retourna le soir à bord de *l'Orient.* Une heure après, il reçut la lettre suivante du consul batave : « ... Le grand maître et son conseil m'ont chargé de vous marquer, Citoyen Général, que, lorsqu'ils vous ont refusé l'entrée du port, ils avaient prétendu seulement savoir en quoi vous désiriez qu'ils dérogeassent aux lois que leur neutralité leur impose. Le grand maître et son conseil demandent donc la suspension des hostilités, et que vous donniez à connaître quelles sont vos intentions, qui seront sans doute conformes à la générosité de la nation française et aux sentiments connus du célèbre général qui la représente. »

Le général Junot, premier aide de camp de Napoléon, partit à l'heure même pour la Valette et signa, à deux heures du matin, la suspension d'armes suivante : « Il est accordé pour vingt-quatre heures, depuis six heures du soir d'aujourd'hui 11 juin 1798 jusqu'à six heures du soir demain 12 du même mois, une suspension d'armes entre l'armée de la République française, commandée par le général Bonaparte, représenté par le chef de brigade Junot, premier aide de camp dudit général, et le grand maître de Saint-Jean de Jérusalem.

« Signé JUNOT, HOMPESCH. »

VIII. Le 11, à la pointe du jour, les plénipotentiaires du grand maître se présentèrent à bord de *l'Orient* avec les pouvoirs nécessaires pour traiter de la reddition de la place. Ils avaient à leur tête le commandant Bosredon de Ransijat, qui avait été tiré des prisons, porté en triomphe par le peuple et accueilli par le grand maître. Pendant toute la journée du 10, le désordre avait été croissant dans la Valette. A chaque nouvelle que l'on recevait de la prise des tours et batteries, des progrès des assiégeants, les habitants se livraient aux plus grands désordres. Les préparatifs du bombardement excitaient le mécontentement des milices. Plusieurs chevaliers furent tués dans les rues, et ce levain de haine qui fermentait depuis longtemps dans le cœur des habitants éclata sans contrainte. Les membres du conseil qui avaient le plus provoqué à la résistance furent ceux qui sollicitèrent davantage la protection du général français, parce qu'ils étaient le plus en butte à l'indignation du peuple. La capitulation fut signée à bord de *l'Orient*, le 12 juin, à deux heures du matin.

« ARTICLE Iᵉʳ. Les chevaliers de l'Ordre de Saint-Jean de Jérusalem remettront à l'armée française la ville et les forts de la Valette. Ils renoncent, en faveur de la République française, aux droits de souveraineté et de propriété qu'il ont tant sur cette ville que sur les îles de Malte, de Gozzo et de Cumino.

» II. La République emploiera son influence au congrès de Rastadt pour faire avoir au grand maître, sa vie durant, une principauté équivalente à

celle qu'il perd, et, en attendant, elle s'engage à lui
faire une pension de trois cent mille francs. Il lui
sera donné, en outre, la valeur de deux années de
ladite pension à titre d'indemnité pour son mobi-
lier. Il conservera, pendant le temps qu'il restera à
Malte, les honneurs militaires dont il jouissait.

» III. Les chevaliers de l'ordre de Saint-Jean de
Jérusalem qui sont Français, actuellement à Malte,
et dont l'état sera arrêté par le général en chef,
pourront rentrer dans leur patrie, et leur résidence
à Malte leur sera comptée comme une résidence en
France.

» La République française emploiera ses bons offices auprès des républiques cisalpine, ligurienne,
romaine et helvétique, pour que le présent article
soit déclaré commun aux chevaliers de ces différentes nations.

» IV. La République française fera une pension
de sept cents francs aux chevaliers français actuellement à Malte, leur vie durant. Cette pension sera
de mille francs pour les chevaliers sexagénaires et
au-dessus.

« La République française emploiera ses bons
offices auprès des républiques cisalpine, ligurienne,
romaine et helvétique, pour qu'elles accordent la
même pension aux chevaliers de ces différentes nations.

» V. La République française emploiera ses bons
offices auprès des autres puissances de l'Europe
pour qu'elles conservent aux chevaliers de leur

nation l'exercice de leurs droits sur les biens de l'Ordre de Malte situés dans leurs États.

» VI. Les chevaliers conserveront les propriétés qu'ils possèdent, dans les îles de Malte et du Gozzo, à titre de propriétés particulières.

» VII. Les habitants des îles de Malte et du Gozzo continueront à jouir, comme par le passé, du libre exercice de la religion catholique, apostolique et romaine. Ils conserveront les priviléges qu'ils possèdent. Il ne sera mis aucune contribution extraordinaire.

» VIII. Tous les actes civils passés sous le gouvernement de l'Ordre sont valables et auront leur exécution. »

En exécution des articles conclus le 12 juin (24 prairial) entre la République française et l'Ordre de Malte, ont été arrêtées les dispositions suivantes :

« ARTICLE Ier. Aujourd'hui 12 juin, le fort Manoël, le fort Tigné, le château Saint-Ange, les ouvrages de la Burmola, de la Cotonera et de la Cité-Victorieuse seront remis à midi aux troupes françaises.

» II. Demain 13 juin, le fort de Ricasoli, le château Saint-Elme, les ouvrages de la Cité-Valette, ceux de la Floriana et tous les autres seront remis à midi aux troupes françaises.

» III. Des officiers français se rendront aujourd'hui, à dix heures du matin, chez le grand maître, afin d'y prendre les ordres pour les gouverneurs qui commandent dans les différents forts et ouvrages qui doivent être mis au pouvoir des Français. Ils seront accompagnés d'un officier maltais. Il y aura autant d'officiers qu'il sera remis de forts.

» IV. Il sera fait les mêmes dispositions que ci-dessus pour les forts et ouvrages qui doivent être mis au pouvoir des Français demain 13 juin.

» V. En même temps que l'on consignera les ouvrages de fortification, on consignera l'artillerie, les magasins et les papiers du génie.

» VI. Les troupes de l'île de l'Ordre de Malte pourront rester dans les casernes qu'elles occupent jusqu'à ce qu'il y soit autrement pourvu.

» VII. L'amiral commandant la flotte française nommera un officier pour prendre possession aujourd'hui des vaisseaux, galères, bâtiments, magasins et autres effets de marine appartenant à l'Ordre de Malte. »

La publication de cette capitulation rassura les esprits, calma l'insurrection et rétablit l'ordre.

Napoléon écrivit à l'évêque de Malte pour tranquilliser les prêtres, qui étaient fort alarmés. Il lui disait :

« J'ai appris avec un véritable plaisir, Monsieur l'Évêque, la bonne conduite que vous avez tenue et l'accueil que vous avez fait aux troupes françaises à leur entrée à Città-Nobile. Vous pouvez assurer vos diocésains que la religion catholique, apostolique et romaine sera non-seulement respectée, mais que ses ministres seront spécialement protégés.

« Je ne connais pas de caractère plus respectable

et plus digne de la vénération des hommes qu'un prêtre qui, plein du véritable esprit de l'Évangile, est persuadé que ses devoirs lui ordonnent de prêter obéissance au pouvoir temporel et de maintenir la paix, la tranquillité et l'union parmi ses ouailles.

« Je désire, Monsieur l'Évêque, que vous vous rendiez sur-le-champ dans la ville de la Valette et que, par votre influence, vous mainteniez le calme et la tranquillité parmi le peuple.

« Je m'y rendrai moi-même ce soir. Dès mon arrivée, vous me présenterez tous les curés et les chefs des Ordres religieux.

« Soyez persuadé, Monsieur l'Évêque, du désir que j'ai de vous donner des preuves de l'estime et de la considération que j'ai pour votre personne. »

IX. A huit heures du matin, le 12, les portes et les forts de la Valette furent remis aux troupes françaises. L'entrée du général en chef fut annoncée pour le lendemain. Mais, à une heure après midi, il débarqua incognito, fit le tour des remparts, visita tous les forts, et se rendit chez le grand maître pour lui faire une visite, à la grande surprise de celui-ci.

Le 13, à la pointe du jour, l'escadre entra. Ce fut un superbe coup d'œil. Ces trois cents voiles se placèrent sans confusion. Il en aurait tenu le triple dans ce beau port. Les magasins de la Valette étaient abondamment fournis. L'Ordre avait un vaisseau de guerre de 64 dans la rade, un sur le chantier.

L'amiral prit, pour augmenter les bâtiments légers de la flotte, deux demi-galères et deux chebecs. Il fit embarquer à bord de ses vaisseaux les matelots qui étaient au service de l'Ordre ; 800 Turcs, qui étaient esclaves au bagne, furent habillés et répartis entre les vaisseaux de ligne. Une légion des bataillons dits *Maltais* suivit l'armée ; elle fut formée par les soldats qui étaient au service de l'Ordre. Les grenadiers de la garde du grand maître, plusieurs chevaliers, prirent du service. Des habitants parlant arabe s'attachèrent aux généraux et aux administrations. Trois compagnies de vétérans, composées de tous les vieux soldats de l'Ordre, furent envoyées à Corfou et en Corse. Il y avait dans la place douze cents pièces de canon, quarante mille fusils, un million de poudre. L'artillerie fit embarquer, de ces objets, tout ce qu'elle jugea lui être nécessaire pour compléter et augmenter son matériel. L'escadre fit son eau et ses vivres. Les magasins de blé étaient très-considérables ; il y en avait pour nourrir la ville pendant trois ans.

La frégate *la Sensible* porta en France les trophées et plusieurs objets rares que le général en chef envoya au gouvernement. Le général Baraguey d'Hilliers, par inconstance de caractère, ayant désiré retourner à Paris, en reçut la permission et fut chargé de porter le grand drapeau de l'Ordre.

Tous les chevaliers de Malte français et italiens reçurent des passe-ports pour se rendre en France et en Italie. Conformément à la capitulation, tous

les autres évacuèrent l'île. Le 18 juin, il n'y avait
plus un chevalier dans Malte. Le grand maître partit
le 17 pour Trieste. Un million d'argenterie trouvé
dans le trésor servit plus tard à alimenter la monnaie du Caire.

Le général Vaubois prit le commandement de
l'île avec 4,000 hommes de garnison; il en fallait
8,000 pour la défendre. Le général Berthier donna
des ordres pour que 6,000 hommes des dépôts de
l'armée qui étaient à Toulon s'y rendissent; que
1,000 hommes y fussent envoyés de Corse, 1,500 de
Cività-Vecchia, 1,500 de Gênes. Pour compléter les
vivres, il manquait des viandes salées et des médicaments; il le fit connaître à l'administration de la
marine, à Toulon. Napoléon fit sentir au Directoire
la nécessité de faire passer à la Valette ces renforts
et les approvisionnements qui manquaient, afin
d'assurer le service de cette place importante :
8,000 hommes pourraient se maintenir maîtres de
l'île, et se trouveraient alors en position de recevoir
des rafraîchissements. La mer fut libre pendant
juin, juillet, août, septembre; mais, selon sa coutume, le Directoire ne pourvut à rien. Vaubois fut
abandonné à ses propres forces.

X. La conquête de Malte excita le plus vif enthousiasme en France et beaucoup de surprise en Europe. L'armée s'affaiblit de 4,000 hommes, mais elle
se renforça de 2,000 hommes de la légion maltaise.

Le vaisseau amiral donna le signal du départ le

19 juin, juste un mois après avoir quitté la rade de Toulon. La prise de la Valette ne retarda la marche de l'armée que de dix jours.

Il fut connu qu'on se dirigeait d'abord sur Candie. Les opinions se partagèrent sur la destination ultérieure. Allait-on relever Athènes ou Sparte? Le drapeau tricolore allait-il flotter sur le sérail ou sur les pyramides et les ruines de l'antique Thèbes? Ou allait-on d'Alep se diriger sur l'Inde? Ces incertitudes entretinrent celles de Nelson.

CHAPITRE II

DESCRIPTION DE L'ÉGYPTE.

I. L'Égypte. — II. Vallée du Nil. — III. Inondation. — IV. Oasis. — V. Déserts de l'Égypte : 1° du Bahyreh ; 2° de la petite oasis ; 3° de la grande oasis ; 4° de la Thébaïde ; 5° des Ermites ; 6° de l'isthme de Suez. Arabes, cultivateurs, marabouts, Bédouins. — VI. Côtes de la Méditerranée. Alexandrie. Canal d'Alexandrie. — VII. Mer Rouge. Canal des deux mers. — VIII. Capitales : Thèbes, Memphis, Alexandrie, le Caire. — IX. Nations voisines : au sud, Sennaar, Abyssinie, Dârfour ; à l'ouest, Tripoli, Fezzân, Bournou ; à l'est, Syrie, Arabie. — X. Population ancienne, moderne. Races d'hommes : Coptes, Arabes, Mameluks, Osmanlis, Syriens, Grecs, etc. — XI. Agriculture. — XII. Commerce. — XIII. Propriétés, finances. — XIV. Ce que serait l'Égypte sous la domination française. Marche d'une armée de l'Égypte aux Indes.

I. L'Égypte fait partie de l'Afrique. Placée au centre de l'ancien continent, entre la Méditerranée et l'océan Indien, elle est l'entrepôt naturel du commerce des Indes. C'est une grande oasis environnée de tous côtés par le désert et la mer. Située entre le 24e et le 32e degré de latitude nord, et le 26e et le 32° degré de longitude orientale de Paris, elle est bornée au nord par la Méditerranée, à l'ouest par le désert de Libye, au sud par celui de Nubie, à l'est par la mer Rouge et par l'isthme de Suez, qui la sépare de la Syrie. L'Égypte n'a pas besoin pour la défense de ses frontières d'un système de places fortes : le désert lui en tient lieu ; elle ne peut être attaquée que par mer ou par l'isthme de Suez.

Il pleut rarement en Égypte, plus sur les côtes qu'au Caire, plus au Caire que dans la haute Égypte. En 1798, il a plu au Caire une fois pendant une demi-heure. Les rosées sont fort abondantes. L'hiver, le thermomètre descend, dans la basse Égypte, à deux degrés Réaumur au-dessus de zéro, et s'élève à dix degrés au-dessus de zéro, dans la haute. En été, il monte à vingt-six et vingt-huit degrés dans la basse Égypte, et à trente-cinq et trente-six dans la haute. Les eaux croupissantes, les marais, n'exhalent aucun miasme malsain, ne donnent naissance à aucune maladie, ce qui provient de l'extrême sécheresse de l'air ; la viande exposée au soleil se dessèche plutôt que de se corrompre. Pendant les mois de juin, juillet et août, il souffle des vents réguliers du nord et du nord-ouest. Dans cette saison, les bâtiments mettent dix à douze jours pour se rendre de Marseille à Alexandrie, soixante à

soixante et dix pour se rendre de Suez aux Indes.
Dans les mois de janvier, février et mars, il règne
des vents de sud-est : c'est la saison pour le retour
des Indes et les traversées d'Alexandrie en Europe.
Le khamsyn est un vent d'est ou de sud, c'est le
scirocco du pays. Il est partout incommode et fatigant ; dans quelques parties du désert il est dangereux ; il nuit aux récoltes et aux productions de la
terre.

L'Égypte est un des plus beaux, des plus produc-
tifs et des plus intéressants pays du monde ; c'est le
berceau des arts et des sciences. On y voit les plus
grands et les plus anciens monuments qui soient
sortis de la main des hommes. Si l'on avait la clef
des hiéroglyphes dont ils sont couverts, on appren-
drait des choses qui nous sont inconnues sur les
premiers âges de la société.

L'Égypte se compose : 1° de la vallée du Nil ; 2° de
trois oasis ; 3° de six déserts. La vallée du Nil est la
seule partie qui ait de la valeur. Si le Nil était détourné dans la mer Rouge ou la Libye, avant la cataracte de Syène, l'Égypte ne serait plus qu'un désert inhabitable, car ce fleuve lui tient lieu de pluie
et de neige. C'est le dieu de ces contrées, le génie
du bien et le régulateur de toute espèce de productions ; c'est Osiris, comme Typhon est le désert.

Les anciens divisaient l'Égypte en cinquante-trois
provinces ou nomes, savoir : quatorze dans la Thébaïde, sept dans l'Heptanomide, vingt-neuf dans le
Delta, trois dans les oasis. Aujourd'hui on y compte

seize provinces; deux dans le Sayd ou la Thébaïde, savoir, les proviuces de Thèbes et de Girgeh ; quatre dans l'Ouestanyeh, savoir, Syout, Minyet, Beny-Soueyf et le Fayoum; dix dans le Bahyreh ou base Égypte, savoir, Atfyeh, Gyzeh, Qelyoub, Charqyeh, Mansourah, Menouf, Gharbyeh, Damiette, Rosette et Bahyreh. Les limites de l'Égypte, avant et sous Sésostris, s'étendaient jusqu'à la grande cataracte de Genâdil. Auguste borna les limites de l'empire à la cataracte de Syène. Sous les califes fatimites, la frontière de l'Égypte fut reportée à la grande cataracte; elle fut remise à celle de Syène par Selim, qui en même temps étendit les bornes à l'ouest jusqu'à El-Baretoun, et à l'est jusqu'à Khân Younès. Les Ptolémées ont possédé, outre l'Égypte, la Cyrénaïque jusqu'à la grande Syrie, la Palestine et la Syrie creuse. Les sultans akoubates possédaient les trois Syries; leurs limites à l'est étaient au Taurus et au delà de l'Euphrate.

II. Le Nil est formé par la réunion de la rivière Bleue et de la rivière Blanche. La première prend sa source dans le lac Dembea; elle traverse, au 11° degré, une chaîne de montagnes où elle forme six cararactes, chacune de trente à quarante pieds de chute; elle reçoit, au 14ᵉ degré, la rivière de Dender, qui sépare la Nubie de l'Abyssinie. La rivière Blanche prend sa source au 8ᵉ degré, à l'ouest de la rivière Bleue; elle traverse la même chaîne de montagnes, mais on ne connaît pas le nombre de ses cataractes.

Ces deux rivières se joignent au 16e degré. Elles en reçoivent, au 18e degré, une troisième qui s'appelle *Taccazé*. De là, le Nil coule jusqu'au 31e degré et demi, où il se jette dans la mer sans recevoir ni rivière ni torrent. Le Nil a donc vingt-trois degrés et demi de cours, ce qui fait environ six cents lieues; il en a neuf cents en suivant les sinuosités de ses eaux. On connaît huit cataractes : six qui sont au-dessous de la rivière Bleue ; celle de Genâdil, ou la grande cataracte, qui est au 22e degré ; elle a trente-denx pieds de chute ; enfin celle de Syène, au 24e degré, qui a six pieds de chute. Depuis cette cataracte, le Nil coule entre deux petites chaînes de montagnes : celle dite *l'Arabique*, qui suit la rive droite jusqu'au Caire ; *la Libyque*, qni suit la rive gauche jusqu'aux pyramides. Cette vallée, de plus de deux cents lieues de longueur, a moins de six lieues de largeur. Elle est couverte par les débordements du Nil. Elle se divise en six zones .Le Nil, en Égypte, court parallèlement à la mer Rouge. Ses points les plus près de cette mer en sont à vingt-deux lieues, les plus éloignés à cinquante. A l'ouest, au delà de la colline Libyque, sont les trois oasis, éloignées du Nil depuis cinq jusqu'à quinze journées, et dans la direction du sud au nord-ouest.

La ville de Syène est située à 24°5′21″ de latitude, et 3°34′49″ de longitude de Paris ; elle est à quatorze lieues du tropique. Son méridien traverse la mer Rouge, laisse Suez sur la gauche, et coupe la côte de la Méditerranée huit lieues à l'est d'Omm-Fâreg.

à cent soixante et dix-huit lieues de Syène, distance astronomique ; mais, en suivant les sinuosités du Nil, il y a deux cent soixante lieues. La ligne droite entre ces deux points passe au milieu du désert de Suez au Caire. Rosette est à 31°24′34″ de latitude et à 28°8′35″ de longitude, à cent quatre-vingt-onze lieues de Syène, distance astronomique ; deux cent soixante et une en suivant le fleuve ; la ligne droite passe entre le Nil et le lac Natroun. Cette partie de la circonférence du grand cercle a servi aux astronomes d'Alexandrie à mesurer un degré du méridien.

La première zone est toute granitique. Elle s'étend de Syène aux Deux-Montagnes. Sa longueur est de quarante lieues, sur une de largeur, et sa surface de quarante lieues carrées. Aux Deux-Montagnes, les chaînes Libyque et Arabique s'avancent comme deux promontoires, l'une à la rencontre de l'autre, jusqu'à la distance de 250 toises. On voit à la montagne dite *de la Chaîne*, à seize lieues de Syène, les grottes et les carrières d'où a été tiré le granit qui a servi à bâtir Thèbes. Edfou et Esné sont les principales villes de cette zone. La vallée s'élargit en descendant. Elle est très-productive. Deux gorges interrompent la chaîne Libyque, vis-à-vis ces deux villes, et donnent passage aux chemins qui mènent dans l'intérieur de la Libye. Deux autres gorges, sur la rive droite, interrompent la chaîne Arabique. Dans la gorge de Redesyeh passe un des chemins du Nil à Qoseyr. Esné était la résidence des beys

disgraciés; c'est une espèce de capitale. Les antiquités de cette première zone sont celles de l'île de
Philæ, d'Éléphantine, d'Ombos, d'Apollinopolis-
Magna, d'Elethia, d'Hieracompolis, et de Latopo-
lis.

La deuxième zone a trente-quatre lieues de longueur, des Deux-Montagnes à Farchout, sur deux
de largeur, et soixante-huit lieues carrées de surface. Le Nil fait un coude qui le rapproche de la
mer Rouge : c'est ce qu'on appelle l'*isthme de Coptos*.
Thèbes aux cent portes, Coptos, Qous, ont été l'entrepôt du commerce de la mer Rouge et du Nil; aujourd'hui c'est la ville de Qeneh qui jouit de cet avantage. L'isthme de Coptos a vingt-huit à trente lieues
de large, du Nil à la mer. Thèbes, Denderah, renferment des ruines qui, depuis bien des siècles, excitent l'admiration des hommes. Cette zone et les
quatre autres sont calcaires.

La troisième zone a cinquante-huit lieues de long
sur cinq de large, et deux cent quatre-vingt-dix
lieues carrées. Elle commence à Farchout et se ter-
mine à Dârout-el-Cherif. A Farchout, un canal dé-
rive les eaux du Nil au pied de la chaîne Libyque.
Ce canal coule parallèlement au Nil jusque dans le
Bahyreh; ce qui agrandit la vallée. Il n'y a rien de
pareil sur la rive droite. Girgeh et Syout sont deux
belles villes : la première est la capitale du Sayd; la
deuxième est la ville la plus populeuse de la haute
Égypte. Ce pays est celui de l'abondance. De cette
ville part le chemin qui va à la grande oasis. Sur

la rive droite est une gorge qui conduit à la mer Rouge.

La quatrième zone, de Dârout-el-Cherif jusqu'à Beny-Soueyf, a quarante-huit lieues sur six de large et deux cent quatre-vingt-huit lieues carrées. A Dârout-el-Cherif est la prise d'eau du canal de Joseph, qui porte le Nil dans le Fayoum. C'est là que commence le système si célèbre du lac Mœris. Minyet, Abou-Girgeh et Beny-Soueyf sont de grandes villes. Mais, sur les rives du Nil comme sur les bords du canal, les gros bourgs, les riches villages sont prodigués. A cinq lieues, sur la gauche de Beny-Soueyf, est le Fayoum. Sur la rive droite du Nil est une gorge qui conduit à la mer Rouge, au monastère Saint-Antoine, au désert du Chariot, etc. De Beny-Soueyf on voit le mont Sinaï, situé sur l'autre rive de la mer Rouge, mais éloigné de soixante lieues.

La cinquième zone est le Fayoum. Vis-à-vis et à quatre lieues de Beny-Soueyf, la chaîne Libyque s'ouvre de droite et de gauche; elle cerne un pays d'environ cinq lieues carrées. C'est une extension de la vallée du Nil; là était le lac Mœris. Au Fayoum aboutit une vallée appelée *la Vallée du Fleuve-sans-eau,* qui débouche dans la mer à l'ouest d'Alexandrie.

La sixième zone, de Beny-Soueyf au Caire, a trente-deux lieues sur cinq et cent soixante lieues carrées de surface. Memphis était à trois lieues au sud de la grande pyramide, près de la montagne Libyque.

Ces six premières zones, de Syène au Caire et de Syène à la grande pyramide, ont de longueur cent cinquante-quatre lieues, distance astronomique, en suivant le Nil deux cent douze lieues, et environ mille lieues carrées de surface.

La basse Égypte commence au Caire et à la grande pyramide. Le Nil ne coule plus dans une vallée étroite, mais arrose une vaste plaine qui a la forme d'un trapèze, dont la base supérieure a vingt-six lieues, de la grande pyramide aux lacs Amers. La base inférieure a cent lieues, depuis la descente de la colline Libyque, située à vingt-cinq lieues ouest d'Alexandrie, jusqu'au mont Casius, distant de quatorze lieues est de Peluse. La hauteur de ce trapèze est de quarante-deux lieues, du Caire à Bourlos. Le niveau de toute cette plaine permettait au Nil de s'y répandre. C'est une surface de deux mille six cent quarante lieues carrées.

La vallée du Nil a donc trois mille six cent quarante lieues carrées. La moitié seulement est aujourd'hui couverte par les inondations.

A quatre lieues nord du Caire, ce fleuve se divise en deux branches : celle de l'ouest se jette dans la mer à Rosette, à quarante et une lieues, distance astronomique, de la pyramide, et à soixante lieues en suivant les sinuosités du Nil; celle de l'est se jette à Damiette, à trente lieues est de la première. On prétend qu'avant les temps historiques le Nil a coulé du Fayoum dans le Fleuve-sans-eau et s'est jeté dans la mer, traversant le désert de Libyc entre Alexandrie et El-Baretoun. Du temps des Ptolémées, le Nil se divisait au-dessous du Caire en sept branches, par lesquelles il s'écoulait dans la mer, savoir : la branche Canopique, la plus à l'ouest ; elle se jetait à Canope, située au bord de la rade d'Aboukir, d'où un canal portait les eaux à Alexandrie. On trouve encore des vestiges de cette branche. Au-dessus d'El-Rahmânyeh on voit un grand canal qui porte le nom de *Marqâs*; il passe au midi du village de Fyched. On le retrouve près du village de Birket, dans la direction de Rosette, et on le suit par la sonde dans le lac Ma'dyeh. La deuxième branche, la Bolbitine, est celle qui passe à présent par Rosette : elle n'était qu'un canal creusé de main d'homme, qui a absorbé la branche Canopique et la branche Sébennytique. La troisième branche, la Sébennytique, était le lit naturel du fleuve : elle se jetait, comme on en voit encore les traces, dans le lac Bourlos. La quatrième, la Phatnitique, est celle de Damiette : elle n'était qu'un canal creusé par la main des hommes. La cinquième, la Mendésienne, est le canal actuel d'Achmoun : elle se jetait dans la mer à la bouche de Dybeh. La sixième, la Tanitique ou Saytique, est le canal actuel de Moueys : elle se jette dans la mer à la bouche d'Omm-Fâreg. La septième, la Pelusiaque ou Bubastique, se jetait à la mer à Peluse. Celle-ci était navigable du temps d'Alexandre. Ces trois dernières branches se jettent aujourd'hui

dans le lac Menzaleh, d'où l'on a peine à en suivre
c s traces avec la sonde.

Le lac Ma'dyeh, le lac Bourlos et le lac Menzaleh
sont modernes. La mauvaise administration qui a
régi l'Égypte ayant fait négliger les canaux et les
digues, le Nil a afflué moins abondamment dans
plusieurs branches, ce qui a rompu l'équilibre ; la
mer s'y est introduite. L'eau de ces lacs est salée,
mais beaucoup moins que celle de la mer, qui
entre dans les lacs pendant les basses eaux, mais
avec très-peu de rapidité. L'eau des lacs coule dans
la mer, dans les temps d'inondation , avec une
beaucoup plus grande vitesse. Le lac Menzaleh a
43,000 toises de long, de Damiette à Peluse, et
9,000 toises de large. La ville de Damiette a
20,000 habitants. L'île Mataryeh est très-peuplée. Le
lac est couvert de ruines d'anciennes villes. La hauteur des eaux moyennes est de 3 pieds. Il est couvert de bateaux pêcheurs. L'isthme qui le sépare
de la mer est étroit, inculte et interrompu par les
trois bouches de Dybeh, Omm-Fàreg et Peluse.
Peluse veut dire *marais*.

La navigation du Nil est facile et rapide. Dans la
saison des vents du nord, on ne met pas plus de
trente-six heures pour se rendre de Damiette ou de
Rosette au Caire, et huit ou dix jours pour remonter jusqu'à Syène.

III. Le Nil croît régulièrement tous les ans en
juillet, août, septembre et octobre ; il décroît en

novembre, décembre, janvier et février; il est
rentré dans son lit et très-bas en mars, avril, mai
et juin. Lorsque les eaux, au meqyâs de l'île de
Roudah, sont élevées de quatorze coudées ou de
23 pieds 4 pouces, ce qui fait une crue, au-dessus
des basses eaux, de 17 pieds 8 pouces, le terrain
de la basse Egypte commence à se couvrir, et l'on
coupe la digue du canal du Prince-des-Fidèles pour
y introduire l'eau. C'est une grande fête. La coudée
est de 20 pouces; elle se divise en 24 doigts. En
1798, cette digue a été coupée le 16 août : le meqyâs
marquait 14 coudées. Le 17 octobre, le Nil était à
son apogée; il marquait 17 coudées et 10 doigts
(29 pieds 7 lignes); et comme les basses eaux
étaient à 3 coudées 10 doigts ou 5 pieds 8 pouces,
le Nil avait donc crû de 23 pieds 4 pouces. En
1799, la digue du canal du Prince-des-Fidèles a
été rompue le 21 août : le meqyâs marquait 13 coudées et demie. Le Nil était à son apogée le 23 septembre; il marquait 16 coudées et 2 doigts (26 pieds
9 pouces 8 lignes). Les eaux avaient crû de 21 pieds
5 pouces 4 lignes. En 1800, la digue du canal du
Prince-des-Fidèles a été rompue le 16 août : le
meqyâs marquait 16 coudées. Son apogée a eu
lieu le 3 octobre : le meqyâs marquait 18 coudées et 3 doigts (30 pieds 2 pouces 6 lignes). La
crue a été de 24 pieds 4 pouces.

La vallée va en pente du sud au nord. Dans les
première, deuxième et troisième zones, le Nil, dans
ses basses eaux, est de 30 à 35 pieds au-dessous du

niveau du terrain. Il faut donc qu'il s'élève à 20 et 21 coudées au-dessus (34 à 36 pieds) pour sortir de son lit. Il faut qu'à son apogée il marque 24 à 26 coudées (40 ou 44 pieds) pour procurer une inondation raisonnable. Dans la sixième zone il est, dans ses basses eanx, de 20 à 35 pieds au-dessous du niveau du terrain ; il faut qu'il marque au meqyâs du Caire 14 coudées (23 pieds 4 pouces) pour qu'il sorte de son lit ; mais il doit marquer 17 à 22 coudées (28 à 36 pieds) à son apogée pour former une bonne inondation. Dans le bas Delta, ses basses eaux ne sont an-dessous du terrain que de 3 à 4 coudées (5 ou 6 pieds). Le terrain des bords du Nil est plus haut que le terrain des extrémités de la vallée, de sorte que les champs voisins du désert au pied des chaînes Arabique et Libyque, sont arrosés avant ceux qui sont près du lit du fleuve.

Le Nil, pendant les basses eaux, a une pente d'environ 1 pouce 6 lignes par 1,000 toises. La distance du Caire au boghâz de Rosette est de 135,000 toises. Le Nil, près du Caire, est de 16 pieds 10 pouces au-dessus de la Méditeranée ; à Syène, de 70 pieds ; à Sennaar, de 200 pieds, en comptant 32 pieds pour les cascades de la grande cataracte et 8 pieds pour celle de Syène. En 1798, la crue ayant été de 23 pieds 4 pouces, le Nil a eu, du meqyâs à la mer, une pente de 39 pieds 7 pouces ou 3 pouces 6 lignes pour 1,000 toises.

Le Nil dépense 8 à 10 millions de toises cubes

d'eau par vingt-quatre heures dans ses basses eaux, 70 à 80 millions dans ses hautes eaux. Il perd dans la mer, chaque année, près de 8 à 10 milliards de toises cubes d'eau par ses embouchures. Il y avait un nilomètre à l'île d'Éléphantine, vis-à-vis de Syène ; on l'a découvert en 1798. Il marquait pour *maximum* 24 coudées ; mais on avait surajouté au-dessus 3 coudées tracées irrégulièrement.

Le meqyâs du Caire est situé au sud de l'île de Roudah, à une lieue du Caire. C'est une colonne de marbre qui marque 18 coudées 7 doigts avec le dé du chapiteau. C'est le seul nilomètre qui soit aujourd'hui en activité et qui règle l'état du Nil. Il en faudrait avoir cinq : 1º à Syène ; 2º à Beny-Soueyf ; 3º à Roudah ; 4º à El-Rahmânyeh ; 5º à Mansourah. Du temps du roi Mœris, 8 coudées suffisaient pour fertiliser le pays ; du temps d'Hérodote, neuf cents ans après, il fallait 15 coudées ; il en fallait 16 sous les Romains, 17 sous les Arabes. Lorsque le Nil est haut, il y a beaucoup de pays inondés, beaucoup de terres en culture. Quand l'inondation est peu forte, une moindre quantité de pays est inondée, l'année est médiocre ou mauvaise. Cependant, lorsque les inondations sont très-fortes, l'eau séjourne trop longtemps sur le terrain ; la saison favorable se trouve écoulée ; on n'a pas le temps de semer ; l'atmosphère est trop humide : il peut y avoir disette et famine.

Dans aucun pays, l'administration n'a autant d'influence sur la prospérité publique. Si l'administration est bonne, les canaux sont bien creusés, bien entretenus, les règlements pour l'irrigation sont exécutés avec justice, l'inondation plus étendue. Si l'administration est mauvaise, vicieuse ou faible, les canaux sont obstrués de vase, les digues mal entretenues, les règlements de l'irrigation transgressés, les principes du système d'inondation contrariés par la sédition et les intérêts particuliers des individus ou des localités. Le gouvernement n'a aucune influence sur la pluie ou la neige qui tombe dans la Beauce ou dans la Brie ; mais, en Égypte, le gouvernement a une influence immédiate sur l'étendue de l'inondation, qui en tient lieu. C'est ce qui fait la différence de l'Égypte administrée sous les Ptolémées et de l'Égypte déjà en décadence sous les Romains, et ruinée sous les Turcs. Ainsi, pour que la récolte soit bonne, il faut que l'inondation ne soit ni trop basse ni trop haute.

Le roi Mœris avait remédié à ces grands inconvénients. Le lac qu'il fit construire était un grand réservoir où il faisait écouler le Nil, lorsque l'inondation était trop forte ; il ouvrait le lac et venait au secours du Nil, dans les années où son inondation était trop faible. Ainsi, tantôt le Nil coulait par le canal de Joseph dans le lac Mœris, et tantôt les eaux du lac Mœris coulaient dans le Nil par le même canal. Il ne reste que de légères traces de ce beau et immense système. On se servait de ce réservoir pour fournir de l'eau, pendant les basses eaux, aux pays qui en avaient besoin, et dans une proportion calculée ; ce qui a fait dire à Hérodote que les eaux du Nil coulent six mois par le canal de Joseph dans le lac Mœris, et six mois du lac dans le Nil par le même canal.

Cet historien dit aussi que le terrain de l'Égypte s'élève d'un pied par siècle, que le Delta a été conquis par le Nil sur la mer. On a calculé, par les données que l'on a obtenues au meqyâs de l'île d'Éléphantine, qui s'est haussé en seize cents ans de 6 pieds 2 pouces ; ce qui donne pour élévation du terrain, par siècle, 4 pouces 8 lignes. Depuis trois mille ans, on ne trouve aucune différence sensible dans l'accroissement du Delta. Toutes ces questions ont fort occupé les antiquaires et les géomètres. Le pays a tellement changé depuis quatre mille ans, qu'on ne peut asseoir aucun raisonnement. La construction du lac Mœris, les ouvrages qui ont ramené le Nil dans la vallée actuelle, l'existence des sept branches par où il s'écoulait dans la mer, réduites aujourd'hui à deux, la formation des lacs Ma'dyeh, Bourlos, Menzaleh, tout cela multiplie les éléments de calcul et complique la question à l'infini. Les anciens se sont fort agités pour assigner la cause de ces inondations périodiques, qui proviennent des pluies périodiques du tropique. Ces inondations sont productives et fécondes, parce qu'elles descendent des montagnes et parcourent les forêts de l'Abyssinie, les plaines de Sennaar, de la Nubie, et entraînent un limon qu'elles déposent et qui sert d'engrais aux terres.

L'analyse de ces eaux a fait connaître qu'elles sont légères, agréables au goût, extrêmement pures. Elles contiennent moins d'objets étrangers que l'eau de la Seine. Elles sont excellentes pour préparer les aliments comme pour les arts chimiques. Elles remplacent avec avantage l'eau de pluie et l'eau distillée.

IV. Une oasis est une terre végétale située au milieu du désert, comme une île l'est au milieu de la mer. Il y a trois grandes oasis qui dépendent de l'Égypte, savoir : la grande, la petite, et celle d'Ammon. Toutes les trois sont situées dans le désert de la Libye, à l'ouest du Nil. Ces trois oasis sont sur une même ligne, qui court du sud-est au nord-ouest. La plus au sud est la grande oasis, située à cinq journées de Syout. On suit une gorge qui traverse le désert pendant trente lieues, sans trouver d'eau. Avant d'arriver au premier village de l'oasis, appelé *Ayné-Diseh*, on descend pendant une heure. On croit que le niveau de cette oasis est au-dessous de celui du Nil. La grande oasis a cinquante lieues de long : c'est une réunion d'un grand nombre de petites oasis. Il y a des jardins bien arrosés, des forêts de palmiers, huit ou dix villages, un château avec une petite garnison. Elle formait une province de l'ancienne Égypte. Dans le ve siècle on y comptait un clergé nombreux. Elle a eu des souverains particuliers dans le xe siècle. Un cheik y régnait, qui avait plusieurs milliers de cavaliers à ses ordres.

On y trouve du riz, du blé, du fourrage. Les caravanes du Dârfour s'y rafraîchissent.

La petite oasis est au nord-ouest de la grande.
Elle est à la hauteur du Fayoum, à cinq journées
de cette province, à sept de l'oasis d'Ammon. Au
viie siècle, le 2e régiment d'Arménie y était canton-
né. Il y a une grande quantité de palmiers. Les
dattes, le riz, les roseaux, sont un objet de commerce assez étendu. Il y a de l'herbe et de la paille.
La petite oasis est plus étendue que la grande [*sic*];
elle est au même niveau. Elles se joignent et forment une vallée qui va à Behnesé.

La troisième oasis est appelée *Syouâh*. C'est là
qu'était le fameux temple de Jupiter Ammon. Elle
est au nord-ouest de la petite, éloignée de douze
journées du Caire, à six journées d'El-Baretoun, à
douze d'Alexandrie, à quatorze de Derne, port de
mer, à quarante du royaume de Fezzân. Elle a une
cinquantaine de lieues de tour et possède des
ruines. Les Grecs qui allaient consulter l'oracle de
Jupiter Ammon débarquaient à El-Baretoun, d'où
ils n'avaient que soixante et douze lieues à traverser pour arriver au temple. La population de
cette oasis est de 10 à 12,000 âmes. Elle n'est point
arabe. Elle est gouvernée par un conseil de douze
cheiks. Le pays a du blé, de l'orge, de la paille,
des olives, du riz, des dattes, des pommes, des pê-
ches. Les dattes y sont excellentes. L'eau y est abondante et courante. Elle formait une province de
l'ancienne Égypte. El-Baretoun, qui s'appelait *Parœ-*

tonium, était une grande ville. Antoine y séjourna après la bataille d'Actium ; il espérait y être joint par quatre légions qu'il avait dans la Cynéraïque.

Ces trois oasis ont joui de quelque prospérité. Elles sont aujourd'hui dans un état misérable ; elles ne servent qu'aux caravanes, ou de refuge aux proscrits et aux exilés. De 1798 à 1799, elles ont été fort utiles à Mourad-Bey, à Elfy-Bey et aux Mameluks, dans leur malheur. La décadence de ces oasis doit être attribuée aux incursions des barbares de l'intérieur de l'Afrique. L'histoire nous conserve quelques traces de ces incursions de peuplades venues du centre de l'Afrique. Elles ont renouvelé leurs ravages plusieurs fois. Elles ont détruit les maisons, la culture, massacré les habitants, ou les ont emmenés en esclavage.

Indépendamment de ces oasis, il y en a un grand nombre de beaucoup plus petites dans les déserts qui appartiennent à l'Égypte ; car, partout où il y a un puits d'eau, soit douce, soit saumâtre, partout où il croît quelques palmiers, où quelques grains d'orge peuvent être semés, il y a une oasis. Nous en parlerons en décrivant les déserts dont elles font partie.

V. On trouve de l'eau, de l'herbe et des arbres dans les déserts de l'Amérique ; on trouve de l'eau et de l'herbe dans les déserts de la Tartarie ; on ne trouve ni eau, ni herbe, ni arbre dans les déserts de l'Afrique et de l'Arabie. Ces déserts sont arides et nus. Les déserts d'Égypte ne sont séparés par aucune ligne naturelle des grands déserts de l'Arabie, de la Nubie et de la Libye. Ils sont la partie de ces déserts comprise dans les limites de l'Égypte, possédée par des tribus qui vivent des inondations du Nil. Leur étendue est de 40 à 42,000 lieues carrées ; la population, de 150 à 160,000 âmes ; ce qui fait 4 habitants par lieue carrée.

Les déserts de l'Afrique seraient inhabitables pour l'homme s'ils ne produisaient le chameau. Le chameau est l'image du désert, grand, maigre, monotone, patient, mais d'un caractère sauvage, et méchant quand il est poussé à bout. Il se nourrit d'absinthe et de plantes épineuses. Une livre de cette nourriture par jour, ou autant de fèves, d'orge ou de noyaux de dattes, et une livre d'eau lui suffisent. Il reste quatre ou cinq jours sans boire, quelquefois jusqu'à six et sept, mais alors il souffre. Il passe plusieurs jours sans manger. Son lait, son fromage, sa chair, nourrissent l'Arabe ; son crin, sa peau l'habillent et forment ses tentes. Le chameau est une bête de somme, il n'est pas bâti pour traîner ; il porte autant que trois chevaux ; c'est le navire du désert. Chargé, et à son pas naturel, il fait 1850 toises par heure ; il marche dix-huit heures avec le repos d'une heure. Lorsqu'il le faut, l fait seize lieues de 25 au degré par jour, mais il en fait facilement douze. L'Arabe le loue au commerce et à l'agriculture. Il en vend, car il en élève beaucoup plus qu'il ne lui en faut. Né pour le désert, cet animal y prospère et s'y accroît en grand nombre. Avec le gain du travail du chameau, l'Arabe se procure les blés, l'orge, les habits et les armes dont il a besoin. Une tribu de 1,500 à 2,000 personnes a souvent 6 ou 700 juments, poulains ou chevaux, 15 à 20,000 chameaux grands ou petits, mâles ou femelles.

L'autruche a tous les caractères d'un enfant du désert. Elle est grande, disproportionnée, décharnée. Elle a dans son espèce quelque ressemblance avec le chameau.

La gazelle est petite, jolie, aimable, vive, bien proportionnée et agréable dans toutes ses formes. Elle serait l'ornement des bosquets d'Idalie. Tout en elle contraste avec le désert; cependant elle s'y plaît et y prospère.

Il y a six déserts dépendants de l'Égypte; trois font partie de la Libye, un de la Nubie, deux de l'Arabie, savoir : 1° le désert de Bahyreh, qui s'étend d'Alexandrie à El-Baretoun et à l'oasis d'Ammon. Il a plusieurs milliers de lieues carrées de surface. Il s'y trouve plusieurs petites oasis; les principales sont celle du lac Natroun et celle de Maryout. Maryout et le lac Natroun ont été couverts par l'inondation et fertilisés par son limon bienfaisant. Dans le cinquième siècle, plusieurs milliers de moines habitaient ces oasis. Il y avait au lac Natroun quatre couvents grecs : ce sont quatre petites forteresses habitées par soixante et dix à quatre-vingts moines fanatiques et ignorants. Maryout est sur le bord du lac Maréotis. Toute l'oasis est couverte de ruines qui indiquent la nombreuse population qu'elle a nourrie jadis. Ce désert est habité par sept tribus d'Arabes qui forment une population de 15 à 20,000 âmes. Ils peuvent mettre à cheval 2,500 hommes. Ce sont : 1° les Henâdy, Bédouins errants et méchants; 2° les Jaumates; 3° les Troates; 4° les Aoulâd-A'ly; 5° les Geouâbit-Marabou; 6° les Samâlou-Marabou; 7° les Beny-Aounous. Ces tribus font, par le désert, les voyages d'Alexandrie au Caire, au Fayoum, à la haute Égypte, à l'oasis d'Ammon. Elles transportent le sel natroun à Terrâneh et vendent dans le Delta des joncs, des roseaux qu'elles trouvent dans des vallées du désert, à quatre ou cinq journées du Nil.

Le désert de la petite oasis est borné par les pyramides de Gyzeh, le Fayoum, la petite oasis, le canal de Joseph. Il est habité par quinze ou vingt tribus, savoir: 1° Forgân, Bédouins; 2° Taraounen, 3° Faouâyḍ; 4° Abou-el-Hor; 5° El-Badrâman; 6° Gâhmeh; 7° Mohâreb; 8° Gabar; 9° Ghazâych; 10° Darâbseh; 11° Chaouâdy; 12° Tahouy; 13° Abou-Kerâym; 14° Ebn-Ouâfy; 15° El-A'tâyât, etc. La population de ces tribus se monte de 25 à 30,000 âmes. La culture, le produit de la petite oasis, le transport de ses dattes au Caire, le transport des joncs, des voyages dans la haute Égypte, quelquefois jusque dans le pays de Fezzân, sont les moyens d'existence de ces tribus. Elles cultivent la lisière du Fayoum.

Le troisième désert, celui de la grande oasis, commence à la hauteur de Syène. Il comprend cette partie de la Libye entre le Nil et la grande oasis. Les Arabes de ce désert cultivent la grande oasis. Ils s'y approvisionnent et en transportent les produits dans l'Égypte. Ils font des voyages du Fayoum dans différentes parties de la haute Égypte à travers le désert. Les principales de ces tribus sont : 1° Tarfeh ; 2° Beny-Ouâsel ; 3° Sohârât ; 4° Mehaz ; 5° Houâtat ; 6° Nefahât ; 7° Hanâger. La tribu des Beny-Ouâsel occupe tout le désert en remontant la rive gauche du Nil au-dessus de Syène, l'oasis et le désert de Semela, où les caravanes se reposent dans leurs voyages du Dârfour.

Le quatrième désert, ou désert de la Thébaïde, fait partie de la Nubie. Il s'étend, sur la rive droite du fleuve, de la presqu'île de Coptos à la mer Rouge, de Qoseyr à Qeneh. Il y a dans ce désert un grand nombre de gorges, plusieurs oasis, qui servent de communications du Nil avec la mer Rouge. Les Abâbdeh, tribu très-nombreuse, ayant peu de chevaux, mais beaucoup de dromadaires, font non-seulement les transports de Qoseyr à Qeneh, mais ils envoient des caravanes jusqu'à Sennaar. Les Bichâryn errent aussi dans ces déserts.

Le cinquième désert, celui des Ermites, est situé entre le Nil et la mer Rouge. Il est borné au nord par la vallée de l'Égarement. On y rencontre plusieurs oasis. On y trouve des citernes, des ruines de monastères, de couvents et même de villes, la plaine de la Vache, celle du Chat, celle du Chariot. Il a été habité par des ermites. On y trouve les ruines des monastères de saint Antoine, de saint Paul, de saint Climaque. Les Antouny, les Azayzy, sont les puissantes tribus d'Arabes qui y errent.

Le sixième désert est celui de l'isthme de Suez. Il fait partie de l'Arabie. Il s'étend du Caire à Suez, et de Suez à mi-chemin du mont Sinaï, de Jérusalem, de Gaza. On y trouve l'oasis de Tomlât et l'oasis de Saba'Byâr, celles de Qatyeh et d'El-A'rych.

L'oasis de Saba'Byâr, celle de Tomlât, ont été couvertes par le Nil. C'est là qu'était la capitale des rois pasteurs. C'est le pays de Gessen, où ont habité Jacob et sa famille. En 1800, l'inondation du Nil a couvert cette oasis jusqu'aux lacs Amers. Il y a des ruines de grandes villes, de l'herbe, de l'eau, des bois. Les Arabes y cultivent un peu d'orge. Indépendamment du produit de cette oasis, les Arabes de ce désert s'emploient aux transports du Caire à Suez. Ce commerce, qui est un objet de 35 à 40 millions pour l'aller et le retour, produit beaucoup aux tribus qui fournissent les escortes et louent les chameaux pour les transports. Les Arabes de ce désert fournissent aussi aux caravanes de Jérusalem, de Damas, de Gaza, et quelquefois de la Mecque et de Bagdad. Les caravanes de Jérusalem, de Damas, de Gaza, sont peu nombreuses, mais leur passage est presque journalier. Les principales tribus sont: 1° Bily ; 2° Terrâbyn ; 3° petits Terrâbyn ; 4° Ouâhydât ; 5° Haouytât ; 6° Toumylât ; 7° El-A'tâyât ; 8° El-A'ydy ; 9° Tâha ; 10° Hanâger ; 11° Nefahât ; 12° les trois tribus des Arabes de Thor.

Les Arabes d'Égypte sont cultivateurs, Bédouins ou Marabouts. Le cultivateur habite des villages qui lui ont été donnés ou qu'il a achetés ; mais il y conserve longtemps une physionomie sauvage. On n'y voit pas de mosquées, de maisons distinguées, mais seulement des cabanes égales, sans arbres. Tout y sent le désert et l'esprit farouche du Bédouin. Les hommes y sont guerriers. Ils entretiennent des chevaux. Ils sont indociles, supportent le joug de l'autorité avec impatience, payent difficilement le tribut, se battent quelquefois contre les Arabes-Bédouins. Ils se croient d'une espèce supérieure aux autres fellahs, qu'ils vexent souvent. Ils sont du reste industrieux, laborieux. Les Mameluks ne séjournent jamais parmi eux. Dans l'opinion des Arabes, soit cultivateurs, soit Bédouins, les fellahs sont leurs sujets ; les Mameluks et les Turcs, des usurpateurs.

Les Arabes-Marabouts ne sont pas armés, n'ont pas de chevaux, sont obligés de loger les Bédouins et de fournir à leurs besoins.

Les tribus errantes, ou les Bédouins, cultivent presque toutes plus ou moins ; mais elles sont constamment sous des tentes, ne logent jamais dans une maison ni dans une cabane, changent fréquemment de séjour et parcourent tout le désert qui leur appartient pour faire paître leurs chameaux et pro-

fîter de l'eau des puits. Les Arabes-Bédouins sont
la plaie la plus grande de l'Égypte. Il ne faut pas
en conclure qu'on doive les détruire; ils sont au
contraire nécessaires. Sans eux, ce beau pays ne
pourrait entretenir aucune communication avec la
Syrie, l'Arabie, les oasis, les royaumes de Sennaar,
du Dârfour, d'Abyssinie, Tripoli et le royaume de
Fezzân. Sans eux, les transports du Nil à la mer
Rouge, de Qeneh à Qoseyr, du Caire à Suez, seraient impossibles. La perte que le pays en éprou-
verait serait très-considérable. Les Bédouins entretiennent une grande quantité de chameaux, de
chevaux, d'ânes, de moutons, de bœufs, etc., qui
entrent dans la balance des richesses de l'Égypte.
Le natroun, le séné, la gomme, les roseaux, les
joncs, qui sont à plusieurs journées dans le désert,
seraient perdus. Il serait possible de les détruire;
mais de nombreuses tribus arriveraient de l'intérieur de l'Afrique, de l'Arabie, pour s'emparer de
leurs pays, qui sont l'objet de l'ambition de toutes
ces tribus errantes. Lorsque le Nil s'élève et produit
de fortes inondations, comme en 1800, la nouvelle
s'en répand de proche en proche jusqu'au centre de
l'Afrique, et des tribus nombreuses viennent de
cinq cents lieues camper pendant plusieurs mois
sur cette partie du désert, inondée extraordinairement, pour y semer et vivre. Les tribus des Arabes
d'Égypte s'opposent à ce que ces étrangers viennent
vivre dans leur domaine. Souvent il faut se battre.
Cette résistance contient les tribus du grand désert.

Détruire les Bédouins, ce serait, pour une île, détruire tous les vaisseaux, parce qu'un grand nombre sert à la course des pirates. Lorsque l'Égypte a été gouvernée avec fermeté et justice, les Arabes ont été soumis; chaque tribu a été obligée de répondre de son désert et de la partie de la frontière qui lui est contiguë. Ce règne de la justice a fait cesser les abus, et ces tribus, comme de petits vassaux, ont garanti la tranquillité du pays au lieu de la troubler.

La soumission des Arabes importe à la prospérité de l'Égypte ; c'est un préliminaire indispensable à toute amélioration. Pour soumettre les Arabes il faut : 1° occuper les oasis et les puits; 2° organiser des régiments de dromadaires, les habituer à séjourner dans le désert pendant des mois entiers, sans qu'ils rentrent dans la vallée ; 3° créer une grande magistrature, un tribunal pour les juger, surveiller et punir les tribus errantes. On posa les principes de cette organisation en 1799. On adopta d'abord deux modèles de tours. La première ayant 24 pieds de haut, à deux étages, portant deux pièces de canon sur la plate-forme, ayant un logement pour 40 hommes de garnison, fossé, contrescarpe, chemin couvert, places d'armes et avant-fossé, avec muraille crénelée formant une enceinte de 200 toises de côté dominée par la mitraille de la tour. Elle contenait un magasin de vivres pour la garnison pendant cent jours, et un magasin de réserve pour un régiment de dromadaires pour dix jours. Elle avait dans une de ses places d'armes des puits bien maçonnés, bien entretenus, et une citerne pour conserver l'eau pluviale. La tour de deuxième espèce avait 15 pieds de haut, un seul étage, portant deux pièces de canon sur la plate-forme, 15 hommes de garnison, des vivres pour 15 hommes pendant cent jours, un magasin de réserve pour une compagnie de dromadaires pour dix jours, un ou plusieurs puits, une citerne et un avant-fossé de 100 toises de côté. Vingt tours de la première espèce et quarante de la seconde devaient être construites en 1800 et 1801, savoir : huit dans le désert de Bahyreh, huit dans le désert de la petite oasis, une aux Pyramides, une au Fayoum, deux dans l'oasis même, dix dans le désert de la grande oasis, cinq dans l'oasis même ; cinq aux puits sur les routes d'Esné, de Syout ; huit tours pour les quatrième et cinquième déserts, sur les cinq routes de Qoseyr ; douze dans le désert de Suez, indépendamment des forts de Suez, d'El-A'rych, de Tyneh. Ces tours occuperaient douze principaux puits, Qatyeh, Mansourah, Zâouy, Reyfah, l'oasis de Tomlât, celle de Saba'-Byâr, etc. La garnison de ces tours devait être composée : pour les petites tours, d'un maître canonnier sergent et de 9 canonniers, 10 hommes ; pour les tours de première espèce, d'un maître canonnier sergent, d'un caporal et de 13 canonniers, 15 hommes ; total, 700 canonniers. Les régiments de dromadaires devaient fournir 5 hommes à chaque petite tour et 25 à chaque grande. Ces tours

devaient servir de centre et de point de protection
à autant de villages, qui, sous le canon et dans l'enceinte, seraient à l'abri des insultes des Bédouins.
Les paysans, ainsi protégés, pourraient cultiver,
héberger, nourrir les caravanes à leur passage et
commercer avec elles.

On arrêta de créer six régiments de dromadaires,
un pour chaque désert, nourri et payé par les provinces limitrophes ; chaque régiment de 900 hommes, 750 dromadaires et 250 chevaux, portant des
vivres pour cinquante jours. Un dromadaire portant
quatre quintaux, un cheval portant deux quintaux :

	QUINTAUX.	
750 dromadaires portent...............	3000	3500
250 chevaux portent.................	500	
Un homme pesant 180 livres, 900 hom- mes pèsent........................	1620	
Vivres pour 50 jours pour 900 hommes, à 1 livre par jour, soit............	450	
Vivres pour 250 chevaux pour 25 jours, à 10 livres par jour, soit...........	625	
Vivres pour 750 dromadaires pour 25 jours, à 2 livres par jour, soit......	375	3340
Eau pour 900 hommes pour 5 jours, à 4 livres par jour, soit.............	180	
Eau pour 250 chevaux pour 3 jours, à 12 livres par jour, soit...........	90	

Chaque soldat était armé d'une lance, d'un fusil
avec sa baïonnette, portait une giberne, cent car-
touches, un sac ; chaque régiment commandé par
un bey colonel, un kiâya major, deux adjudants,
quatre capitaines kâchefs, quatre lieutenants et

quatre sous-lieutenants, ce qui formait trois officiers par compagnie; un tambour, deux trompettes, 225 hommes; chaque régiment ayant deux pièces de canon traînées par six dromadaires. Il faudrait donc 5,400 hommes pour contenir les déserts, ou une dépense de 4 millions. Ce n'est pas le dixième de ce que coûtent au pays les avanies des Bédouins. Les six régiments seraient commandés par le grand cheik des déserts (général de division), deux kiâyas (généraux de brigade), six beys (colonels), vingt-quatre kâchefs (lieutenants-colonels), un kâchef de l'artillerie, un du génie.

Le grand cheik des déserts devait avoir près de lui un divan composé d'un kiâya, de quatre ulemas et d'un écrivain, qui aurait jugé les affaires contentieuses des Arabes avec les fellahs et des tribus entre elles.

On avait levé une brigade de soldats français montés sur 1,500 dromadaires. On avait dit :

1° Les tribus d'Arabes qui errent dans les six déserts d'Égypte seront tenues de prêter le serment, par l'intermédiaire de leur cheik et de six notables, entre les mains du grand cheik des déserts.

2° Les tribus en recevront un firman d'investiture qui constatera l'étendue du désert qui leur appartient, fixera le nombre d'hommes à cheval, le nombre de chameaux qu'elles devront fournir au sultan de l'Égypte.

L'état qui avait été dressé de ces contingents se montait à 5,000 hommes à cheval, 2,000 sur dro-

madaires, et 700 chameaux, un conducteur pour
trois chameaux.

3° A la mort du cheik, son héritier lui succédera;
mais dans les trois mois il se rendra près du grand
cheik pour prêter son serment et recevoir son firman. Il sera revêtu de la pelisse d'honneur.

4° Un des dix principaux de la tribu demeurera
au Caire avec sa famille pour servir de répondant
et correspondre avec le divan du désert. Six enfants,
âgés de dix à dix-huit ans, seront élevés dans la
mosquée d'El-Azhar, dans les principes du Coran,
et apprendront à écrire en arabe, en français, et à
compter.

5° Le grand cheik des déserts marchera au secours
de la tribu dont le pays sera envahi par les tribus
des grands déserts.

Toute querelle entre deux tribus sera jugée par le
divan, et la sentence remise au député des tribus,
qui l'enverra à son chef, le bey du désert, pour la
faire exécuter.

6° Toute querelle entre les tribus et les fellahs
est jugée par le divan.

Toute insulte faite dans le désert aux Égyptiens
est censée être faite par les Arabes de la tribu.
Toute insulte faite sur la frontière par un Arabe est
censée être faite par un de la tribu.

7° L'escorte des caravanes des voyageurs dans
l'étendue de chaque désert, la fourniture des chameaux, appartiennent à la tribu. Toute difficulté
est jugée par le divan.

8° Le grand cheik, après la délibération du divan, condamne une tribu à payer, en chevaux, chameaux, bœufs, moutons, une amende, conforme au tarif, pour les hommes tués ou blessés. Les torts faits à la propriété des fellahs sont payés par la tribu, qui, en sus, est condamnée à une amende de rétribution et de dommages.

9° Dans le cas où un ulema, moultezim, imâm, cheik el-beled, ou un Européen, serait tué ou blessé, la tribu est tenue de livrer au divan le criminel, ou, à sa place, un des cinquante principaux de la tribu qui sera traduit devant le divan et condamné, soit à mort, soit à la bastonnade, soit à la prison, selon la nature du délit dont se sera rendu coupable l'habitant de la tribu.

10° Quand une tribu est désobéissante, elle est déclarée suspecte. Cette déclaration est signifiée à son député, qui en instruit son chef, et un mois après elle doit avoir livré, pour otages de sa fidélité, douze de ses principaux cheiks. Si elle est déclarée rebelle, cette sentence est envoyée à tous les beys et enfin à toutes les tours; l'eau et le pâturage lui sont interdits; des colonnes de dromadaires se mettent à sa suite et la détruisent; son désert est donné à une autre tribu.

11° Il est défendu aux Arabes d'avoir du canon, des fusils avec baïonnettes, des fusils de rempart, d'élever aucune fortification, de faire aucun créneau aux santons ni aux maisons.

12° Tous les ans le grand cheik visitera ou fera

visiter par ses kiâyas les divers déserts. Les tours
et autres forts seront approvisionnés par des convois réguliers, escortés par des détachements de
dromadaires, par les soins du grand cheik et des
beys des déserts. Les caravanes de pèlerins et du
commerce seront escortées, depuis leur entrée dans
les déserts d'Égypte, par un détachement du régiment de dromadaires, et payeront un droit d'escorte
conformément au tarif.

VI. La Méditerranée borne l'Égypte au nord depuis El-Baretoun jusqu'à Reyfah. L'établissement
d'une colonie à El-Baretoun est une chose importante. Au préalable, il faut y bâtir un fort; ce sera
le dépôt du commerce de l'oasis d'Ammon avec
Alexandrie. D'El-Baretoun à Alexandrie, on trouve,
tous les jours, de l'eau et des pâturages. Toute la
côte d'Afrique jusqu'à Tripoli est déserte. Jadis elle
était couverte de villes et de villages.

D'Alexandrie à Rosette il y a quatorze lieues de
côtes. La rade d'Aboukir n'est pas tenable l'hiver.
Elle peut donner refuge à une escadre de vaisseaux
de guerre pendant l'été. Dans la rade d'Aboukir est
la bouche du lac Ma'dyeh, qui a 100 toises de large.
Ce lac existe depuis soixante ans. Il est important
de fermer cette bouche et de restituer un si beau
terrain à la culture. La bouche du Nil dite *boghâz
de Rosette* est à quatre milles de la terre. C'est la
plus dangereuse du Nil ; il y arrive souvent des accidents. Il n'y a que quatre ou cinq pieds d'eau dans

les basses eaux, cinq ou six dans les hautes; mais, une fois entrés dans le Nil, les bâtiments trouvent de l'eau. A quatorze lieues du boghâz de Rosette se trouve la barre du lac Bourlos, sur laquelle il y a huit ou neuf pieds d'eau. Là était jadis l'embouchure du principal bras du Nil. Les chaloupes seraient en sûreté dans ce lac, pourvu qu'elles ne tirassent pas plus de quatre ou cinq pieds d'eau. De la barre de Bourlos au boghâz de Damiette il y a vingt lieues. Ce boghâz est moins dangereux que celui de Rosette; il y a six ou sept pieds d'eau dans les basses eaux, huit ou neuf dans les hautes. Les bâtiments qui servent à la navigation de Damiette au Caire sont plus gros que ceux de Rosette. La rade de Damiette est à deux lieues du cap d'El-Boghâfeh, dans l'est; elle n'est pas sûre; les vaisseaux sont obligés souvent de dérader et de se réfugier en Chypre. Une fois le boghâz passé, le Nil est très-profond. Du boghâz de Damiette à la barre de Dybeh il y a six lieues; de celle de Dybeh à celle d'Omm-Fâreg, dix; de celle d'Omm-Fâreg à celle de Peluse, quatre; de Peluse au mont Casius il y a onze lieues (*Casius* veut dire, en hébreu, *terme, bout, limite;* on l'appelle aujourd'hui *le câp El-Kasaroun*); de là à Reyfah, vingt-cinq lieues. Reyfah a été une grande ville, ainsi qu'El-A'rych et Qatyeh.

Les barres ne sont point des boghâz. Les trois barres des bouches du lac Menzaleh permettent à des bateaux tirant cinq pieds d'eau d'entrer; mais le lac Menzaleh n'a communément que trois pieds d'eau. Les djermes, qui font le commerce de la Syrie, ont la coutume de se réfugier, lors du mauvais temps, au dedans de la barre de Peluse.

Les villes d'Alexandrie, de Rosette, de Damiette, le village de Bourlos, ceux situés dans le lac et autour du lac Menzaleh, forment une population maritime d'une centaine de mille habitants. Mais toute l'Égypte est une population maritime.

Sur cent soixante et dix lieues d'étendue de côtes, il n'y a qu'Alexandrie, Aboukir, le lac Bourlos, Damiette, le lac Menzaleh, où il y ait possibilité physique d'opérer un débarquement. Alexandrie est le seul mouillage où une escadre soit en sûreté contre les vents de nord-ouest et contre les attaques d'une force supérieure.

Alexandrie est située à 30°13′5″ de latitude nord, 27°35′30″ de longitude, à cent quatre-vingt-dix lieues de Syène. La ligne droite qui joint ces deux points traverse le Fayoum et la petite oasis. Il y a, du meqyâs du Caire à Alexandrie, quarante et une lieues en droite ligne, passant par le lac Natroun; cinquante et une lieues en suivant le chemin de la rive gauche du Nil jusqu'à El-Rahmânyeh, et de là par Damanhour; soixante-six en suivant les eaux du Nil jusqu'à El-Rahmânyeh, et de là les eaux du canal d'El-Rahmânyeh. Alexandrie n'a point de rade foraine; celle d'Aboukir, située à 11,000 toises, lui en tient lieu; mais elle a une rade intérieure immense, qui a tous les avantages d'un port. Cette

rade peut contenir les escadres les plus nombreuses ; elle s'étend depuis le Phare jusqu'au Marabout ;
elle a deux lieues de corde et trois lieues d'arc. Le
long de cette corde règne un banc de rochers presque à fleur d'eau, où il n'existe que trois passes peu
larges, mais qui permettent l'entrée aux bâtiments
de guerre de toute grandeur. Dans l'intérieur de
cette rade on est à l'abri des vents et des insultes des
escadres ennemies ; car, indépendamment des batteries de côte, un seul vaisseau, s'embossant près
des passes, les défendrait suffisamment. Cette rade
s'appelle *le port vieux*. Le port neuf est à l'est de la
ville. Il est séparé du port vieux par l'isthme qui
joint la presqu'île du Phare au continent. On ne
regarderait point comme des ouvrages extraordinaires et hors de proportion avec leur utilité la construction d'un môle à la principale passe du port
vieux, pour en faciliter l'entrée et pour y placer des
batteries qui croiseraient leur feu avec le fort Marabout et le fort du Phare, et aussi une coupure à
l'isthme qui sépare le port vieux du port neuf, de
manière à établir une communication entre les deux
ports, ce qui rendrait la sortie praticable par tous
les vents. Sur quatre ou cinq cents lieues de côtes
d'Afrique et de Syrie, le port d'Alexandrie est le
seul qui soit propre à contenir un établissement
maritime.

Cette ville a existé, de temps immémorial, sous le
nom de Medinah-Kherib (*ville ruinée*). Comment
comprendre en effet, que du temps de Sésostris,

des Pharaons, et jusqu'à quatre siècles avant l'ère chrétienne, les Égyptiens aient méconnu le seul port qui existât sur leurs côtes et n'en aient pas profité ? Alexandre le Grand la rebâtit. Sous les Ptolémées, ses successeurs, cette ville arriva au plus haut degré de prospérité; elle contenait un million d'habitants. Sous l'empire romain, elle était la seconde ville du monde par sa population, son commerce, ses écoles, les sciences et les arts. Dans les premières années de l'hégire, Amrou la prit après un siége de quatorze mois, et écrivit au calife Omar que l'enceinte avait 12,000 toises de tour, qu'elle renfermait quatre mille palais, quatre mille bains, quatre mille théâtres, douze mille boutiques, cinquante mille Juifs. Pendant la guerre qui dura longtemps entre l'empire romain de Constantinople et les Arabes, Alexandrie fut prise et reprise plusieurs fois. Elle souffrit beaucoup en 875 ; ses murailles furent rasées. Sur ses ruines les Arabes bâtirent une autre enceinte de 3,000 toises ; elle existe encore ; elle s'appelle *la muraille des Arabes.* Cette nouvelle ville, ainsi appelée, s'éleva à une assez grande prospérité. Elle a été détruite comme la première. La ville actuelle est bâtie sur un terrain d'alluvion formant l'isthme qui joint la presqu'île du Phare au continent.

Sur l'emplacement de l'ancienne ville des Arabes, on trouve *l'aiguille de Cléopâtre,* et trois cents citernes qui reçoivent l'eau du Nil et peuvent abreuver les habitants pendant dix-huit mois. La colonie dite *de Pompée*, bâtie par son ordre, qui était au centre de la ville, est à 300 toises en dehors des murailles de la ville des Arabes. Cette colonne a 88 pieds 6 pouces de haut, 8 pieds 2 pouces 2 lignes de diamètre en bas, 7 pieds 2 pouces 8 lignes en haut ; le piédestal a 10 pieds de haut; la base, 5 pieds 6 pouces 3 lignes ; le fût, 63 pieds 1 pouce 3 lignes ; le chapiteau, 9 pieds 10 pouces 6 lignes. Elle est de granit de la Thébaïde. L'ordre est corinthien.

Alexandrie fait encore un commerce de quelque importance. Elle renferme plusieurs beaux bazars et plusieurs belles mosquées.

Le lac Maréotis couvrait jadis Alexandrie du côté du sud. Il avait quinze lieues de long et deux lieues environ de largeur, 4 ou 5 pieds d'eau. Ses îles et ses bords étaient couverts de villages, de jolies maisons de campagne. L'eau était douce. Il ne communiquait avec la mer que par un petit canal de 300 toises de long, qui servait à passer dans le port vieux. En 1798, ce lac était desséché depuis plusieurs siècles ; on en reconnaissait l'emplacement aux bas-fonds et à l'humidité du terrain. Les Anglais, en 1801, coupèrent la digue du lac Mad'yeh et reformèrent ce lac ; en deux mois de temps les eaux de la mer couvrirent l'ancien emplacement. Ces eaux s'étendirent jusqu'à la tour des Arabes, de sorte qu'Alexandrie et Aboukir formaient une presqu'île de 36,000 toises de longueur. Depuis, en 1803, un ingénieur, venu de Constantinople, parvint, après de grands travaux et de fortes dépenses, à rétablir la digue du lac Ma'dyeh. En peu de mois le lac Maréotis se sécha et laissa un pied de sel sur le terrain; mais en 1807 les Anglais coupèrent de nouveau cette digue et reformèrent le lac.

Le canal de la haute Égypte, qui coule au pied de la chaîne Libyque, apportait le Nil dans le lac Maréotis. On voit les traces d'un canal d'irrigation qui prend les eaux près d'Alqâm, et arrose quelquefois la province de Maryout. Le canal de navigation d'Alexandrie prenait les eaux du Nil à quatre lieues de Canope. Il était navigable toute l'année. Ses bords étaient couverts de jardins, de maisons de campagne. Mais la branche de Rosette ayant appauvri et desséché celle de Canope, il fallut établir la prise d'eau de ce canal à peu près à la hauteur d'El-Rahmânyeh. Ce canal a été plusieurs fois comblé et envasé, de sorte que les eaux du Nil n'y entraient qu'au moment des hautes eaux. Trois fois il été rétabli et rendu navigable toute l'année. Un sultan du Caire le fit rétablir en 1310. Il fertilisait cent mille feddân de terre, où s'élevèrent de belles maisons de campagne. Ce beau travail rendit la vie à Alexandrie et coûta un million de francs. Soixante ans après, en 1368, les eaux du Nil avaient cessé d'arriver pendant les basses eaux; mais en 1428 il fut de nouveau rendu navigable toute l'année.

Depuis sa prise d'eau à partir d'El-Rahmânyeh, le canal actuel a plus de 50,000 toises de développement, quoique la distance directe d'El-Rahmâ-

nyeh à Alexandrie ne soit que de 38,000 toises.
La crue du Nil commence à El-Rahmânyeh dix
jours après qu'elle s'est fait sentir au meqyâs du
Caire. La digue du canal d'Alexandrie à El-Rahmânyeh se rompt lorsque le Nil y a crû de 9 pieds.
Le fond du canal d'Alexandrie est de 8 pieds 7 pouces au-dessus des basses eaux d'El-Rahmânyeh.
En 1798, cette digue a été rompue le 27 août; l'eau
est arrivée dans l'aiguade du vieux port le 27 septembre; elle a mis trente-six jours à parcourir cet
espace. En 1800, la digue du canal a été rompue
le 10 août; le 22 l'eau est arrivée dans l'aiguade
d'Alexandrie; cette année les eaux n'ont mis que
douze jours à parcourir le même espace, parce que
la crue a été très-forte. Dans les basses eaux, la
pente d'El-Rahmânyeh au boghâz est de 34,600 toises. En 1798, le Nil est monté de 12 pieds 3 pouces
7 lignes à El-Rahmânyeh; ce qui fait 16 pieds 3
pouces 9 lignes pour la pente pendant les hautes
eaux; mais, l'eau ayant monté de 2 pieds sur le
boghâz de Rosette, la différence de niveau n'a été
que de 14 pieds 3 pouces 9 lignes. La pente a été
de 5 pouces par 1,000 toises. Les hautes eaux du
Nil n'ayant aucune influence sur le niveau de la
mer, la pente a été dans le canal d'El-Rahmânyeh
à Alexandrie, de 5 pouces deux tiers par 1,000 toises.

La navigation de ce canal est de peu d'importance, ne pouvant recevoir que de petites djermes;
parce que, dans les plus hautes eaux du Nil, il n'y
entre que 3 pieds 6 pouces d'eau, et seulement pen-

dant un mois. Lorsque l'eau du Nil est arrivée à
Alexandrie, et que toutes les citernes sont pleines,
on permet aux cultivateurs riverains de s'emparer
de l'eau pour inonder leurs terres.

Le projet d'un canal qui serait navigable toute
l'année et pour toute espèce de djermes a été étudié,
les nivellements faits avec soin. L'ingénieur Chabrol
a proposé de le diviser en trois biefs : le premier
bief, d'El-Rahmânyeh à Birket, distance 22,500
toises ; là, il entrerait dans le lac Ma'dyeh, ce qui
donnerait un débouché et une communication avec
la rade d'Aboukir. Le deuxième bief, de Birket au
lac Maréotis, 12,500 toises, où il entrerait dans le
lac. Le troisième bief, en aqueduc, pour porter les
eaux au travers du lac Maréotis, 6,000 toises. Le
canal d'Alexandrie est le travail hydraulique de
l'Égypte le plus important sous le point de vue
du commerce comme sous le point de vue militaire. L'objet de l'administration doit être de faire
passer par Alexandrie le plus gros bras du Nil,
pour fertiliser tout le territoire et donner un nouveau degré d'utilité au port d'Alexandrie.

VII. La mer Rouge a six cents lieues de long.
Elle communique avec l'océan Indien par le détroit
de Bab el-Mandeb. Le détroit de Bab el-Mandeb a
six ou sept lieues de large. L'île Perim le divise en
deux passes, l'une de deux lieues, où il y a dix-
sept à vingt brasses, l'autre de trois lieues, où il y
en a une trentaine. L'Arabie borne à l'est la mer

Rouge; les déserts d'Éthiopie la bornent à l'ouest. Cette mer ne reçoit aucune rivière. Les ports de Moka, de Djeddah, d'Yanbo sont sur la côte arabique. La rade d'Yanbo peut contenir des escadres de guerre très-nombreuses. Du côté de l'Égypte sont : le port de Massouah, qui sert au commerce de l'Abyssinie; le port de Saouâkyn, où s'embarquent les pèlerins de la caravane du Soudan pour aller à la Mecque; le port de Qoseyr, qui sert aux communications de l'Arabie avec l'Égypte; la rade Myos-Hormos, située à vingt-six lieues nord-nord-ouest de Qoseyr, d'où les expéditions romaines partaient pour l'Arabie heureuse et l'Inde. Elle peut contenir les plus grandes escadres; elle est couverte par trois îles; il y a partout huit brasses d'eau. Au bord de la mer est une plaine de deux lieues qui pourrait être fertilisée. Myos-Hormos manque d'eau; il serait possible de s'en procurer. C'est le port de mer de la mer Rouge qui doit contenir les escadres égyptiennes. Le petit port de Qoseyr est mauvais. La rade de Thor est mauvaise. La rade de Suez est bonne; les bâtiments y mouillent par six brasses; elle est à une lieue et demie de la ville; l'ancrage y est bon.

Le commerce de cette mer se fait avec une centaine de bâtiments appelés *zeïmes* et *caravelles*. Les zeïmes sont des bâtiments de 400 tonneaux, les caravelles de 1200. Sésostris a eu jusqu'à quatre cents bâtiments armés sur la mer Rouge. Salomon y avait des flottes plus ou moins considérables. En 1538, les Vénitiens y avaient quarante et une galères. En 1783, la flotte de Djeddah était de trente-huit bâtiments de 500 tonneaux, et de quatre vaisseaux, ou caravelles, percés de 60 canons.

Pendant quatre mois de l'année, de mai en octobre, les vents varient du nord à l'ouest : c'est le temps favorable pour aller aux Indes. Des bâtiments partis de Suez dans cette saison ont été en quinze jours au détroit de Bab el-Mandeb, en cinquante-cinq à Madras. En janvier, février et mars, les vents sont favorables pour remonter la mer Rouge. Les bâtiments des Indes arrivent à Suez en soixante jours. Des courriers partis de Madras sont arrivés en quatre-vingt-trois jours à Londres par cette voie. Cette mer est peu connue. Suez, en 1798, faisait encore un commerce de 20 millions d'exportation et autant d'importation. L'aiguade de Suez est aux fontaines de Moïse, situées à trois lieues de Suez, sur la côte arabique.

Ptolémée Évergète, pour éviter la navigation du fond de la mer Rouge, fit bâtir Bérénice sur un point de la côte où il n'y avait pas de port, mais le plus voisin de l'isthme de Coptos, où était Thèbes. Les magasins qu'il y construisit étaient très-considérables. Les bâtiments, à peine chargés ou déchargés, étaient obligés d'aller dans le port de Myos-Hormos, pour être en sûreté et s'y réunir pour partir en flotte. D'Anville et les géographes modernes ont placé Bérénice au 24e degré de latitude, à la hauteur de Syène ; ils se sont trompés : Bérénice

était placé au vieux Qoseyr. On a trouvé les ruines des douze mansions que Ptolémée a fait construire de Coptos à Bérénice, sur la route de Coptos au
vieux Qoseyr. La rade de Myos-Hormos est au nord
de Qoseyr. Ptolémée a dû placer Bérénice au point
de la mer Rouge le plus près de l'isthme de Coptos.

Héroopolis était située au fond du sinus de Suez,
et lui a donné son nom. Arsinoë a été bâtie au con-
fluent du canal des deux mers, à trois quarts de
lieue au nord de Suez. Cléopatris faisait partie de
la ville. Clysma, depuis Qolzoum, était à l'emplacement même de Suez.

Suez est située au 29°58′37″ de latitude, 30°15′37″
de longitude. De Suez à Peluse il y a vingt-sept
lieues; de Suez au Caire il y en a vingt-neuf. A
Suez, la mer Rouge s'élève, dans les vives eaux, de
5 pieds 6 pouces. Les vives eaux de cette mer sont
plus hautes de 30 pieds 6 pouces que les eaux de
la Méditerranée à Peluse. Pendant la crue de 1798,
les hautes eaux du Nil se sont élevées au meqyâs à
9 pieds 1 pouce 3 lignes au-dessus des vives eaux
de la mer Rouge, et à 14 pieds 7 pouces 3 lignes
au-dessus des basses eaux de cette mer. Les hautes
eaux de la mer Rouge ont 14 pieds 2 pouces 9 lignes
au-dessus des basses eaux du Nil au meqyâs du
Caire.

Le canal des Rois, qui porte les eaux du Nil dans
l'isthme de Suez, a servi de moyen de communication entre les deux mers. Il prenait les eaux du
Nil à Bubaste, sur la branche Pelusiaque, traversait

le pays de Gessen, les lacs Amers, et arrivait dans la mer Rouge sous les murs d'Arsinoë. La navigation de ce canal se faisait en quatre jours. Il était large et profond. Sésostris, les anciens rois d'Égypte, les Perses après leurs conquêtes, les Ptolémées, Trajan et Adrien ont perfectionné, réparé ce canal, et s'en sont servis. Après la conquête des Arabes, au commencement de l'hégire, Amrou rétablit la communication du Nil à la mer Rouge par le canal du Prince-des-Fidèles. Ce canal prenait ses eaux vis-à-vis de l'île de Roudah, au-dessus du Caire, disposition plus avantageuse que la première, puisque la prise d'eau était à un point du Nil plus haut. Ce canal a servi longtemps à transporter les denrées nécessaires à l'approvisionnement des villes de Médine et de la Mecque.

Les ingénieurs français ont étudié deux projets de canal pour communiquer du Nil à la mer Rouge. Le premier se composait de quatre biefs. Le premier bief, de 10,000 toises, irait de Bubaste à la digue d'El-Senykah, où il recevrait le canal du Prince-des-Fidèles. Le deuxième bief commencerait à la digue d'El-Senykah, traverserait l'oasis jusqu'aux ruines du Serapeum ; ce qui comprend 37,000 toises. Le troisième bief traverserait les lacs Amers, 20,500 toises ; il serait maintenu à la hauteur des basses eaux de la mer Rouge. Le quatrième bief entre les lacs Amers et la mer Rouge, 11,000 toises ; il recevrait 6 pieds d'eau de la mer Rouge qui serviraient à des écluses de chasse pour creuser le port de Suez.

Le canal n'aurait ainsi que quatre écluses ; son étendue serait de 78,500 toises. Il serait navigable huit mois de l'année, depuis août jusqu'en mars ; le Nil lui-même n'est bien navigable que dans cette saison.

Le second projet de communication des deux mers est de Suez à Peluse. Le quatrième et le troisième bief seraient les mêmes, mais des lacs Amers un bief conduirait à Peluse, en côtoyant le lac Menzaleh. Les lacs Amers, étant un grand réservoir fort élevé sur la Méditerranée, serviraient de chasse pour l'établissement du port de Peluse.

Ce second canal aurait de grands avantages sur le premier : 1° il serait navigable toute l'année ; 2° la navigation serait beaucoup plus courte, puisque, par le premier canal, il faut d'Alexandrie remonter le Nil jusqu'à Nâdir, entrer dans le canal de Pharaon, déboucher dans celui de Bubaste, ce qui exige dix jours de navigation intérieure et soumet à bien des accidents. Ce deuxième canal va droit de la Méditerranée à Suez. Il serait moins coûteux. Il ne faudrait que quatre jours pour passer de la Méditerranée dans le Nil. En 1800, l'inondation est arrivée jusqu'au commencement du troisième bief, aux ruines du Serapeum ; sans quelques légers obstacles, elle serait arrivée jusqu'au commencement du quatrième bief. Le fond des lacs Amers est à 50 pieds au-dessus de la mer Rouge. Ainsi le Nil arrive naturellement jusqu'à 11,000 toises de la mer Rouge. Dans la même année, les eaux du Nil sont

arrivées jusqu'à quatre lieues du lac Menzaleh,
à Râs el-Moyeh; la route de Sâleyeh en était
interceptée. Le long du canal on creuserait des
canaux d'irrigation qui porteraient la culture à
plusieurs lieues de droite et de gauche; ce qui
seul rembourserait la dépense de la construction
du canal. La ville de Suez, sa marine, seraient
abondamment pourvues d'eau par une de ces rigoles.

D'autres ingénieurs ont proposé de faire passer la
mer Rouge dans l'isthme, de créer un détroit. La
différence du niveau de la mer Rouge à la Méditerranée, à Peluse, est de 30 pieds aux vives eaux, et
seulement de 24 aux basses eaux, ce qui fait moins
d'un pied par lieue; il n'y aurait donc qu'à ouvrir le
contre-fort qui forme le quatrième bief, ce qui serait un travail de peu d'importance. Mais alors la
vallée du Nil en serait inondée. Ils proposaient de
diriger ce bras de la mer Rouge dans les lacs du roi
Baudouin. L'Égypte serait garantie de ses eaux par
les collines qui règnent de Suez à la mer, un peu à
l'est de Peluse; il n'y aurait que quelques trouées à
diguer. Les bâtiments alors, sans rompre charge,
iraient de Marseille aux Indes, et, comme ce canal
irait du nord au sud, ils le franchiraient avec le vent
en poupe.

Ces trois moyens de communication sont pratica-
bles, d'une facile exécution; ils peuvent exister à la
fois. En créant un détroit, on mettrait le pays à l'abri
des attaques de la Syrie.

VIII. Thèbes a été la capitale de l'Égypte. Sa fondation se perd dans la nuit des temps. Sous Sésostris, elle était au plus haut point de prospérité. Homère parle de ses richesses, de ses merveilles et de ses cent portes, par chacune desquelles il pouvait sortir 10,000 hommes armés. Ses ruines excitent l'admiration; elles sont éparses sur une surface de 3,000 toises de diamètre. Elle avait 10,000 toises de tour. Elle était située à 300,000 toises de la bouche d'Omm-Fâreg, sur la Méditerranée, et à 90,000 toises des cataractes de Syène, par $25^0 48' 59''$ de latitude et par $30^0 19' 38''$ de longitude. Elle a été prise, pillée et dépouillée par les Perses, sous Cambyse, 500 avant Jésus-Christ; de là date sa décadence. Elle était déjà bien déchue sous Auguste.

Memphis, située près des pyramides de Saqqàrah, sur la rive gauche du Nil, à trois ou quatre lieues au sud de la grande pyramide, a succédé à Thèbes. Il n'en reste presque aucun vestige. Elle avait 8,000 toises de circonférence. Lorsque les Perses conquirent l'Égypte, sous Cambyse, ils bâtirent une forteresse dans l'île de Roudah, à laquelle ils donnèrent le nom de *Babylone*. Cette forteresse avait des ouvrages sur la rive droite du canal de Roudah, pour assurer les communications avec la Perse. Elle était pour ainsi dire un des faubourgs de Memphis.

Les Ptolémées portèrent la capitale de l'Égypte à Alexandrie. Alexandrie a surpassé en prospérité et Memphis et Thèbes. L'étendue de son enceinte était 12,000 toises. Amrou, après sa conquête, bâtit une ville au lieu où avait été sa tente pendant le siége de Babylone; c'est aujourd'hui le Vieux-Caire. Quatre-vingts des compagnons du prophète qui s'étaient trouvés au combat de Bendir assistèrent à la pose de la première pierre de la grande mosquée. La nouvelle ville devint la capitale de l'Égypte. Elle s'appela *Fosthâth*, mot qui veut dire *tente*.

Thèbes a dû sa prospérité au commerce des Indes, étant située sur l'isthme de Coptos, et aux idées religieuses du temps. C'était un lieu saint de pèlerinage comme la Mecque. On s'y rendait de tous les points de l'Afrique, de l'Arabie et de la Syrie. Les souverains de l'Égypte l'étaient de la Nubie, d'une partie plus ou moins grande de l'Éthiopie. Les Éthiopiens ont été à leur tour maîtres de l'Égypte. Entre les montagnes de Genâdil et celles de la Lune il y a d'immenses plaines qui sont arrosées par le Nil et par ses affluents. Ces plaines ont nourri de grandes nations qui cultivaient les arts, puisqu'elles ont bâti des monuments dont il reste des ruines, spécialement à l'île de Méroë. Au sud du désert de la Nubie, sur les bords de la rivière du Tonnerre, existent les restes d'un peuple : ce sont les Nubiens, sur les bords du Nil. Entre les déserts de Nubie et de Libye sont les Barâbras, autres débris d'une nation détruite par les féroces habitants de l'intérieur de l'Afrique. Memphis a succédé à Thèbes. Dans le même temps que les peuples éthiopiens étaient détruits par les invasions des peuples de l'intérieur, ceux de la Grèce, de l'Italie, de l'Asie se civilisaient.

Le Delta se couvrait de villes et de villages, et les travaux faits à Memphis faisaient couler les eaux du Nil entre les chaînes Libyque et Arabique.

Les Ptolémées ont placé leur capitale à Alexandrie, parce qu'elle était là le plus en sûreté contre les invasions de la Syrie et de l'Arabie, plus près de la Grèce et de la Macédoine, où ils avaient leurs relations politiques. Amrou a dû placer sa capitale sur la rive droite du Nil. C'était le point le plus à portée de l'Arabie. Loin de craindre les invasions par la frontière de l'est, c'était là qu'était son point de retraite, celui d'où il pouvait attendre du secours. Il dut quitter Alexandrie, exposée aux attaques par mer de l'empire romain de Constantinople, et d'ailleurs sans communication avec l'Arabie. Il quitta Memphis, où il pouvait être enveloppé par la population de l'Égypte, puisqu'il était là séparé de l'Arabie par la barrière du Nil; il se plaça sur les bords du désert, sur le point le plus près de la Mecque et de la mer Rouge; le désert était son élément.

Le Caire est par 30°2'21" de latitude, 28°58'30" de longitude, à 6,200 toises de la grande pyramide, à quarante-deux lieues de la Méditerranée, à dix-sept lieues et demie de la mer Rouge. Les murailles du Caire sont assises sur la lisière du désert. Des sables arides vont de là à la Mecque, à Jérusalem et à Bassora, sans discontinuation. Cette ville a été bâtie en 970 par les califes Fatimites. Les colonnes qui servaient à l'embellissement de Memphis avaient été transportées, partie à Alexandrie, partie à la ville de

Fosthâth; elles le furent au Caire. Quarante mille de ces colonnes de granit servirent à bâtir les trois cents mosquées et à décorer les principaux palais qui embellissent cette ville. Parmi les mosquées, la plus considérable est celle d'El-Azhar (*la fleurie*). Elle a une école fréquentée par 14,000 étudiants, où l'on enseigne la littérature, la philosophie d'Aristote et le Coran. Elle est l'auberge des pèlerins; elle peut en loger 3,000 sans nuire en rien aux cérémonies du culte. Les autres mosquées, fort belles, quoique inférieures à Gâma el-Azhar, sont celle d'El-Hasaneyn, où l'on conserve la tête du fameux Sidi-Hasan; celle de Sitna-Zeyneb, ainsi appelée du nom de la sœur de Sidi-Hasan; celle de Sidi-Hasan, sous la citadelle; celle de Soultân-Qalaoun, où se fait le tapis pour la sainte Kaaba, appelé *kissoueh*. Le Caire est environné de monticules provenant des ruines de l'ancienne ville et des décombres journaliers. Le bien de l'agriculture ne permettant pas qu'on jette ces décombres dans le Nil, ils ont été amoncelés autour de la ville, et c'est un des plus grands désagréments de toutes les villes d'Égypte. Le sultan Selim fixa un revenu de 30,000 francs pour être employé à transporter les décombres jusqu'au delà du boghâz de Rosette. Cela ne s'est pratiqué que pendant quelques années.

La citadelle du Caire, qui domine la ville, est elle-même dominée à 300 toises par le plateau du Moqattam, dont elle est séparée par un ravin. Ce n'était pas un grand inconvénient du temps de Saladin;

aujourd'hui cela rend l'établissement d'un fort nécessaire sur cette hauteur. Saladin a fait bâtir la citadelle sur un des mamelons du Moqattam, qui
domine la vallée du Nil. Accoutumé aux sites pitto-
resques de la Syrie, il y a fait bâtir son palais. De
ses fenêtres, il avait la perspective des pyramides.
Il a fait creuser le puits de Joseph, qui a 272 pieds
de profondeur.

Le Caire a deux ports sur le Nil. Celui de Boulâq,
situé à une demi-lieue au nord-ouest, est le port
pour tout ce qui s'expédie pour la basse Égypte ou
en arrive; le port du Vieux-Caire, situé à une demi-
lieue au sud de Boulâq, est le port pour tout ce qui
s'expédie pour la haute Égypte ou de tout ce qui en
arrive pour la consommation du Caire. Au Vieux-
Caire est la prise d'eau de l'aqueduc, qui a 1,500
toises d'étendue et porte l'eau à la citadelle. Cette
ville communique au Nil par le canal du Prince-
des-Fidèles, qui traverse la ville pendant l'espace
de 1,900 toises. On avait projeté de le rendre navigable; mais il eût fallu démolir trop de maisons.
Les ingénieurs présentèrent le projet d'un canal
prenant ses eaux à Boulâq et les conduisant à la
place Ezbekyeh, qui deviendrait un bassin et le port
de commerce de cette capitale.

Dans les hautes eaux, toutes les places du Caire
sont des lacs. Les lumières des maisons qui se réflé-
chissent dans les eaux, le grand nombre de barques
qui s'y promènent, la beauté des nuits d'août, de septembre et d'octobre, forment un spectacle intéressant.

Les rues sont extrêmement étroites; les maisons
sont élevées. L'architecture approche plus de l'indienne que de l'européenne. Toutes les fenêtres
sont grillées. Les toits sont en terrasse; on s'y pro-
mène, on y dort et on s'y baigne. Les maisons des
beys, celles des grands cheiks, sont belles et uni-
formes dans leur construction. Il y a aussi beaucoup de grands okels appartenant à toute une corporation de marchands qui y ont leurs magasins.
Ces okels n'ont point de fenêtres sur la rue. Les
marchands y occupent de très-petites loges de 10
à 12 pieds de côté, où ils se tiennent accroupis
toute la journée, ayant autour d'eux des échantil-
lons des diverses marchandises qu'ils ont à vendre.
Les bains de vapeur et les cafés sont nombreux.
Les rues sont éclairées par des verres de couleur;
les Orientaux en font un grand usage. Les illumi-
nations et les feux d'artifice sont un objet de diver-
tissement, et nécessaires pour solenniser les fêtes.

A une demi-lieue du Caire, dans le désert, est la
ville des Morts. Cette ville a une quantité de mosquées, de maisons, de pavillons, de kiosques, formant une masse de bâtisses aussi considérable
que la ville. Beaucoup de familles entretiennent la
surveillance des lampes allumées dans ces tombeaux. Des fontaines y ont été construites. Il est
commun de voir en Égypte, sur des monticules de
sable ou de décombres, une espèce de chapelle ou
de rotonde blanche; c'est un santon ou tombeau
de derviche. Il y a au Caire des églises coptes,

syriennes, grecques, des couvents coptes, arméniens et catholiques.

Le Caire était naturellement la capitale de l'empire des Fatimites, qui s'étendait sur la Syrie. Alexandrie serait la capitale des Français, par la même raison qu'elle l'a été des rois grecs : d'Alexandrie à Toulon, il n'y a que la mer à traverser. Alexandrie est susceptible d'être rendue très-forte. Ce doit être à la fois la capitale, le centre de la défense, la retraite, le port et le dépôt de toute domination européenne.

IX. Au-dessus de la cataracte de Syène, limite actuelle de l'Égypte, on trouve le peuple des Barâbras, qui habite les deux bords du Nil. Le pays se divise en trois parties. La première, de Syène à la grande cataracte, soixante lieues : Ibrim et Derr sont les deux principaux bourgs; il y a cent villages. La seconde a pour chef-lieu Dongolah, grande ville, sur les deux rives, située à quinze journées de Syène. La troisième va jusqu'à Berber, vis-à-vis de l'île Méroë. Les deux rives du Nil sont couvertes de ruines, de monuments. A Dongolah, il y a beaucoup de bêtes à cornes. Les habitants sont noirs. Il y a des ruines grecques et égyptiennes. Les Barâbras seraient riches s'ils n'étaient ravagés par les Arabes de la Nubie et de la Libye. Les Barâbras ne sont pas noirs. Ils ne sont pas Arabes; ils n'en parlent pas la langue. Ils ne sont pas guerriers. On en voit un grand nombre au Caire. Ils s'y distinguent par leur fidélité, leur travail, leur amour ponr leur pays, où ils retournent toujours après avoir acquis un peu d'aisance.

Sur la rive droite du Nil, vis-à-vis le pays des Barâbras, jusqu'à l'Abyssinie, est placée la solitude de la Nubie, qui a 300 lieues de long. L'île de Méroë en fait partie. Les Arabes font cultiver par les Nubiens la partie méridionale de cette solitude. Pendant la saison des pluies, ils ne peuvent l'habiter à cause de la grande quantité de mouches et d'insectes ; ils passent le Nil et vont dans les déserts de la Libye. Comme ils empruntent le territoire au roi du Sennaar, ils lui payent un octroi par chameau qui passe la rivière. Il est de ces tribus qui ont jusqu'à 200,000 chameaux, grands et petits, mâles ou femelles. Ces Arabes sont les Abâbdeh, Bichâryn, Haddowend, Ouled-Mut, Ouled-Amzam, Kaouâhleh, Shakorm.

Sur la rive gauche du Nil, vis-à-vis le pays des Barâbras, se trouvent les déserts de Bahiouda et de Selimeh, qui font partie du désert de la Libye. Les Arabes qui y habitent sont les Kabâbych, Beny-Gerâr, Beny-Fayzoura, Chaykyé, qui sont d'Angola.

Le royaume du Sennaar est au sud du pays des Barâbras. Il a une population de 3 à 400,000 habitants. Le roi a une armée soldée de 10,000 hommes, dont la cavalerie est belle. Il n'a ni artillerie, ni armes à feu. La plupart de ses troupes sont des Nubiens qui paraissent originaires de ces contrées. Le Sennaar envoie par an plusieurs caravanes en

Égypte. Ces caravanes se réunissent à Berber, d'où elles partent pour l'Égypte.

Berber est à dix-huit journées du Sennaar, et à dix-huit journées ouest de Saouâkyn, port de la mer Rouge. Cette dernière ville est sous la domination du chérif de la Mecque. Elle a de l'eau douce, du dourah, des melons d'eau, des cannes à sucre, des mouches à miel, des fruits, des gommes, des bœufs, des girafes, des civettes, des éléphants, des chameaux, des sauterelles bonnes à manger, des huîtres où l'on trouve des perles. La ville est située, en partie, dans une île. Elle est dominée par quatre forts. Des négociants du Caire y ont des comptoirs. Elle est le centre d'un assez grand commerce. Les pèlerins du Dârfour, du Sennaar, du Soudan, s'y embarquent et y débarquent, en allant au pèlerinage de la Mecque ou en en revenant. On y vend des esclaves du Dârfour, du Sennaar, de la Nubie et de l'Arabie, des plumes d'autruche, du musc, des coraux, des ivoires, des cornes, des noirs, des peaux de bœuf, des étoffes de l'Inde, des cotons, du fer, des armes et du tabac. Il y a trois mosquées. C'est un des points par où l'on peut pénétrer dans l'intérieur de l'Afrique. Les compagnies savantes qui s'intéressent à la civilisation de cette partie du monde devraient y tenir des agents.

A cent lieues de Sennaar est Gondar, capitale de l'Abyssinie. De Berber à Syène, les caravanes mettent vingt-cinq jours à traverser le désert de la

Nubie. L'Abyssinie est contiguë au royaume de Sennaar. Le territoire est montagneux.

Le Dârfour est à l'ouest, et à vingt-six jours du Sennaar. Le désert qui sépare ces deux royaumes est peu considérable. Les deux princes sont souvent en guerre. Le Dârfour a une population de 200,000 âmes. Il commerce avec l'Égypte par une caravane de 12 à 15,000 chameaux et 7 ou 8,000 esclaves. Elle part d'Assonam, dernier village du Dârfour, va en dix jours à Zaghaoua où elle trouve beaucoup d'eau, et se charge de sel marin et de natroun. De Zaghaoua elle se rend à El-Eguieh en huit jours de marche; elle y trouve abondamment de l'eau. Elle est souvent inquiétée par des partis de 3 ou 400 Arabes. D'El-Eguieh elle va à Selimeh en six jours; elle y trouve de l'eau, de la végétation. Selimeh n'est pas loin de la grande cataracte; elle est à peu près par la même latitude. On rencontre là des ruines et les restes d'un palais fort ancien. De Selimeh la caravane va en trois jours à A'yn-Chebb, où elle trouve une grande quantité d'eau. Puis d'A'yn-Chebb elle se rend en Égypte par la grande oasis. Ainsi cette caravane a marché vingt-sept jours dans le grand désert de la Libye avant d'entrer dans l'oasis. Elle fait annoncer son arrivée au cheik de Syout. D'A'yn-Chebb elle arrive à Moughés en huit jours. C'est un village habité de la grande oasis. Les dattes et les limons y sont excellents. De Moughés à Beyris il y a quatre heures de marche; elle y séjourne trente jours. Elle continue pendant cinq jours à parcourir les différentes stations de l'oasis; elle y trouve toujours de l'eau. Elle séjourne ordinairement vingt jours à Khargeh. Enfin elle sort de la grande oasis et arrive en cinq jours à Syout sans trouver d'eau. Elle a traversé des déserts de quarante-deux jours de marche, mais elle y a mis plus de cent jours. Pour être maître de la route de Dârfour au Nil, il faudrait, indépendamment des tours placées dans l'oasis et dans les déserts d'Égypte, en construire une à Zaghaoua, une à El-Eguieh, une à Selimeh. Trois gros villages se formeraient dans ces trois points importants. Les caravanes iraient alors s'y rafraîchir très-fréquemment, et ce désert se civiliserait. Les pèlerins du Dârfour qui vont à la Mecque passent le Nil à Dongolah.

Si les trois rois d'Abyssinie, du Sennaar et du Dârfour réunissaient leurs armées, avec les Arabes qui dépendent d'eux ils pourraient avoir 80,000 hommes. Leur point de rassemblement aurait lieu à Berber, sur le Nil. Ils n'auraient encore traversé aucun désert, et ils se trouveraient éloignés de l'Égypte de cent cinquante lieues à vol d'oiseau. Ils auraient trois routes pour se rendre en Égypte. Par celle du désert de la Nubie, il leur faudrait quarante jours, 100,000 chameaux pour porter leurs vivres et leur eau, car les puits de ce désert ne seraient d'aucun secours pour une armée aussi forte. La route par la rive gauche, en traversant le désert de la Libye, serait beaucoup trop longue, puisqu'il faudrait décrire le cercle que décrit le Nil. Celle qui suivrait les rives du Nil serait de deux cents lieues ; les magasins, les vivres pourraient descendre dans des bateaux et arriver jusqu'à la grande cataracte ; en peu de jours, les bateaux les franchiraient à force de bras. Mais ces peuples demi-barbares sont bien loin d'exécuter un pareil projet. Il leur faudrait de l'artillerie, une administration ; ils n'ont rien. Il est probable qu'une opération pareille a été faite par les Éthiopiens quand ils envahirent l'Égypte. La position importante de la grande cataracte exigerait un fort permanent. Une soixantaine de bateaux armés de canons, portant trois milliers d'hommes, des vivres et quelques pièces de campagne, suivis par terre d'un ou deux régiments de dromadaires et de 12 ou 1,500 hommes de cavalerie, étendraient l'influence du souverain de l'Égypte sur tout le Sennaar et sur toute la plaine, jusqu'au pied des montagnes d'où descend le Nil.

Les peuples de l'ouest sont encore moins redoutables et moins offensifs que ceux du sud. A l'ouest d'Alexandrie est la partie du désert de la Libye que les anciens appelaient *Maréotide* ; à l'ouest de celle-ci est la Marmarique ; plus à l'ouest, la Cyrénaïque. La ligne de séparation de la Marmarique et de la Cyrénaïque est Catabathmos, ou la *grande descente*, à l'ouest de Parætonium. Une vallée communique de ce point au Nil. Cyrène était éloignée de cent quatre-vingts lieues d'Alexandrie. L'oasis d'Audjelah appartient au bey de Tripoli. Elle contient 6 ou 7,000 habi-

tants, qui ne sont pas Arabes, qui ont du blé, du
fourrage, des bestiaux, des arbres, des dattes. Elle
est à dix journées au nord-ouest de l'oasis d'Ammon, à douze journées sud de Derne, à onze de
Bengâzi, port de la Méditerranée; à vingt-huit
journées du royaume de Fezzân. L'aride désert de
la Libye sépare l'oasis d'Audjelah de tous ces pays.
Le Fezzân est un royaume de 100,000 âmes de population. Il est à ving-huit jours de Tripoli; à
vingt-quatre de Mesurata, port de la Méditerranée;
à dix-huit journées sud de Sort, petit port de mer
au fond de la grande Syrte; à vingt-huit jours
ouest d'Audjelah, trente-huit de l'oasis d'Ammon,
cinquante-quatre du Caire. Les caravanes mettent
soixante journées avec les repos indispensables. Le
Fezzân est à trente-neuf journées nord-est de l'empire de Bornou, par lequel il communique avec la
ville de Tombouctou, sur le Niger. Le Fezzân est
bien cultivé. Il y a cent villages, plusieurs villes. La
capitale a 18,000 habitants. Le roi entretient une
armée.

Le bey de Tripoli commande à une population de 60,000 âmes. Sa capitale est à trois cent
soixante et quinze lieues d'Alexandrie. Elle est
entourée de murailles flanquées de six bastions.
Elle a un château, armé de vingt pièces de canon,
qui défend le port, où peuvent entrer de petites
frégates.

Derne, située à cent soixante lieues d'Alexandrie,
a 6,000 habitants. La ville a une vieille muraille;

300 hommes tiennent garnison dans le château. Elle a beaucoup de bestiaux.

Entre Tripoli et Derne est l'ancienne Bérénice. C'était le jardin des Hespérides. Sa population est de 6,000 habitants. Le port peut contenir des bâtiments de 600 tonneaux. Le port de Bomba, situé entre Derne et El-Baretoun, est un port formé par quelques petites îles.

Si le bey de Tripoli, le roi de Fezzân, celui de Bornou, voulaient attaquer l'Égypte, ils choisiraient Audjelah pour le point de rassemblement de leur armée. Mais ils y arriveraient harassés de fatigue ; ils auraient déjà traversé de grands et d'arides déserts. Il faudrait que leur armée se reposât au moins deux mois avant d'aller plus loin. Il lui faudrait un second repos à l'oasis d'Ammon, et il lui resterait encore quatorze ou quinze grandes journées de désert. Avant d'atteindre la vallée du Nil, que de peines, que de fatigues à surmonter ! Si cette armée, en arrivant, était attaquée par l'armée égyptienne, une poignée de monde la mettrait en déroute. L'occupation d'El-Baretoun, de l'oasis d'Ammon, de la petite et de la grande oasis, comme il était projeté, éclairerait suffisamment toute la frontière de l'ouest de l'Égypte.

Les pays à l'est de l'Égypte sont l'Arabie et la Syrie. La mer Rouge borne et couvre cette frontière. C'est par l'isthme de Suez que l'Égypte a toujours été attaquée. La Syrie est habitée par une grande nation qui confine avec l'Asie Mineure, l'Arménie et la Perse. Des forts à El-A'rych et Qatyeh, des tours aux puits intermédiaires, une petite place à l'oasis de Tomlât, rendraient cette frontière bien plus difficile à franchir.

Il y a du Caire à la Mecque trente journées de chameau ou quatre cent douze heures de marche. On trouve quinze fois de l'eau. Il y a de la Mecque à Saana trente journées, à Bassora vingt-huit, à Caffa vingt, à Dasseul vingt; de Saana ou d'Aden à Gaza, soixante-cinq journées. Le canal des deux mers sera une barrière naturelle. Dans le désert, les points importants sont les puits, l'ombre. Une armée qui débouche des déserts doit être battue par une armée très-inférieure qui serait maîtresse des puits. Du mois de novembre à celui d'avril, le désert est plus facile à traverser; mais il est bien fatigant et dangereux d'avril à novembre. La soif affaiblit le courage, prive l'homme de toutes ses facultés, même de l'espérance. Alors il s'abandonne, il se laisse mourir, il n'a plus la volonté de vivre.

L'Égypte est le pays d'où il faut partir pour pénétrer dans le centre de l'Afrique. Elle peut fournir les chameaux, les outres, le riz, nécessaires pour ces grands et difficiles voyages. Le Dârfour est aussi éloigné d'Alexandrie, sur la Méditerranée, que du golfe de Guinée, que de la mer Rouge. Le chemin d'Alexandrie au Dârfour est connu, et il est fréquenté, deux fois par an, par la grande caravane du Caire. Celui du Dârfour à Sennaar et à Saouâkyn est très-fréquenté. Des caravanes vont de Dârfour

au Niger et à Bornou. Des voyageurs, suivant la
caravane du Caire au Dârfour, prendraient dans
cette ville les caravanes de Tombouctou et arriveraient sur le Niger. Il suffirait de s'entendre avec
le roi du Dârfour, qui a besoin de l'Égypte. Si on
voulait pénétrer de vive force dans le centre de
l'Afrique, il est probable qu'une armée de 6,000 hommes, montés sur 5,000 dromadaires et 1,000 chevaux,
avec dix-huit pièces de canon, donnerait la loi au
roi du Dârfour et pénétrerait sur le Niger.

X. L'Égypte a quarante-cinq mille lieues carrées
de surface, dont moins de quatre mille pour la vallée du Nil, quatre cents pour les trois oasis et quarante mille pour les déserts. La vallée du Nil a une
population de moins de 3 millions d'habitants ; les
déserts et les oasis, de 160 à 200,000. Josèphe, l'historien, l'évaluait à 7,500,000 ; Amrou, à 26 millions,
formant vingt-six mille villes ou villages. Six siècles
après, les géographes arabes l'évaluent à 5 millions,
formant quatre mille neuf cents villes ou villages.
Quatre mille lieues carrées peuvent-elles entretenir
et nourrir une population de 20 millions, ce qui
fait 5,000 personnes par lieue carrée ? La Flandre
en contient 2,400 ; ce serait donc le double. Mais il
faut considérer que ces lieues carrées sont couvertes par l'inondation du Nil ; qu'il n'y a là ni bruyè-
res, ni montagnes, ni landes à défalquer ; tout est
de bon terrain ; que le limon du Nil dispense des
jachères et permet de faire trois récoltes par an ;

enfin que la terre est plus fertile et que les peuples méridionaux sont plus sobres. La population peut donc avoir été de 5,000 habitants par lieue carrée.

Les Éthiopiens, et les rois pasteurs qui régnèrent en Égypte, mêlèrent le sang des peuples du centre de l'Afrique et de l'aride Arabie avec celui des Égyptiens; 500 ans avant Jésus-Christ, les Perses, et 200 ans après, les Grecs, y portèrent le sang de la Médie, de l'Irak et de la Grèce; 300 ans après, l'Égypte fut province romaine; beaucoup d'Italiens s'y établirent. Au moment de l'invasion des Arabes, dans le VIIe siècle, les Égyptiens étaient catholiques. En peu d'années la plus grande partie des naturels se firent musulmans. On ne peut distinguer aujour d'hui parmi les musulmans les descendants des familles qui se sont établies pendant et après la conquête des Arabes, des descendants des anciens habitants chrétiens qui ont embrassé l'islamisme, hormis cependant les grandes familles, qui, comme celles des cheiks El-Bekri et El-Sâdat, ont des généalogies historiques. Les Coptes, qui sont encore chrétiens, sont les anciens naturels du pays. Ils sont au nombre de 90 à 100,000 âmes. Ils ne sont pas guerriers; ils sont hommes d'affaires, receveurs, banquiers, écrivains. Ils ont leurs évêques, des églises et des couvents; ils ne reconnaissent pas le pape.

Les Mameluks se sont établis en Égypte dans le Xe siècle. Ils ont eu des soudans. Saladin le Grand était Mameluk. Ils régnèrent en Égypte et en Syrie

jusqu'au xvɪᵉ siècle. Selim, empereur des Ottomans, détruisit leur domination et réunit la Syrie
et l'Égypte à son empire. Il laissa 40,000 hommes
pour garder sa conquête, et les divisa en sept corps
de milice : six composés d'Ottomans, le septième
de Mameluks; il réunit à cet effet tous ceux qui
avaient survécu à leur défaite. Il confia à un pacha,
à vingt-quatre beys, à un corps d'effendis, à deux
divans, le gouvernement du pays. De ces vingt-
quatre beys, l'un était le kiâya ou lieutenant du
pacha; trois commandaient les places d'Alexandrie,
de Damiette, de Suez; ils recevaient des ordres directement de Constantinople; le cinquième était
trésorier; le sixième, émir-hadji; le septième,
chargé de porter le tribut au sultan; quatre étaient
chargés du commandement des provinces frontières; les treize autres beys restaient à la disposition
du pacha. Le grand divan était composé du bey-
kiâya, de l'émir-hadji, du trésorier, du premier
effendi, des quatre muftis, des quatre grands
cheiks et de sept députés des sept corps de milice.
L'agha des janissaires était le principal général. Le
septième corps, celui des Mameluks, composé des
plus beaux hommes et des plus braves, devint le
plus nombreux. Les six premiers corps s'affaibli-
rent, bientôt ils ne furent plus que 7,000 hommes,
tandis que les Mameluks seuls étaient plus de 6,000.
En 1646, la révolution fut entière ; les Turcs furent
éloignés des places, et les Mameluks s'emparèrent
de tout. Leur chef prit le titre de cheik el-beled du

Caire. Le pacha tomba dans le mépris. En 1767, Ali-Bey, cheik el-beled, se déclara indépendant, battit monnaie à son coin, s'empara de la Mecque, fit la guerre en Syrie, s'allia aux Russes. Alors tous les beys furent, comme ils ont été depuis, des Mameluks. En 1798, les vingt-quatre beys avaient chacun leur maison, plus ou moins nombreuse; les plus faibles avaient 200 Mameluks; celle de Mourad-Bey était de 1200. Ces vingt-quatre beys formaient une république soumise aux plus influents. Ils se partageaient tous les biens et toutes les places.

Les Mameluks naissent chrétiens, sont achetés à l'âge de sept ou huit ans dans la Géorgie, la Mingrélie, le Caucase, apportés par des marchands de Constantinople au Caire et vendus aux beys. Ils sont blancs et beaux hommes. Des dernières places de la maison ils s'élevaient progressivement, et devenaient moultezims de village, kâchefs ou gouverneurs de province, enfin beys.

Leur race ne se perpétuait pas en Égypte. Ils se mariaient ordinairement avec des Circassiennes, des Grecques ou des étrangères; ils n'en avaient pas d'enfants, ou ces enfants mouraient avant d'être arrivés à l'âge viril. De leurs mariages avec les indigènes, ils avaient des enfants qui vieillissaient; mais rarement la race s'en perpétuait jusqu'à la troisième génération; ce qui les obligeait à se recruter par l'achat des enfants du Caucase. Mourad-Bey, Ibrahim-Bey, ont été achetés par Ali-Bey, sur le marché du Caire, à l'âge de sept ans.

On évalue à 50,000 les Mameluks, hommes, femmes, enfants, qui existaient en 1798. Ils pouvaient mettre 12,000 hommes à cheval.

La race ottomane, Turcs ou Osmanlis, se compose des descendants des familles qui firent la conquête du pays dans le xvi⁰ siècle, ou de ceux qui s'y sont établis depuis, venant de la Turquie, en qualité d'effendis, de cadis, d'émirs, ou pour occuper des places dans les six corps de milice, ou par les événements du commerce. Cette race, avec les femmes, les enfants, les vieillards, était, en 1798, au nombre de 40,000, tous demeurant au Caire, à Alexandrie, Damiette et Rosette.

Les Moghrebins sont originaires du Maroc, de Tunis, d'Alger, de Tripoli. Ils proviennent de pèlerins de la Mecque qui se sont mariés, à leur passage, avec des noires ou des femmes d'Abyssinie, du Sennaar, de Berber, ou des filles de Syriens, de Grecs, d'Arméniens, de Juifs, de Français. Ils formaient, en 1798, une population de 100,000 âmes.

XI. En septembre, octobre et novembre, la terre est couverte d'eau; c'est la saison du repos : tout est suspendu. Le peuple a les yeux attachés sur le Nil; il attend le moment où il sera rentré dans les canaux, pour se livrer aux travaux champêtres. Dans une contrée prédominée par de telles circonstances, le commencement de l'année a dû être fixé au 21 septembre. L'équinoxe d'automne est le milieu de la saison morte, le fossé placé entre les deux

annéès, le point de séparation des deux exercices.
Vous avez lè temps de recevoir le compte des dépenses faites pendant l'année qui finit et d'arrêter
les projets de travaux que vous voulez entreprendre
pour l'année qui va commencer. Mais les mêmes
circonstances n'existent pas en Europe. Les travaux
de l'agriculture, les travaux civils, ne sont pas ter-
minés au 21 septembre ; octobre, novembre, sont
une continuation du même exercice. La saison
morte est celle du mauvais temps, des glaces, l'époque de décembre et de janvier. La fin et le commencement de l'année ont dû être et ont été placés
à l'équinoxe d'hiver, de Noël au 1er janvier.

En Égypte, la terre produit sans engrais, sans
pluie, sans charrue; l'inondation du Nil, son limon
productif, les remplacent. Les terres où l'inondation
ne peut arriver, on les couvre de limon, comme en
Europe de fumier, et on les arrose par des moyens
artificiels. Le limon du Nil contient, sur cent
parties :

Carbone.........................	9 parties.
Oxyde de fer....................	6
Silice..........................	4
Carbonate de magnésie...........	4
Carbonate de chaux..............	18
Alumine........................	48
Eau............................	11
Total...............	100

Les bouses ou fientes séchées au soleil servent
de combustible. Les bœufs servent à faire mouvoir

les machines à roue pour élever les eaux et arroser la terre. Mais on ne pourrait, sans des arrosements artificiels, ni cultiver les champs qui sont au-dessus de l'inondation, ni se procurer une seconde et troisième récolte. Les moyens artificiels en usage pour l'arrosement sont de deux espèces : le premier consiste à élever les eaux par le moyen d'une roue à pots, qui est mue par une paire de bœufs. Une de ces machines suffit pour dix feddân[1], mais il faut alors dix paires de bœufs ; le second moyen est le *délou*. A l'aide d'un balancier, un homme élève l'eau de 6 jusqu'à 9 pieds. Il faut deux délous pour un feddân de terre. Il faut deux hommes pour maintenir un délou en activité. L'homme qui se repose travaille aux rigoles ou sarcle le champ. Deux délous, l'un sur l'autre, élèvent l'eau à environ 18 pieds ; trois, à 27 pieds ; on pourrait en mettre à l'infini, mais alors la dépense dépasserait le produit. On n'emploie d'ordinaire que deux délous, l'un au-dessus de l'autre.

Nous avons dit que, si le Nil était détourné avant la cataracte de Syène, l'Égypte serait un désert inhabitable. Si les causes de l'inondation cessaient, et que le Nil ne coulât que comme un fleuve ordinaire, on ne pourrait plus cultiver que le pays qu'on pourrait arroser par les moyens artificiels. On serait obligé de fumer les terres et de les labourer comme en Europe. L'arrosement serait un surplus

1. Le feddân équivaut à 5,919 mètres carrés, près de six dixièmes d'hectare.

de dépense. Les bords du Nil ne seraient pas un désert, mais le pays serait le plus misérable du monde.

Cette terre produit plusieurs récoltes. La première est la principale : tout le pays y est employé. Cette première récolte est produite par la culture adaptée aux terres inondées, qui s'appelle *el-bayâdy ;* par la culture adaptée aux terres qui sont arrosées artificiellement, qui s'appelle *el-nabâry.* On cultive dans les terres inondées (*bayâdy*) les blés, l'orge, les fèves, les lentilles, les pois chiches, les pois lupins, les trèfles, le fenugrec, le guilban, le lin, le carthame. Au mois de novembre ou de décembre, aussitôt que les eaux sont rentrées dans les canaux, que la terre est découverte, mais encore en état de boue, les cultivateurs sèment. Le poids de la semence la fait enfoncer dans la boue. De cette époque aux mois de février, mars ou avril, elle germe, pousse, croît, mûrit et devient en état d'être récoltée. Le blé se recueille en mars. La terre a, par l'inondation, conservé suffisamment d'humidité pour n'avoir plus besoin d'arrosement. Les rosées sont d'ailleurs très-abondantes. Un feddân de terre reçoit un demi-ardeb de blé[1], un ardeb d'orge, un ardeb de fèves, un demi de lentilles, un demi de pois chiches. Un demi-ardeb de lupins produit neuf ou dix fois la semence. On arrache la tige du blé et de l'orge, on coupe la tige des fèves, on scie la

---

1. L'ardeb correspond à 184 litres.

tige des pois chiches, des lupins et des lentilles. La
tige du blé et de l'orge sert à la nourriture du cheval ; celle des lentilles, des fèves, des pois chiches
à la nourriture des bestiaux ; celle des poids lupins
sert de combustible. Le charbon qui en provient est
préféré pour entrer dans la composition de la poudre à canon.

Le trèfle se coupe trente jours après la semaille ;
les deuxième et troisième coupes ont lieu chacune
à vingt jours de distance. Le fenugrec s'arrache
soixante et dix jours après la semaille ; le guilban,
soixante jours après ; il sert à la nourriture du
bœuf. Le lin s'arrache en mars ; on en sépare la
graine ; on fait séjourner les gerbes vingt jours dans
des fosses carrées, de vingt pieds de côté sur trois
de profondeur, pleines d'eau. Un feddân produit
cinq cent soixante rotl de lin [1] et deux ardebs de
semence. Le carthame est indigène de l'Égypte ; il
donne le safranum, qui sert à la teinture. La récolte commence en avril ; elle dure un mois ; les
fleurs sont broyées dans un mortier. Le feddân
rend trois quintaux [2] de safranum et trois ardebs
de semence. Le selgam se sème à raison d'un dou-
zième d'ardeb par feddân ; il produit six ardebs. La
laitue reste six mois en terre ; on en fait plusieurs
récoltes. Elle se sème fréquemment avec les lentilles. On fait souvent deux récoltes à la fois, en mê-
lant les lentilles avec le carthame. On fait de l'huile

1. Le rotl pèse 444 grammes 7 centigrammes.
3. Le quintal d'Égypte, *cantar*, vaut 100 rotl.

avec des graines de lin, de carthame, de colza, de laitue.

On cultive dans les terres par l'arrosement artificiel (*nabáry*), le dourah, le maïs, le riz, la canne à sucre, l'indigotier, le cotonnier, le henné. Le cultivateur attend que les eaux du Nil soient élevées, pour qu'il puisse arroser son champ avec un délou. S'il tarde trop ou que son terrain soit trop élevé, il met deux délous l'un au-dessus de l'autre. Il couvre quelquefois sa terre de limon du Nil en forme d'engrais. Le dourah est une sorte de millet; c'est la nourriture du peuple dans la Nubie et dans le Sayd. Cette culture est moins en usage à mesure qu'on s'approche du Caire; on en voit peu à l'extrémité du Delta. Le cultivateur brûle les mauvaises herbes qui couvrent son champ et qui ne sont propres qu'à la nourriture du chameau. Il rompt la terre par un léger sillon, la couvre de deux pouces d'eau, partage son champ en carrés, et y sème un vingt-quatrième d'ardeb de dourah; il arrose pendant dix jours : il recueille deux cent quarante pour un, ou dix ardebs par feddân. La tige s'élève à 10 ou 12 pieds; c'est un excellent combustible, qui sert spécialement pour les fours à chaux et à briques. Les tiges de carthame, de pois lupins, de dourah, de maïs, les roseaux, qui abondent en Égypte, servent aux manutentions de pain, et reviennent à vingt pour cent de ce que le bois et les fagots coûtent en Europe pour le même objet. Le maïs se sème de la même manière que le dourah.

L'oignon se sème à raison d'un ardeb par feddân, et en produit seize. Il se vend une demi-pataque[1] l'ardeb.

Le riz est cultivé dans divers districts du Delta et au Fayoum. Il faut douze bœufs pour cultiver dix feddân de riz. Le laboureur rompt la terre plusieurs fois, l'inonde par les moyens artificiels, fait écouler l'eau, ne sème le riz que sur la moitié des terres préparées, et transplante la moitié des tiges sur l'autre partie. Le riz produit dix-huit pour un, cinq ardebs par feddân.

L'indigo se sème au mois de mai. La première coupe a lieu en août, la seconde quarante jours après. Le plant dure quatre ans. On arrose régulièrement. Si l'inondation du Nil pénètre dans un champ d'indigo, il est perdu.

La canne à sucre se plante en avril. La terre est labourée par plusieurs sillons perpendiculaires; on l'arrose; on coupe la canne en janvier; elle dure deux ans : elle rend dès la première année.

Le coton se sème en mai; le plant dure dix ans.

Le henné est un arbrisseau originaire de l'Inde; il est cultivé en Égypte. Les anciens le connaissaient sous le nom de *cyprus*; ils l'employaient à la teinture des enveloppes de momies. Ils broyaient les feuilles, ils en faisaient une pâte, et s'en servaient à teindre les ongles en rouge orangé. Appliqué aux laines, il donne une teinte brune.

1. La pataque vaut environ 3 francs 21 centimes.

Les rosiers se plantent à deux pieds de distance l'un de l'autre. Ils ne rendent que la seconde année ; on les arrose tous les quinze jours ; le plant dure cinq ans. L'eau de rose du Fayoum est très-renommée.

La plus grande partie des terres de la vallée du Nil pourrait être cultivée en sucre, indigo, riz et coton. Mais ces cultures sont fort chères, demandent beaucoup d'avances et de capitaux. C'est cette raison, tout à fait misérable, qui empêche que ces cultures, sans proportion plus avantageuses que toutes les autres, aient plus d'étendue.

Les premières récoltes sur les terres inondées sont terminées en mars ou avril. On se procure une seconde récolte, mais seulement sur les terres qu'on peut arroser : le blé, l'orge, les lentilles, les fèves semées à la seconde culture, ce qui s'appelle *el-chetaouy*. Cette récolte est plus abondante que la première d'un seizième, mais les frais d'arrosage absorbent ce surcroît de produit. Au contraire, une seconde récolte du dourah, du maïs, etc., qui s'appelle *el-baly* dans les terres qui n'ont pu être inondées, rend beaucoup moins que les premières récoltes. Les troisièmes récoltes sont celles des concombres, potagers, fourrages, etc.; on les appelle *el-ougr*.

Un feddân cultivé en orge, fèves, lupins, pois des champs, dourah, ne rend en argent que la moitié de ce qu'il aurait rendu cultivé en blé. Un feddân semé en trèfle, carthame, rend autant que s'il était semé en blé.

On emploie en Égypte de 150 à 200,000 bœufs pour les moulins à roues. Quelques pompes à feu, quelques moulins mus par le vent et par l'eau, auraient le double avantage d'élever l'eau à la hauteur qu'on voudrait et de produire Cans les frais de culture de très-grandes économies.

L'ardeb de blé valait huit francs au Caire en 1798. La nourriture d'un cheval coûtait douze paras, d'un bœuf dix paras, d'un chameau cinq paras ; la journée d'homme, dix paras. Un bœuf valait soixante pataques ; un chameau, quarante ; un cheval ordinaire, cinquante ; une chèvre, une et demie ; un mouton, deux.

Un feddân du Caire a 1,560 toises carrées, ce qui équivaut à un arpent 73 centièmes de Paris environ. Le feddân des Coptes est beaucoup plus petit ; celui de Damiette est de 1,810 toises. L'ardeb de blé est une mesure de capacité qui équivaut à quatorze boisseaux 1/6 de Paris ; le poids ordinaire est de 250 à 260 livres. Le dareb est en usage pour le riz : il pèse 1,131 livres. L'ocke pèse 2 livres. Le para ou le médin est 1/28 du franc. La pataque vaut 90 médins. L'intérêt de l'argent était, en 1798, à 10 pour 100. Les terres se vendent dix fois le revenu.

L'Égypte a 8 ou 9 millions de feddân de terre, qui, à 50 livres de rente, font 400 à 450 millions de livres. On calcule le feddân à 50 livres de revenu, d'après la valeur des denrées, qui sont au plus bas prix.

Le palmier abonde. Il commence à être productif

à quatre ans. Indépendamment de la valeur du bois, qui est employé aux constructions, la feuille sert à faire des paniers, des coffres. Quand le bois est exposé à l'air, l'intérieur se durcit. La datte est une fort bonne nourriture. En Égypte, le sycomore est très-beau, le mûrier prospère, l'acacia est d'une espèce distinguée, les orangers ne sont pas aussi multipliés qu'ils devraient l'être. Il y a quelques oliviers dans le Fayoum. Hormis le palmier, tous ces arbres sont en petite quantité. C'est que l'on coupe et qu'on ne plante pas. On étaye des ruines, on ne les répare jamais. La soie, la cochenille, la vigne, pourraient prospérer dans ce beau pays.

Les chevaux, les ânes et les mulets sont d'une belle race. Le mélange de ceux du désert avec ceux de la vallée a amélioré et perfectionné les espèces. Le cheval ne sert point à la culture ; il est exclusivement destiné à la selle. Les Arabes préfèrent les juments aux chevaux, parce qu'elles ne hennissent pas ; ils les vendent rarement. Les chevaux restent entiers. C'est la belle et pure espèce arabe. Ils n'ont que deux allures, le double pas et le galop, jamais le trot. Ils ne boivent qu'une fois par jour. Leur nourriture est de l'orge et de la paille hachée. Les mules servent de monture aux cheiks, aux ulemas, à tous les gens de loi et de religion. Les ânes portent autant que les mulets. Ils sont grands et très-forts. Ce sont les fiacres du Caire. L'utilité dont ils ont pour l'Égypte est incalculable. Il y en a un grand nombre.

Le chameau se baisse sur les genoux, à un signal, pour recevoir sa charge. Il porte de quatre à six quintaux. La bride est un anneau qui traverse la narine, et que le cavalier tient par un cordon. Le cavalier se tient les jambes croisées autour du pommeau de la selle. Le dromadaire est un chameau léger et fait à la course. Il ne peut pas lutter de vitesse avec le cheval. Le trot du dromadaire, qui est son allure ordinaire, est plus vite que le trot du cheval. Le cheval au petit galop va plus vite. Le mouvement qu'éprouve le cavalier sur un dromadaire est un mouvement de tangage. Il va à ce double pas toute la journée ; il fait facilement dix-huit à vingt lieues en un jour, et cent lieues en cinq jours de marche forcée dans le désert.

Les bœufs sont nombreux, d'une belle espèce. On voit fréquemment des hommes traverser des canaux, assis sur des bœufs à la nage. Il y a beaucoup de buffles. Les chiens sont en grand nombre, n'ont pas de maître, et errent dans les villes et dans les campagnes : ce qui a toute espèce d'inconvénients. Les Musulmans ont à cet égard des préjugés fort déraisonnables. Les moutons sont grands ; ils ont beaucoup de laine. Il y a une certaine quantité de chèvres, quelques sangliers, peu de renards, point de loups. Les chrétiens seuls avaient des porcs.

Les poules sont innombrables. Il y a en Égypte deux cents fabriques pour faire couver les œufs et faire éclore les poulets. Ces fabriques portent le nom de *ma'mal*. Chaque ma'mal a dix ou quinze fours ; chaque four contient vingt mille œufs. On chauffe le four avec des roseaux, jusqu'à 32 degrés du thermomètre Réaumur. Au bout de vingt et un jours, l'éclosion a lieu, les poulets sortent de leur coque. Les ma'mal travaillent au Caire depuis le mois de mars jusqu'au mois de juin ; dans la haute Égypte, depuis janvier jusqu'en mars. On fait quatre couvées. Chaque ma'mal fait éclore 120,000 poulets ; ce qui fait 24 millions de poulets pour les deux cents. Les habitants portent aux ma'mal deux œufs, et, au bout de vingt et un jours, ils reçoivent un poulet ; le reste est le profit de l'établissement. Il y a un sixième d'œufs qui ne réussissent pas. Dès le vingtième jour les poulets commencent à sortir de leur coque ; le vingt et unième, tous sont en mouvement ; on les vend quatre-vingts médins le cent.

Des femmes font le métier d'élever ces poulets sans poules. Elles en élèvent cinq cents à la fois. Quand ils ont un mois, elles les abandonnent dans la basse-cour. Les directeurs de ma'mal ne se servent pas de thermomètres ; ils maintiennent cependant, dans leurs fabriques, cinq ou six températures. Il leur faut une expérience consommée, ce qui rend leurs places héréditaires, parce qu'ils n'emploient que leurs fils ou leurs neveux pour apprentis. Les canards, les dindes, toutes les bêtes de basse-cour sont en grande quantité.

La Méditerranée, la mer Rouge, le lac Menzaleh, le lac Bourlos, le Nil, fournissent un grand nombre de poissons. Ceux du Nil ont un goût de vase qui les rend peu agréables. La pêche du lac Menzaleh est affermée une somme considérable, occupe 600 barques et 2 ou 3,000 matelots. Le lac Maréotis, suivant Hérodote, était affermé pour une somme équivalant à 1,800,000 francs. On ne voit pas de crocodiles dans la basse Égypte. Ils sont peu nombreux dans la haute, beaucoup moins méchants que ne les peignent les anciens naturalistes; les soldats se baignaient souvent à leur vue. Il y a eu très-peu d'accidents.

L'Égypte est couverte de colombiers. L'air est obscurci par une nuée de pigeons. C'est à Moussoul qu'on a commencé à se servir des pigeons pour porter des dépêches; ces essais eurent le plus grand succès. Ces messagers s'appelèrent les *anges des Rois*. L'Égypte et la Syrie furent couvertes de stations de colombiers. Les pigeons messagers allaient d'Alexandrie à Alep en . . . heures, il y a deux cent trente-cinq lieues; en . . . heures [1] de Bagdad à Alep. Cet établissement est cher, mais très-utile. Lorsque les Fatimites arrivèrent au trône d'Égypte, ils trouvèrent tous les colombiers organisés; ils les améliorèrent. En 1450, ils étaient établis de la manière suivante : pour la route d'Alexandrie, un colombier au château du Caire, le second à Menouf, le troisième à Damanhour, le quatrième à Alexandrie; pour la route de Damiette,

---

1. Ces lacunes sont dans le manuscrit.

le premier au château du Caire, le deuxième à
la tour du Beny, le troisième à Mansourah, le quatrième à Damiette; pour la route de Gaza, le premier au Caire, le deuxième à Belbeys, le troisième
à Sâlheyeh, le quatrième à Qatyeh, le cinquième à
Ouarad, le sixième à El-A'rych, le septième à Gaza.
Chaque station était de dix à dix-huit lieues. Un
pigeon messager mettait deux ou trois heures à
faire cette poste aérienne. De Gaza à Jérusalem, il
y en avait deux; de Gaza à Hébron, trois; de
Hébron à Damas, sept; de Damas à Tripoli, cinq.
Par là, on voit qu'ils étaient non-seulement employés dans le désert et dans les plaines plates,
mais encore dans les pays des montagnes. Pour
cela, le pigeon était transporté, dans une cage
couverte, à la station qui précédait celle du côlom-
bier où il demeurait habituellement et où étaient
ses petits et sa famille. On lui attachait une lettre
sous l'aile. Sorti du colombier, il s'orientait et se
rendait à tire-d'aile auprès de sa famille. Un homme en sentinelle le portait chez le gouverneur où
chez la personne en autorité, qui détachait elle-
même la lettre.

La neige pour les sorbets vient au Caire, de Bey-
rout, port du mont Liban, sur de petits bateaux
qui remontent jusqu'à Boulâq. De là des chameaux
la portent au château. Le transport se faisait
jadis par dromadaires partant de Damas. Cinq
dromadaires conduits par un seul homme partaient
toutes les quarante-huit heures. Quatorze relais

étaient placés sur la route, et la neige arrivait
rapidement au Caire.

XII. L'Égypte commerce, par la Méditerranée,
avec l'Espagne, la France, l'Italie, Constantinople,
tout le Levant, l'Asie Mineure, la Syrie, les côtes de
Tripoli, Tunis, Alger et Maroc ; par la mer Rouge,
avec l'Arabie, le port d'Yanbo, Djeddah, la Mecque,
l'Abyssinie ; par les caravanes du Sud, avec le Dârfour, qui communique avec le Soudan ; par les
caravanes de l'Ouest, avec le royaume de Fezzân,
qui communique avec l'empire de Bornou et de
Tombouctou ; enfin par les caravanes de Syrie, avec
Gaza, Jérusalem, Damas, Bagdad, Bassora et l'intérieur de l'Arabie. Elle reçoit des marchandises de
tous ces pays ; elle est le marché et l'entrepôt général de leur échange. En outre, il arrive de Maroc,
de Tunis, de Tripoli, d'Alger, des caravanes de pèlerins qui vont à la Mecque et font le commerce. Elle
reçoit de la France, de l'Angleterre, de Livourne,
de Venise et de Trieste, des draps, des soieries, des
bijouteries, des quincailleries, des merceries, des
armes, des plombs, des fers. Elle fait passer une
partie de ces marchandises en Arabie, dans l'intérieur de l'Afrique, et garde l'autre partie pour sa
consommation. Elle reçoit de Constantinople, de la
Grèce et des échelles du Levant, du tabac, de l'huile,
du charbon, des bois, des esclaves blancs et blanches, qui se vendent dans le pays. Elle reçoit de
l'Arabie, par la mer Rouge, du café de Moka, de

l'encens, des aromates, des épices, des marchandises des Indes venant de Djeddah. Elle garde une partie de ces marchandises et fait passer les autres à Constantinople, dans le Levant et en Chypre. Elle reçoit, par les caravanes d'Abyssinie, du Dârfour, du Fezzân, et par les caravanes des pèlerins de Maroc, Tunis et Tripoli, des esclaves noirs, mâles et femelles, des chameaux et des dromadaires, des gommes, de la poudre d'or, des dents d'éléphant, de rhinocéros, du tamarin, des plumes d'autruche, de la graine de schismeh, de grandes outres en cuir, des perruches, des civettes, des cornes de cartide. Elle garde une partie de ces objets pour sa consommation et fait passer le reste en Arabie, à Constantinople, en Europe. La masse de toutes ces importations passe 100 millions de francs, qui arrivent à Alexandrie, à Damiette, à Suez, à Qoseyr, ou directement au Caire.

Elle exporte de son propre cru, pour solder ce qu'elle en conserve, du blé, de l'orge, des fèves, des pois chiches, des lentilles, des pois lupins, du lin, des dattes, du safranum, du henné, du riz, du sucre, de l'indigo, du séné, du natroun, de l'alun, des toiles grossières que le commerce envoie en Amérique, de la thériaque, dont la fabrication est un secret du pays. La valeur de ces objets exportés dépend de l'abondance de la récolte de l'année. La balance est favorable au pays dans les années ordinaires. Le riz seul fait rentrer 6 millions de francs. L'Égypte envoie à Marseille, Londres, Venise ou

Trieste, du café, des aromates, des gommes, du séné, du natroun, de l'alun, des plumes d'autruche, du tamarin, des dents d'éléphant, des dattes, du safran, du henné, de la thériaque, des toiles. Elle envoie à Constantinople du blé, du riz, de l'orge, des légumes de toute espèce, du lin, des toiles, du café, de l'indigo, des marchandises de l'Inde, des plumes d'autruche, des gommes, des civettes. Elle envoie en Arabie, par la voie de Suez et de Qoseyr, du blé, du riz, de l'orge, des fèves, des légumes de toute espèce, des animaux grands et petits, des draps, des bijouteries, des quincailleries, des armes et des merceries ; dans l'intérieur de l'Afrique des blés, du riz, des médicaments, de grosses toiles, des draps, des soieries, des armes, des ustensiles de cuivre et de fer, etc.

La masse des affaires qui se font en Égypte, aller et retour, dans toutes les parties, se monte à 200 millions de francs. Le café, calculé sur le prix où il se vend sur les marchés de Marseille, Livourne, Constantinople, est seul un objet de 30 millions.

Les caravanes du désert arrivent au Caire comme un convoi de bâtiments marchands dans un port, sans y être attendues. On signale une caravane qui débouche aux pyramides par les déserts de la Libye ; elle demande à passer le Nil et un emplacement pour se camper : c'est une caravane qui arrive du Fezzân, ou du Maroc, ou d'Alger, ou de Tripoli, ou du Dârfour, ou du Sennaar. On signale une caravane qui arrive du désert de Suez ou de la Syrie :

elle arrive de Thor, ou d'Arabie, ou de Jérusalem, ou de Damas, ou de Bagdad, ou de Gaza. La caravane dresse son camp près de la ville; au milieu s'établit une foire. Les caravanes de la Syrie sont composées de 500 chameaux ; elles portent du tabac, du savon, de l'huile, quelquefois du charbon, des fruits, des raisins secs. Celles de Sennaar sont de 5 à 800 chameaux; il en arrive plusieurs par an. Du Dârfour, il n'en arrive qu'une ; mais elle est de 12 à 1,500 chameaux, de 8 à 10,000 esclaves. Le tiers des chameaux est employé à porter de l'eau, le quart à porter des vivres, un huitième seulement à porter des marchandises.

Les droits d'entrée et de sortie se perçoivent à la douane d'Alexandrie, de Damiette, de Suez, de Qoseyr, du Caire, de Syout et de Syène.

Si tel est encore le commerce de l'Égypte, que n'at-il pas dû être avant la découverte du cap de Bonne-Espérance! Du temps des Romains, le commerce des Indes était évalué rendre cent pour un. C'est lui qui, après la mort d'Alexandre, a porté en si peu d'années la ville d'Alexandrie à une si haute prospérité.

Le séné vient dans le désert de la Nubie, à dix journées de Syène. Les Arabes qui le portent sont obligés de le vendre à une compagnie qui en a le privilége exclusif. L'alun vient du désert de Selimeh, sur la route du Dârfour. Le natroun vient des lacs Natroun. Le sucre et l'indigo sont tous employés dans le commerce de Constantinople. Les principaux besoins de l'Égypte sont l'huile, le bois et le tabac, qui lui sont fournis par l'Arabie et par la Syrie. Le commerce du tabac de Latakieh à Damiette est important.

XIII. Les moultezims sont seigneurs et propriétaires de villages ; ils nomment à toutes les places municipales, règlent la perception, la police et l'administration. Chaque village a : 1° un cheik elbeled, c'est le bailli ; plusieurs cheiks, ce sont les adjoints ; ces places sont de fait héréditaires, le fils succède au père ; 2° un chaheb ou député ; il est nommé par les fellahs, il est leur homme ; il tient le registre de toutes les propriétés inondées, des taxes auxquelles elles sont imposées et des payements que les fellahs ont faits dans le cours de l'année ; 3° un meched ; c'est une espèce de juge mage ; 4° un serraf ; c'est un Copte envoyé par l'intendant du moultezim pour résider pendant un an dans la commune, y présider à la confection des rôles et faire la recette de la contribution : c'est un receveur ; 5° un khaouly ou arpenteur ; c'est un fellah de village qui arpente les terres inondées tous les ans ; 6° des khafirs ; ce sont des gardes champêtres qui gardent les récoltes, les eaux, les digues, et donnent l'alarme à la vue des Bédouins ; 7° un imâm ; c'est le curé ; 8° un barbier et un menuisier, payés et entretenus par la commune.

Un moultezim vend, aliène, hypothèque son village, qui, à sa mort, passe à son héritier naturel ou testamentaire. Celui-ci reçoit un firman d'investiture du gouverneur, et lui paye un droit qui équivaut à trois années du revenu de la terre. Le fellah est prolétaire ou propriétaire. S'il est prolétaire, il vit à la journée, il exerce un métier ou a une petite boutique. Il peut avoir des propriétés de deux espèces : 1° celle de sa maison, de ses meubles, de ses bestiaux, de son argent ; 2° la propriété des *atar,* c'est un droit incommutable à la culture d'un champ. Ce droit, il l'aliène, l'hypothèque et le transmet à son héritier. Il cultive son champ comme il l'entend ; il n'en doit compte à qui que ce soit, pourvu qu'il paye le droit au moultezim. Lorsque le moultezim meurt sans héritier, tous ses biens appartiennent au gouvernement. Lorsque le fellah meurt sans héritier, ses propriétés de première espèce sont dévolues au gouvernement ; mais son atar, ou deuxième espèce de propriété, passe au moultezim, qui est obligé de la revendre à un autre fellah. Il y a des terres que le moultezim fait valoir lui-même, ou qu'il afferme pour une ou plusieurs années, ou qu'il fait cultiver par corvées par les fellahs du village. Ces terres s'appellent *ousyeh.* Les terres ousyeh sont aux terres atar dans le rapport de 10 à 10,000. Dans la haute Égypte, il n'y a que des terres atar ; il n'y a point d'ousyeh.

Le fellah paye le *mâl el-hour,* qui veut dire droit légitime, au moultezim. Celui-ci est chargé de payer l'imposition au souverain et tous les droits aux autorités locales. Le mâl el-hour se paye à raison de l'inondation, de la culture qui a eu lieu et du nombre de récoltes que l'on a recueillies. Le tarif de ce que doit chaque feddân de terre, dans toutes ces hypothèses, est réglé. Un feddân cultivé en indigo, en sucre, en lin, en riz, etc., paye plus que s'il l'était en blé. Le tarif pour le mâl el-hour a été réglé par l'empereur Selim dans le xvie siècle ; mais la différence survenue dans les monnaies, et les usurpations des moultezims, plus puissants que les pauvres fellahs, ont depuis également concouru à le doubler, soit par l'établissement des droits additionnels, appelés le *nouveau droit des kâchefs*, soit par l'ancien et le nouveau barrâny. L'ensemble de tous ces droits formait le mâl el-hour de 1798, qui était plus du double de l'ancien.

Le moultezim paye, sur le produit du mâl el-hour : 1° le *myry* ou impôt dû au Grand Seigneur, impôt qui n'a pas varié depuis l'empereur Selim, en 1520 ; 2° les droits des kâchefs. Le surplus, qui s'appelle *fayz*, forme le revenu du moultezim. Il y a disproportion entre ce que paye le moultezim comme myry et comme droits des kâchefs. Suivant les comptes donnés par les Coptes, le mâl el-hour produit, année commune, 30 millions de francs ; les droits des kâchefs en sont le 20 pour 100 ou le cinquième, 6 millions ; le myry est de 6,400,000 francs, un peu plus du cinquième : le fayz ou revenu des moultezims serait donc de 17,600,000 francs, environ les trois cinquièmes.

En outre, le fellah paye des dépenses locales et

variables, qui n'entrent pas dans le mâl el-hour.
Elles sont évaluées à 6 millions. Le total de l'impôt
prélevé sur les terres, en Égypte, serait donc de
36 millions de francs, sans compter le produit des
ousyeh, des rizâq, et celui des biens des mosquées,
des hôpitaux, des villes saintes de la Mecque et de
Médine, qui ne payent aucun droit. Les ouâqf sont
des fondations pieuses, exemptes de toute imposition; elles consistent en jardins, en okels, en maisons, en rentes sur les moultezims ayant la même
destination.

Une partie du mâl el-hour se paye en blé, en
orge, dans les provinces de la haute Égypte, c'est-
à-dire dans le Sayd, la province de Syout, de Minyet,
et la moitié de la province de Beny-Soueyf. Ces provinces payent, à compte de leur mâl el-hour,
1,800,000 ardebs de blé froment et d'orge; ce qui
suppose 900,000 feddân cultivés. Cette partie de
l'Égypte contient 1,700,000 feddân environ. C'est le
tiers de toute l'Égypte, qui compte environ 1700
lieues carrées de vingt-cinq au degré en terrains
inondés.

En 1798, l'imposition personnelle produisait
2 millions de francs; l'imposition sur les charges,
les chrétiens et les douanes, 6 millions; l'ensemble
de divers petits droits, 2 millions; total, 10 millions.
Sur ces 10 millions, 1 million était porté sur le
compte du Grand Seigneur, à titre de myry. Les
impositions réunies de l'Égypte étaient donc de
46 millions de francs, y compris 16 millions appar-

tenant au fàyz des moultezims; et le myry du Grand Seigneur formait un total de 7,400,000 francs.

Les Coptes sont exclusivement chargés de la perception du mâl el-hour. Ils administrent comme intendants des moultezims, comme intendants des gouverneurs, comme serrafs de plusieurs classes. Ils forment une corporation secrète qui partage tous les gains, qui sont très-considérables : 1° ils assignent des fournitures en nature dues par les fellahs; 2° ils gagnent sur les dépenses locales; 3° sur la différence des monnaies : ils prennent une pataque, qui vaut 90 médins, pour 82 où 83 médins; le fellah y perd 8 ou 9 pour 100; 4° enfin ils font des gains illicites en favorisant le fellah dans la confection des rôles et en l'avantageant, soit par l'arpentage, soit par l'application du tarif d'une culture moindre. Des gens bien instruits évaluent les profits illicites de l'arpentage des Coptes à 8 millions de francs. Secondement, les cheiks el-beled font aussi de grands profits. Leurs moultezims, qui en sont instruits, s'en font payer tous les ans une rente ou une avanie, avant d'arrêter leurs comptes. On évalue ces profits illicites des cheiks el-beled à 6 millions de francs. Troisièmement, les Mameluks, gouverneurs de province ou d'arrondissement, imposent aussi des avanies en chevaux, chameaux, fournitures, argent; cela est évalué à 4 millions de francs. Enfin, les Arabes exigent des droits de protection ou imposent arbitrairement une contribution; cela est évalué à 9 millions. Le fellah, en der-

nière analyse, doit tout payer. Ces quatre grandes
plaies forment pour les terres une charge de 27 millions. Si tout rentrait au trésor, l'imposition mon-
terait à 73 millions de francs, dont 17 millions pour
le fayz; ce qui ferait 56 millions pour le trésor. Un
million en Égypte vaut 3 millions en France, puisque le blé est à 3 francs le quintal, la journée d'un
homme à 8 sous, la nourriture d'un cheval à 6 sous,
et la valeur de toutes les autres denrées, volailles, etc., le cinquième de ce qu'elles se vendent en
France; 50 millions en Égypte représentent 150 millions en France.

Sous les Ptolémées, les impositions rendaient
168 millions. Lors de la conquête par Amrou, dans
le VIIᵉ siècle, elles rendaient 144 millions. Pendant
quarante mois qu'a duré l'administration française,
le pays a eu à supporter, 1° la guerre de la conquête
en 1798; 2° la guerre et l'invasion du grand vizir
en 1800; 3° l'invasion des Anglais en 1801. Cependant, pendant ces quarante mois, le trésor français
en a tiré 80 millions; les Mameluks ont perçu de
leur côté, l'armée du grand vizir a perçu du sien;
l'armée anglaise a beaucoup coûté au pays; les
Arabes ont amplement profité de ce moment de
crise. On peut évaluer le revenu de l'Égypte, dans
son état actuel, à 50 millions de francs, qui, sur
huit à neuf mille lieues de feddân de terre, donnent
six livres par feddân et pourraient en donner seize
par tête. M. Estève, administrateur des finances,
évalue à 48 millions de francs les revenus de 1801,

le pays étant en guerre et le commerce de la Méditerranée gêné par les croisières ennemies.

XIV. L'Égypte peut, dès aujourd'hui, fournir à l'entretien d'une armée de 50,000 hommes, d'une escadre de quinze vaisseaux, partie sur la Méditerranée, partie sur la mer Rouge, et d'une nombreuse flottille sur le Nil et sur les lacs. Son territoire fournirait tout ce qui serait nécessaire, hormis le bois et le fer, qu'elle tirerait d'Albanie, de Syrie et d'Europe, en échange de ses autres productions. Ses contributions se montent à 50 ou 60 millions. Mais à quel degré de prospérité pourrait arriver ce beau pays s'il était assez heureux pour jouir, pendant dix ans de paix, des bienfaits de l'administration française! Dans ce laps de temps, les fortifications d'Alexandrie seraient achevées; cette ville serait une des plus fortes places de l'Europe; sa population serait très-considérable; l'arsenal de construction maritime serait terminé; par le moyen du canal d'El-Rahmânyeh, le Nil arriverait toute l'année dans le Port-Vieux, et permettrait la navigation aux plus grandes djermes; tout le commerce de Rosette et presque tout celui de Damiette y seraient concentrés, ainsi que tous les établissements civils et militaires; Alexandrie serait déjà une ville riche; l'eau du Nil, répandue autour d'elle, fertiliserait un grand nombre de campagnes : ce serait à la fois un séjour agréable, sain et sûr; la communication entre les deux mers serait ouverte; les chantiers de Suez seraient établis; les fortifications protégeraient la ville et le port; des irrigations du canal et de vastes citernes fourniraient des eaux pour cultiver les environs de la ville; une peuplade et des fortifications seraient établies au port de Myos-Hormos, où mouillerait l'escadre de la mer Rouge; les lacs Ma'dyeh, Bourlos et Menzaleh seraient desséchés ou considérablement réduits, et des terres bien précieuses rendues à l'agriculture; les denrées coloniales, savoir le sucre, le coton, le riz, l'indigo, couvriraient toute la haute Égypte et remplaceraient les produits de Saint-Domingue; plusieurs écluses, plusieurs pompes à feu, régulariseraient le système d'inondation et d'arrosement.

Mais que serait ce beau pays après cinquante ans de prospérité et de bon gouvernement? L'imagination se complaît dans un tableau aussi enchanteur! Mille écluses maîtriseraient et distribueraient l'inondation sur toutes les parties du territoire; les 8 ou 10 milliards de toises cubes d'eau qui se perdent chaque année dans la mer seraient répartis dans toutes les parties basses du désert, dans le lac Mœris, le lac Maréotis et le Fleuve-sans-eau, jusqu'aux oasis et beaucoup plus loin du côté de l'ouest; du côté de l'est, dans les lacs Amers et toutes les parties basses de l'isthme de Suez et des déserts entre la mer Rouge et le Nil; un grand nombre de pompes à feu, de moulins à vent, élèveraient les eaux dans des châteaux d'eau, d'où elles seraient tirées pour l'arrosage; de nombreuses émigrations, arrivées du fond. de l'Afrique, de l'Arabie, de la Syrie, de la Grèce, de la France, de l'Italie, de la Pologne, de l'Allemagne, quadrupleraient sa population le commerce des Indes aurait repris son ancienne route par la force irrésistible du niveau; la France, maîtresse de l'Égypte, le serait d'ailleurs de l'Hindoustan.

Mais j'entends dire qu'une colonie aussi puissante ne tarderait pas à proclamer son indépendance. Sans doute, une grande nation, comme du temps des Sésostris et des Ptolémées, couvrirait cette terre aujourd'hui si désolée ; par sa main droite, elle appuierait aux Indes, et par sa gauche à l'Europe ; si les circonstances locales devaient seules décider de la prospérité et de la grandeur des villes, Alexandrie, plus que Rome, Constantinople, Paris, Londres, Amsterdam, aurait été et serait appelée à être à la tête de l'univers.

Il y a aussi loin du Caire à l'Indus que de Bayonne à Moscou. Une armée de 60,000 hommes, montés sur 50,000 chameaux et 10,000 chevaux, portant avec elle des vivres pour cinquante jours et de l'eau pour six jours, arriverait en quarante jours sur l'Euphrate et en quatre mois sur l'Indus, au milieu des Sikhs, des Mahrattes et des peuples de l'Hindoustan, impatients de secouer le joug qui les opprime.

Après cinquante ans de possession, la civilisation se serait répandue dans l'intérieur de l'Afrique par le Sennaar, l'Abyssinie, le Dârfour, le Fezzân ; plusieurs grandes nations seraient appelées à jouir des bienfaits des arts, des sciences, de la religion du vrai Dieu, car c'est par l'Égypte que les peuples du centre de l'Afrique doivent recevoir la lumière et le bonheur.

CHAPITRE III

CONQUÊTE DE LA BASSE ÉGYPTE.

I. Navigation de Malte aux côtes d'Égypte. Débarquement au Marabout. Marche sur Alexandrie (1er juillet 1798). — II. Assaut d'Alexandrie (2 juillet). Les Arabes-Bédouins. L'escadre mouille à Aboukir (5 juillet). — III. Marche de l'armée sur le Caire ; combat d'El-Rahmânyeh (10 juillet). — IV. Bataille de Chobrâkhyt (13 juillet). — V. Marche de l'armée jusqu'à Embabeh. — VI. Bataille des Pyramides (21 juillet). — VII. Passage du Nil ; entrée au Caire (23 juillet). — VIII. Combat de Sâlheyeh ; Ibrahim-Bey chassé de l'Égypte (11 août). — IX. Retour de Napoléon au Caire ; il apprend le désastre de l'escadre (15 août). — X. Si les Français s'étaient conduits en 1250 comme ils l'ont fait en 1798, ils auraient réussi ; si en 1798 ils se fussent conduits comme en 1250, ils auraient été battus et chassés du pays.

I. Après sept jours d'une navigation fort douce, l'escadre arriva devant Candie. Cette célèbre Crète excita toute la curiosité française. Le lendemain, la frégate qui avait été détachée sur Naples rejoignit l'amiral et porta la nouvelle que Nelson, avec treize vaisseaux de 74, avait paru devant cette capitale le 20 juin, d'où il s'était dirigé sur Malte. A ces nouvelles, Napoléon ordonna de naviguer de manière à attaquer l'Afrique à trente lieues à l'ouest, vers le cap Deris, au vent d'Alexandrie, afin de ne se présenter devant ce port qu'après avoir reçu les rapports de ce qui s'y passait. Une frégate y fut envoyée pour prendre le consul français. Si elle était chassée, elle devait faire fausse route. Le 29 juin, l'escadre légère signala le cap Deris. Un chebec raisonna un caboteur sorti le 28 d'Alexandrie. Il annonça qu'il n'y avait rien de nouveau dans cette ville. Le 31, on signala la tour des Arabes; le 1er juillet, la colonne de Pompée et Alexandrie. Le consul de France fit connaître que Nelson, avec treize vaisseaux de 74 et une frégate, avait paru le 28 juin devant Alexandrie, annonçant qu'il était à la recherche d'une armée française; qu'il avait continué sa navigation pour se porter sur les côtes de Caramanie; que les Turcs, fort alarmés, travaillaient jour et nuit à réparer les brèches de leurs murailles; que les chrétiens étaient sous le couteau. Les officiers de marine ne redoutaient pas la rencontre d'une escadre si inférieure en force, mais ils craignaient d'être attaqués pendant qu'ils seraient occupés à débarquer l'armée de terre ou après son débarquement. Leur confiance se reposait spécialement sur le courage de ces vieux vétérans, couverts de tant de trophées.

Napoléon ordonna le débarquement pour le soir

même. Le convoi s'approcha de terre à la hauteur du Marabout. Le vaisseau amiral, ayant abordé un autre vaisseau, fut obligé de mouiller à trois lieues de la côte. La mer était grosse ; les soldats éprouvèrent beaucoup de difficulté à entrer dans les chaloupes et à traverser les rochers qui ferment la rade d'Alexandrie et qui se trouvent en avant de la plage où s'opérait le débarquement. Dix-neuf hommes se noyèrent. L'amiral donna la main au général en chef pour l'aider à descendre dans son canot, et, le voyant s'éloigner, il s'écria : « Ma fortune m'abandonne. » Ces paroles étaient prophétiques !

Avant le débarquement, l'ordre du jour dit : « Soldats.... vous portez à l'Angleterre le coup le plus sensible, en attendant que vous lui donniez le coup de mort. Vous réussirez dans toutes vos entreprises. Les destins vous sont favorables. Dans quelques jours, les Mameluks, qui ont outragé la France, n'existeront plus.... Les peuples au milieu desquels vous allez vivre tiennent pour premier article de foi « qu'il n'y a pas d'autre dieu que Dieu, et que « Mahomet est son prophète » ; ne les contredisez pas. Les légions romaines aimaient toutes les religions.... Le pillage déshonore les armées et ne profite qu'à un petit nombre.... La ville qui est devant vous et où vous serez demain a été bâtie par Alexandre. »

Le général Menou débarqua le premier, à neuf heures du soir, au Marabout. Il était conduit par un pilote provençal qui avait la pratique de ces parages.

Le général en chef, après quelques fatigues et
des risques, mit pied à terre, une heure après minuit, près du santon Sidi el-Palabri. A trois heures,
il fit battre au ralliement, et passa la revue de ce
qui était débarqué ; il y avait 4,500 hommes de tous
les régiments. La lune brillait de tout son éclat ; on
voyait comme en plein jour le sol blanchâtre de l'a-
ride Afrique. Après une longue et périlleuse traversée, on se trouvait sur la plage de la vieille Égypte,
habitée par des nations orientales, bien étrangères
à nos mœurs, à nos habitudes et à notre religion.
Cependant, pressé par les circonstances, il fallait
avec une poignée d'hommes, sans artillerie, sans
cavalerie, attaquer et prendre une place défendue
par une population sous les armes et fanatisée. Que
de périls, que d'événements, que de chances, que
de fatigues on avait encore à essuyer !

Desaix, avec 600 hommes de sa division, resta
pour garder le débarcadère et organiser les troupes
à mesure qu'elles toucheraient terre. La petite
armée marcha sur trois colonnes : Menou, à la
gauche, avait 1,800 hommes ; Kleber, au centre,
900 hommes ; Bon, à la droite, 1,200 hommes ;
total, 3,900 hommes. Le général en chef marchait
à pied ; aucun cheval n'était encore débarqué.

La vue d'une flotte de près de trois cents voiles,
parmi lesquelles on en comptait un grand nombre
de premier rang, fut un spectacle qui agita vivement les habitants d'Alexandrie pendant toute la
soirée du 1er juillet. Si cette armée était destinée à

s'emparer de leur ville, ils s'attendaient qu'elle irait mouiller dans la rade d'Aboukir, et que le temps qu'il lui faudrait pour effectuer son débarquement leur donnerait plusieurs jours de répit. Mais, à une heure après minuit, Koraïm, commandant de la ville, apprit par un Arabe-Bédouin que les infidèles s'étaient emparés du fort du Marabout, que la mer était couverte de leurs chaloupes et la plage toute noire des hommes qui débarquaient. Il monta à cheval à la tête de vingt Mameluks. Il se rencontra au jour avec une compagnie de tirailleurs français qui étaient en flanqueurs, la chargea, coupa la tête du capitaine qui la commandait et la promena en triomphe dans les rues d'Alexandrie. Cette vue électrisa la population. A cinq heures, les premiers Bédouins furent aperçus sur les flancs de l'armée, et peu après on en vit 4 ou 500 : c'était la tribu des Henâdy, Arabes les plus féroces de ces déserts. Ils étaient presque nus, noirs et maigres; leurs chevaux paraissaient des haridelles; au casque près, c'était Don Quichotte tel que le représentent les gravures. Mais ces haridelles se mouvaient avec la rapidité de l'éclair; lancées au galop, elles s'arrêtaient court, qualité particulière au cheval de ces contrées. S'apercevant que l'armée n'avait pas de cavalerie, ils s'enhardirent et se jetèrent dans les intervalles et derrière les colonnes. Il y eut un moment d'alarme. La communication avec le débarcadère fut interceptée. On fit halte pour se former. De son côté, Desaix plaça ses postes et se

mit sous les armes. Si ces 500 Arabes eussent été
des Mameluks, ils auraient pu obtenir de grands
succès dans ce premier moment, où l'imagination
du soldat était éveillée et en disposition de recevoir
toutes les impressions; mais ces Arabes étaient
aussi lâches que les Mameluks qui avaient chargé
une heure avant étaient braves. Les tirailleurs français se rallièrent quatre à quatre et se portèrent
contre cette cavalerie sans hésiter. La marche de
l'armée devint lente; elle craignait des embûches.
Au lever du soleil, la chaleur fut insupportable. Le
vent du nord-ouest, si rafraîchissant dans cette
saison, ne se leva que sur les neuf heures. Ces
Arabes firent une douzaine de prisonniers qui exci-
tèrent vivement leur curiosité. Ils admirèrent leur
blancheur, et plusieurs de ces prisonniers, qui
furent rendus quelques jours après, donnèrent des
détails grotesques et horribles des mœurs de ces
hommes du désert.

II. A six heures, Napoléon découvrit la colonne
de Pompée; peu après, la muraille dentelée de
l'enceinte des Arabes et successivement les minarets de la ville, les mâts de la caravelle turque qui
était mouillée dans le port. A huit heures, se trouvant à la portée du canon, il monta sur le piédestal de la colonne de Pompée pour reconnaître la
place. Les murailles étaient hautes et fort épaisses;
il aurait fallu du 24 pour les ouvrir; mais il existait
beaucoup de brèches réparées à la hâte. Ces mu-

railles étaient couvertes de peuple qui paraissait
dans une grande agitation ; c'étaient des cavaliers,
des fantassins armés de fusils et de lances, des
femmes, des enfants, des vieillards, etc. Napoléon
donna ses ordres. Menou attaqua la droite de l'enceinte, près du fort triangulaire, Kleber le centre,
et lui se porta sur le chemin d'Aboukir pour pénétrer par la porte de Rosette. La fusillade s'engagea.
Quoique mal servi, le canon des assiégés fit
quelque impression sur les assiégeants, qui n'en
avaient pas. Les tirailleurs français, avec cette in-
telligence qui leur est propre, se logèrent sur les
monticules de sable. Les trois attaques réussirent ;
la muraille fut franchie. Les généraux Kleber et
Menou furent blessés, comme ils montaient à l'assaut, à la tête de leurs grenadiers. La division Bon
éprouva moins d'obstacles et, quoique la plus éloignée, arriva la première sur la seconde enceinte,
celle qui ferme l'isthme où est la ville actuelle ;
elle l'enleva au pas de charge. Les tirailleurs pénétrèrent à la tête des rues ; les maisons étaient
crénelées : une vive fusillade s'engagea. Le général en chef se porta sur la hauteur du fort Caffarelli. Il envoya le capitaine de la caravelle turque,
qui l'avait joint, faire des propositions d'accommodement. Cet officier fit comprendre aux cheiks,
aux ulemas et aux notables que la ville courait le
danger d'une entière destruction. Ils se soumirent.
Napoléon entra au milieu d'eux dans la ville et
descendit à la maison du consul de France ; il

était midi : comme il tournait une rue, une balle
partie d'une fenêtre rasa la botte de sa jambe gauche. Les chasseurs de sa garde montèrent sur le
toit, entrèrent dans la maison et trouvèrent un
Turc seul, barricadé dans sa chambre, ayant autour de lui six fusils. Il fut tué sur la place. La
perte des Français fut de 300 hommes tués ou
blessés ; celle des Turcs de 7 ou 800. Le commandant Koraïm se retira dans le Phare avec les plus
braves de sa maison : il y fut bloqué. Toute la nuit
se passa en négociations, qui eurent une heureuse
issue. Koraïm capitula, s'attacha au général français, se reconnut son esclave, lui prêta serment. Il
fut chargé de la police des habitants, car l'anarchie
est le plus grand ennemi qu'ait à redouter un conquérant, surtout dans un pays si différent par la
langue, les mœurs et la religion. Koraïm rétablit
l'ordre, fit opérer le désarmement, procura à l'armée tout ce qui était nécessaire.

Un personnage important par le crédit dont il
jouissait, qui s'attacha aussi à Napoléon et lui fut
constamment fidèle, le cheik El-Messiri, était ulema,
chérif et chef de la religion de la ville, fort honoré
par son savoir et sa sainteté. Plus éclairé que ses
compatriotes, il avait des idées de justice et de bon
gouvernement, ce qui contrastait avec tous ceux
qui l'environnaient. Koraïm avait de l'influence par
son audace, la bravoure de ses principaux esclaves et
ses grandes richesses ; le cheik El-Messiri, par ses ver-
tus, sa piété et la justice qui guidait toutes ses actions.

Dans la soirée du 2 juillet, le convoi entra dans le Port-Vieux, les deux vaisseaux de 64 et les deux frégates d'escorte en tête. L'artillerie, le génie, l'administration, choisirent leurs magasins, leurs emplacements ; ils travaillèrent toute la nuit à débarquer les chevaux, les bagages et le matériel. Le général Desaix sortit le soir même de la ville et alla prendre position à une lieue et demie sur la route de Damanhour, la gauche appuyée au lac Ma'dyeh.

Berthier fit afficher dans la ville, en français, en arabe, en turc, et il répandit avec profusion une proclamation qui disait en substance : « Cadis, Cheiks, Ulemas, Imâms, Tchorbadjis, peuple d'Égypte ! depuis assez longtemps les beys insultent à la France ; l'heure de les châtier est arrivée. Dieu, de qui tout dépend, a dit : Le règne des Mameluks est terminé. On vous dira que je viens détruire la religion de l'islamisme : répondez que j'aime le Prophète et le Coran, que je viens pour vous restituer vos droits. Nous avons dans tous les siècles été les amis du grand sultan.... Trois fois heureux ceux qui se déclareront pour nous ! Heureux ceux qui resteront neutres ! ils auront le temps de nous connaître. Malheur aux insensés qui s'armeront contre nous ! ils périront. Les villages qui voudront être protégés arboreront au haut du minaret de la principale mosquée le pavillon du Grand Seigneur et celui de l'armée.... Les villages dont les habitants commettront des hostilités seront traités militairement ; ils seront brûlés, s'il y a lieu. Les cheiks el-beled, les imâms, les muezzins, sont confirmés dans leurs places.... »

Le général en chef écrivit au pacha, et lui fit porter au Caire sa lettre par un officier turc de la caravelle. Il lui disait : « Le gouvernement français s'est adressé plusieurs fois à la Sublime Porte pour demander le châtiment des beys, et qu'elle fît cesser les outrages qu'éprouvait la nation en Égypte; la Sublime Porte a déclaré que les Mameluks étaient des gens avides et capricieux; qu'elle leur ôtait sa protection impériale.... La République française envoie une puissante armée pour réprimer le brigandage des beys d'Égypte, ainsi qu'elle l'a fait plusieurs fois contre Alger et Tunis; viens donc à ma rencontre. »

Les 700 esclaves turcs délivrés à Malte furent renvoyés par terre dans leur patrie; il y en avait de Tripoli, d'Alger, de Tunis, de Maroc, de Damas, de la Syrie, de Smyrne, de Constantinople même. Ils avaient été bien nourris, bien habillés, traités avec distinction; on leur avait distribué des sommes d'argent suffisantes pour faire leur route; leurs cœurs étaient pleins de reconnaissance. Ils répandirent dans tout l'empire turc la nouvelle de la victoire des Français, l'opinion de leur puissance, de leurs bonnes intentions pour les musulmans; ils ne tarirent pas sur la générosité de Napoléon; leur langue suffisait à peine à l'expression de tous les sentiments dont ils étaient pleins. Ils produisirent dans tout l'Orient la plus heureuse sensation.

Il fallait à l'armée des chevaux pour remonter sa cavalerie, des chameaux pour porter ses bagages et ses vivres. Les ressources qu'offrait Alexandrie étaient peu considérables ; les Arabes du Bahyreh pouvaient seuls satisfaire à tout. Il était important d'ailleurs de se les concilier, afin de maintenir libres les communications et les derrières de l'armée. Koraïm leur expédia des sauf-conduits par des dromadaires ; il était leur protecteur : ils accoururent à sa voix. Le 4 juillet, trente cheiks des tribus des Henâdy, des Aoulad-A'ly et des Beny-Aounous, se présentèrent au quartier général. La vue de ces hommes du désert excita vivement la curiosité du soldat, et tout ce qu'ils voyaient à l'armée française excitait vivement la leur : ils touchaient à tout. Ils signèrent un traité par lequel ils s'engagèrent à maintenir libre la route d'Alexandrie à Damanhour, même pour les hommes isolés ; à livrer dans quarante-huit heures, pour le prix de 240 livres, 300 chevaux, et pour le prix de 120 livres, 500 dromadaires ; à louer 1,000 chameaux avec leurs conducteurs ; à restituer tous les prisonniers qu'ils avaient faits. Ils mangèrent et burent avec le général. Ils reçurent comme arrhes et en présent 1,000 louis d'or. L'armée se félicita de cet heureux événement, qui parut d'un heureux présage. Le lendemain ils rendirent les douze soldats qu'ils avaient faits prisonniers, livrèrent 80 chevaux et une centaine de chameaux ; le reste fut promis pour les jours suivants.

Cependant l'escadre n'était pas encore entrée dans le port; elle tenait la mer. Les pilotes turcs s'étaient refusés à diriger les vaisseaux de 74 et, à plus forte raison, ceux de 80. Le capitaine Barré fut chargé de vérifier et de sonder les passes. Mais, l'escadre se trouvant encombrée d'une grande quantité d'artillerie et autres effets appartenant à l'armée, l'amiral désira aller mouiller dans la rade d'Aboukir pour se débarrasser et s'alléger. Il représenta qu'il lui faudrait huit jours pour le faire à la voile, tandis qu'il le ferait en trois jours au mouillage. Cependant le capitaine Barré fit son rapport le 13 juillet. Il déclara que l'escadre pouvait entrer sans crainte. Napoléon en expédia sur-le-champ l'ordre à l'amiral. Mais le rapport du capitaine Barré fut critiqué. L'amiral assembla ses contre-amiraux et ses capitaines de vaisseau; ce conseil maritime décida qu'il fallait une vérification. Dans ce temps le général en chef partit d'Alexandrie pour se diriger sur le Caire. En partant, il réitéra à l'amiral l'ordre d'entrer dans le port d'Alexandrie; mais, si cela était reconnu impossible, il lui ordonnait de se rendre à Corfou, où il trouverait des ordres du ministre de France à Constantinople, et, dans le cas où il n'en trouverait pas, de faire route pour Toulon et d'y prendre sous son escorte le convoi qui se trouverait prêt à partir, sur lequel étaient 6,000 hommes appartenant aux régiments de l'armée, et qui étaient restés en arrière pour cause de maladie, de congé, la marche des troupes sur Toulon ayant été secrète et rapide.

Le général Kleber, ayant besoin de repos pour soigner sa blessure, fut laissé à Alexandrie, comme commandant de la place et de la province, avec une garnison de 8 ou 9,000 hommes.

Le colonel Cretin, un des meilleurs officiers du corps du génie, reçut des instructions pour les fortifications de la place. Il y avait beaucoup d'obstacles ; il les surmonta tous, et en peu de mois il occupa les trois hauteurs dominantes par des forts; il déploya dans ces travaux tous les secrets de son art. Le Marabout, le Phare et les avenues des ports furent garnis de batteries de 36 et de mortiers à grande portée. Toutes les fois que les Anglais voulurent depuis s'en approcher, ils eurent lieu de s'en repentir.

III. L'armée se mit en marche sur le Caire. Elle était forte de cinq divisions sous les ordres des généraux Desaix, Reynier, Bon, Dugua et Vial, d'une réserve de 2,600 hommes sous les ordres du général Murat, et de deux brigades de cavalerie à pied, chacune de 1,500 hommes, sous les généraux de brigade Zayonchek et Andréossy. L'artillerie à pied et à cheval était composée de quarante-deux bouches à feu, six forges, six affûts de rechange, cinquante caissons, le tout attelé par 500 chevaux ou mulets ; le reste des approvisionnements était porté à dos de mulet. La force totale était de 21,000 hommes de toutes armes.

Le contre-amiral Perrée, intrépide marin, du port de Saint-Valery-sur-Somme, prit le commandement de la flottille du Nil, composée de deux demi-galères, trois demi-chebecs, quatre avisos et six djermes armées ; total, quinze bâtiments, montés par 600 marins français. Il n'y avait pas de temps à perdre pour arriver dans la capitale, afin de profiter du premier moment d'étonnement et de ne pas permettre aux ennemis d'armer et de se retrancher dans cette grande ville. Le 5 juillet, le général Dugua partit pour Rosette avec sa division et les deux brigades de cavaliers à pied. Le contre-amiral Perrée, avec la flottille, se porta au lac Ma'dyeh pour y passer les troupes. Le 6, le général Dugua, suivant les bords de la mer, arriva à l'embouchure du Nil, et s'empara du fort Julien, en même temps que le contre-amiral Perrée passait le boghâz et mouillait vis-à-vis de Rosette.

Le général Menou prit le commandement de la province. Sa blessure exigeait du repos. Il eut pour garnison un bataillon d'infanterie, une batterie d'artillerie non attelée, 500 cavaliers à pied ayant leurs selles et auxquels il devait procurer des chevaux, enfin deux bâtiments armés.

Le contre-amiral Perrée réunit les barques nécessaires pour embarquer les deux brigades de cavalerie à pied, leurs selles et bagages, des vivres et des munitions de guerre. Il prit ce convoi sous son escorte. Le 9, il appareilla de Rosette et remonta le Nil. Le général Dugua avec sa division suivit son mouvement, en remontant la rive gauche.

Les quatre autres divisions et la réserve marchèrent sur Damanhour. Desaix se mit en marche le 4 et y arriva le 6. Reynier se mit en marche le 5, Bon le 6, Vial le 7, à la pointe du jour. Le général en chef, avec la réserve, partit le même jour à cinq heures de l'après-midi. Il y a d'Alexandrie à Damanhour quinze lieues ; c'est une plaine ordinairement fertilisée par les inondations du Nil ; mais, par divers accidents, elle ne l'avait pas été en 1797. On était au moment de l'année où le Nil est le plus bas. Tous les puits étaient secs, et depuis Alexandrie l'armée ne trouva de l'eau qu'au puits d'El-Beydah. Elle n'était pas organisée pour marcher dans un pareil pays ; elle souffrit beaucoup de l'ardeur du soleil, du manque d'ombre et d'eau. Elle prit du dégoût pour ces immenses solitudes et surtout pour les Arabes-Bédouins.

Ceux-ci, comme ils se mettaient en marche pour livrer les chevaux et les chameaux qu'ils s'étaient engagés à fournir par leur traité d'Alexandrie, reçurent un fetfa des ulemas et des cheiks du Caire, qui leur ordonnait de courir aux armes pour la défense de la religion du Prophète, menacée par les infidèles. Cela changea leurs bonnes dispositions. Ils firent déclarer à Koraïm que, leur religion étant compromise, ils considéraient le traité comme nul. Cinq de leurs tribus, ayant 1,800 chevaux disponibles, entrèrent en campagne et commencèrent le 7 les hostilités. Ces Arabes étaient sans cesse sur les flancs, sur les derrières et à la vue de l'armée. Ils se cachaient avec la plus grande habileté derrière les moindres plis de terrain, d'où ils s'élançaient comme l'éclair sur tous les soldats qui s'écartaient des rangs. La cavalerie de l'armée était peu nombreuse, les chevaux harassés de fatigue, et d'une qualité d'ailleurs fort inférieure au cheval arabe. Les colonnes françaises, enveloppées par les Bédouins, semblaient des escadres suivies par des requins, où, comme disait le soldat, « c'était la maréchaussée qui faisait la police ». Cette police était sévère, mais elle concourut à l'ordre. Le soldat s'y accoutuma; il perdit l'habitude de traîner, de quitter ses rangs; il n'avança plus sans s'être éclairé sur les flancs. Les bagages marchaient en ordre au milieu des colonnes. Les camps furent pris avec le plus grand soin, et sans oublier aucune règle de la castramétation.

Les *Francs*, chez qui les soldats avaient cherché des renseignements à Alexandrie, s'étaient plu à leur faire la peinture la plus séduisante : ils allaient trouver à Damanhour tout le luxe de l'Orient, les commodités de la vie, les richesses du commerce d'une grande ville, capitale d'une grande province; c'était tout autre chose qu'Alexandrie.

Napoléon marcha toute la nuit. Il traversa les bivouacs de plusieurs divisions. A trois heures après minuit, la lune était couchée; il faisait extrêmement obscur; le feu des grand'gardes de la division Bon était éteint ; les chasseurs d'escorte donnèrent dans ces bivouacs ; la sentinelle tira. Un seul cri, *Aux armes !* mit toute la division sur pied. Le feu de deux rangs commença et dura assez longtemps. Enfin on se reconnut. L'armée était saisie d'une espèce de terreur ; les imaginations étaient fort échauffées ; tout était nouveau, et tout lui déplaisait.

A huit heures du matin, après une marche de seize heures, Napoléon aperçut enfin Damanhour. La ville était environnée d'une forêt de palmiers. Les mosquées paraissaient nombreuses, les minarets se dessinaient avec grâce. Plusieurs monticules voisins étaient couverts de santons. La ville se présentait à son avantage : c'était Modène, Crémone ou Ferrare. Il y eut du mécompte. Desaix se porta à la rencontre du général en chef et le mena dans une espèce de grange, sans fenêtres, sans portes. Là étaient réunis les cheiks el-beled, le chaheb, le serraf, les imâms, les principaux cheiks, qui lui offrirent une jatte de lait et des galettes cuites sous les cendres. Quel régal pour l'état-major de l'armée d'Italie ! Ce n'était pas ainsi qu'il était reçu à Milan, à Brescia, à Vérone, dans la docte Bologne ; mais il fallut bien prendre le parti d'en rire. Les *Francs* qui suivaient l'armée, et surtout Magallon [1], devinrent

---

1. Magallon, négociant français, avait demeuré longtemps au Caire, où il était consul de France. Parti de Toulon avec l'armée et embarqué à bord de *l'Orient*, il était attaché au quartier général, et avait fait constamment de l'Égypte le tableau le plus brillant. (Note du général Bertrand.)

l'objet des brocards du soldat. Les pauvres gens!
ils ne connaissaient de l'Égypte que le Caire, Rosette
et Alexandrie. Descendant le Nil sur des djermes,
sous les yeux inquiets des Turcs, ils n'étaient entrés
dans aucun village, et s'étaient fait des idées du
pays sur le pittoresque du tableau qui se présentait à leur vue du haut des mâts.

Le quartier général s'établit dans une prairie
artificielle, sur la lisière d'un très-beau bois d'acacias. L'eau était bonne et abondante. Les bivouacs
étaient à l'ombre; la paille, les légumes, la viande,
ne manquaient pas. On avait encore du biscuit de
mer. Les hommes et les chevaux avaient également
besoin de repos; on séjourna le 9. Le général de
brigade Mireur, se rendant d'un bivouac à un autre,
malgré les observations que lui firent les grand'-
gardes, fut surpris dans une petite vallée à cent
pas d'elles par quatre Arabes et percé de coups de
lance. C'était un officier distingué; l'armée le re-
gretta. Le 10, avant le jour, l'armée se remit en
marche. Elle rencontra le Nil, à El-Rahmânyeh, à
neuf heures du matin, et salua par des cris de joie
la vue de ce fleuve miraculeux. Généraux et soldats, tous s'y précipitèrent tout habillés pour se rafraîchir. El-Rahmânyeh était un gros bourg, moins
grand que Damanhour, mais plus fertile et plus
riche.

Cependant la nouvelle arriva au Caire, le 5 juillet,
qu'une armée d'infidèles était débarquée, qu'elle
avait attaqué et pris Alexandrie, qu'elle était fort

nombreuse en infanterie, mais qu'elle n'avait pas de cavalerie. Les beys et leurs kâchefs poussèrent des cris de joie; le Caire fut illuminé. « Ce sont des pastèques à couper, » disaient-ils. Il n'était aucun Mameluk qui ne se promît de porter une centaine de têtes; cette armée, fût-elle de 100,000 hommes, serait anéantie, puisqu'il faudrait qu'elle traversât les plaines qui bordent le Nil. Les infortunés! c'est avec ces illusions qu'ils se préparèrent à marcher à la rencontre de l'armée française. Un bey partit, le 5 au soir, avec 600 Mameluks pour se porter sur Damanhour, rallier les Arabes du Bahyreh et retarder la marche de l'armée. Il arriva le 10 à Damanhour, comme la division Desaix, qui formait l'arrière-garde, quittait ses bivouacs. Desaix marchait en colonne serrée, par division, son artillerie à la tête et à la queue, ses bagages au centre, entre ses deux brigades. A la vue de l'ennemi, il fit prendre les distances de peloton et continua sa marche, côtoyé, escarmouchant avec cette belle cavalerie, qui enfin se décida à le charger. Aussitôt Desaix commanda : « Par peloton, à droite et à gauche en bataille, feu de deux rangs. » Il serait difficile de peindre l'étonnement et le mécompte qu'éprouvèrent les Mameluks, quand ils virent la contenance de cette infanterie et l'épouvantable feu de mitraille et de mousqueterie qui leur portait la mort, si loin, dans toutes les directions. Quelques braves moururent sur les baïonnettes. Le gros de la troupe s'éloigna hors de la portée du canon. Desaix rompit alors son carré, continua sa marche, n'ayant perdu dans ce combat que quatre hommes. Quand Mourad-Bey apprit cet étrange événement, qu'il ne pouvait s'expliquer, il s'emporta contre le bey et ses kâchefs, et les traita de lâches, qui s'étaient laissé imposer par le nombre, comme si des Mameluks devaient jamais compter pour quelque chose les piétons en plaine.

L'armée séjourna le 10, le 11 et le 12 à El-Rahmânyeh. La flottille et la division Dugua la joignirent le 12 au matin. La flottille était nécessaire pour pouvoir manœuvrer sur les deux rives et pour combattre celle des Mameluks, qui était nombreuse et bien armée. Le nombre des Bédouins s'accroissait chaque jour. Les Français se trouvaient dans le camp d'El-Rahmânyeh comme bloqués. Les Bédouins avaient des postes à portée de fusil des grand'gardes. Ils s'étaient aperçus que les chevaux français ne valaient rien, ce qui leur avait inspiré le plus grand mépris pour notre cavalerie.

L'armée se trouvait alors placée de la manière suivante : Kleber était à Alexandrie avec le convoi et l'escadre, qu'on supposait entrée dans le port; il tenait garnison dans le château d'Aboukir ; il avait le 69ᵉ régiment d'infanterie, 1,000 canonniers, sapeurs et ouvriers, 2,000 des dépôts des corps d'infanterie et de cavalerie à pied; total 6,500 hommes de ligne et 3,500 hommes formant les équipages des bâtiments de transport, organisés en garde nationale ; ce qui lui formait, indépendamment de l'escadre, une garnison de 9 à 10,000 hommes. Menou était à Rosette avec 1,200 hommes et trois avisos. Le camp d'El-Rahmânyeh était de 20,000 hommes. Le génie avait retranché une mosquée située sur la hauteur de Damanhour; elle contenait 300 hommes et deux pièces de canon, qui furent relevés par la garnison d'Alexandrie. Une redoute jugée nécessaire à El-Rahmânyeh fut construite pour 300 hommes et trois pièces de canon; le contre-amiral Perrée y laissa une barque armée pour la police du Nil.

IV. Mourad-Bey était parti, le 6, avec 3,000 Mameluks, 2,000 janissaires à pied et une flottille nombreuse, composée d'une soixantaine de bâtiments, dont 26 armés. Il avait convoqué tous les Arabes du Fayoum. Il espérait arriver à temps à Damanhour pour soutenir son avant-garde. Il était suivi par Ibrahim-Bey avec une force plus considérable encore. Il apprit à Terraneh l'événement d'El-Rahmânyeh, la prise de Rosette et la marche de l'armée sur le Caire. Il se porta sur Chobrâkhyt, y construisit deux batteries de neuf pièces de canon, et fît travailler à retrancher le village, où il posta ses janissaires. Sa flottille prit position, la gauche appuyée au village et la droite au Delta.

Le 12, à sept heures du soir, l'armée française campa au village de Minyet à une lieue d'El-Rahmânyeh. Elle eut ordre de prendre les armes à une heure du matin. Il était d'une grande importance de

ne pas donner à Mourad-Bey le temps d'achever
ses retranchements et de compléter le ralliement
de ses troupes. Aussitôt que la lune fut levée, l'armée se remit en marche. A huit heures elle se trouva
en présence de Mourad-Bey, qui avait sa droite, toute
composée de Mameluks, appuyée au village de Chobrâkhyt; sa gauche formée par 2,000 Arabes, pro-
longeait sa ligne dans le désert. Ce coup d'œil
frappa d'étonnement. Chaque Mameluk avait trois ou
quatre hommes pour le servir, et les Arabes étaient
dans un continuel mouvement. La ligne parut être
de 14 à 18,000 hommes.

Les Bédouins du Bahyreh avaient, selon leur coutume, occupé les communications avec El-Rahmânyeh, et caracolaient sur nos derrières et sur nos
flancs. Ils étaient aussi autour d'Alexandrie, de Damanhour et de Rosette. L'armée se rangea en bataille et se déploya sur un espace de 1,800 toises, la
gauche appuyée à un petit village près du Nil, la
droite à un gros village près du désert. Desaix formait la droite; il fit barricader ce village, qu'il occupa par un bataillon et trois pièces de canon; il
rangea sa division en un seul carré de 150 toises de
front sur 25 de flanc. A 100 toises en arrière du village, la gauche, formée par le général Vial, fit les
mêmes dispositions. Les trois autres divisions se
placèrent dans l'intervalle, à environ 300 toises
l'une de l'autre, se flanquant entre elles, le centre
un peu en arrière. La cavalerie, divisée en pelotons,
fut placéé au milieu du carré, la réserve dans deux

8

villages, à 1,000 toisés en arrière de la ligne, et éloignés entre eux de 8 ou 900 toises, chaque village étant barricadé et ayant une demi-batterie. Si les ennemis surent juger ces dispositions, elle durent leur paraître redoutables. Sur trente-six pièces de canon qui étaient en ligne, dix-huit pouvaient battre au même point.

Les deux armées s'observèrent pendant plusieurs heures. Les Français attendaient leur flottille; mais elle était encore à l'ancre devant El-Rahmâhyeh; elle ne pouvait remonter le fleuve qu'avec le vent du nord, qui ne s'éleva qu'à huit heures. Le soleil, qui donnait sur les casques et les cottes des Mameluks, faisait briller cette belle troupe de tout son éclat. Un grand nombre de combats singuliers se livrèrent, à la mode des Orientaux, entre les plus braves des Mameluks et les intrépides tirailleurs des Alpes. Le Mameluk déployait toute son adresse et son courage; il excitait notre admiration. Il était lié à son cheval, qui paraissait partager toutes ses passions; le sabre pendant au poignet, il tirait sa carabine, son tromblon, ses quatre pistolets, et, après avoir déchargé six armes à feu, il tournait le peloton de tirailleurs et passait entre eux et la ligne avec une merveilleuse dextérité. Mais on vit les Sept-queues, avec les pelotons d'hommes d'élite qui leur servaient de garde, se réunir en un point central, sur un petit tertre : c'étaient les beys qui tenaient conseil. Un moment après, cette belle cavalerie s'ébranla, les sept beys à la tête, perça entre le carré de Rey-

nier et celui du général Dugua, où était le général
en chef, espérant sans doute les trouver ouverts par
derrière et les prendre à dos. La mitraille et la fusillade du front des carrés, et immédiatement après
des flancs, et enfin de l'arrière, en tuèrent et bles-
sèrent un grand nombre. Quelques braves, lancés
sur les derrières des carrés, périrent sur les baïonnettes. Mais, lorsque Mourad-Bey s'aperçut que le
feu était aussi vif derrière que de front, il s'éloigna
rapidement, et donna dans les deux villages retranchés où était placée la réserve. Il en essuya la mitraille, fit alors un à-gauche au grand galop, et se
porta à une lieue sur le flanc droit de l'armée. Soixante Mamelûks restèrent sur le champ de bataille,
Leurs dépouilles réjouirent le soldat ; leur habitude
est de porter tout leur or dans leur ceinture lorsqu'ils
vont au combat. Indépendamment de cela, le cheval, l'habillement, l'armement, étaient d'un grand
prix ; ce qui fit comprendre qu'un pays qui a des défenseurs aussi riches ne pouvait pas cependant être
aussi misérable qu'on le pensait.

La ligne française resta fixe ; elle s'attendait à
une seconde charge. Enfin elle aperçut les mâts de
sa flottille. Il était une heure après midi. Une épouvantable canonnade s'engagea un quart d'heure
après sur le Nil. Le contre-amiral, en tête, avait
formé sa ligne de bataille et dépassé le village de
Chobrâkhyt. Il donna au milieu de la ligne des
bâtiments ennemis ; accablée par le nombre, une de
ses demi-galères fut prise à l'abordage ; lui-même

fut en danger, mais il sauva sa flottille par d'habiles manœuvres. Aussitôt que Napoléon s'aperçut du péril que courait son armée navale, il ordonna à la ligne d'infanterie de marcher en avant. La division de gauche aborda le village de Chobrâkhyt. Les batteries turques avaient été démontées. Les 2,000 janissaires, menacés d'être coupés et tournés par le mouvement de l'armée, prirent la fuite après quelque résistance. Les Mameluks, effrayés et ne comprenant rien à tout ce qu'ils voyaient, se tenaient hors de la portée du canon, et reculaient à mesure que la ligne avançait. Les feux des tirailleurs placés dans les maisons de Chobrâkhyt et répartis le long de la digue, celui des pièces de 12, de 8, et des obusiers réunis sur le bord du Nil, firent changer promptement le sort du combat naval. Les marins turcs, les plus habiles, comprirent le danger de leur position; ils virèrent de bord et profitèrent du vent pour s'éloigner et refouler le courant; les autres le firent plus tard, mais il n'était plus temps : ils furent contraints de mettre le feu à leurs bâtiments. Le vent du nord cesse habituellement dans cette saison à quatre ou cinq heures après midi. D'ailleurs, avant d'arriver à Châbour, le Nil forme un coude; il était donc possible de s'emparer du reste de la flottille. Les cinq divisions de l'armée se mirent en colonnes et marchèrent sur cinq directions, à distance de déploiement, à travers champs. Mourad-Bey, s'apercevant de la frayeur et du désordre de ses gens, quitta la vue de

l'armée et se rendit en toute hâte devant le
Caire.

A six heures après midi, l'armée campa à Châbour. Les équipages turcs, se voyant coupés, se réfugièrent dans le Delta après avoir mis le feu à leurs
bâtiments. On parvint à en sauver quelques-uns. Le
camp fut établi dans un bois de sycomores. A la
nuit, le contre-amiral Perrée mouilla à la hauteur
du village. La perte des Français fut, dans cette journée, de trois ou quatre cents hommes tués ou blessés, les trois quarts matelots. Monge, Berthollet, le
secrétaire Bourrienne, qui étaient embarqués sur la
flottille, montrèrent du sang-froid et de la résigna-
tion au moment du danger. Les Mameluks perdirent
trois cents de leurs plus braves cavaliers, tués, blessés ou prisonniers, quatre ou cinq cents fantassins
ou hommes des équipages de leur flottille, neuf
mauvaises pièces de canon de fer, sur affûts marins,
qu'ils avaient mises en batterie à Chobrâkhyt, et
toute leur flottille.

Dès ce moment Mourad-Bey désespéra de son
salut. Il comprit qu'il n'y avait pas égalité d'armes,
que la bravoure n'était pas suffisante pour vaincre,
et que l'infanterie n'était pas aussi méprisable qu'il
se l'était imaginé jusqu'alors. Au fait, les 10,000
Mameluks n'eussent pas craint d'attaquer en plaine
une armée de 50,000 Ottomans. Ils répandirent au
Caire mille bruits. Tout ce qu'ils voyaient, tout ce
qu'ils avaient ouï raconter ou appris par leur propre
expérience, bouleversait tellement leurs idées que

cela les portait à croire au sortilége. Le sultan français était un sorcier qui tenait tous ses soldats liés
par une grosse corde blanche, et, selon qu'il la tirait d'un côté ou d'un autre, ils allaient à droite ou
à gauche, se remuant tout d'une pièce; ils le nom-
maient *le Père du feu,* pour exprimer la vivacité du
feu de la mitraille et de la fusillade de son infanterie.

Cependant les Arabes inquiétaient les marches,
empêchaient les détachements de s'écarter; ce qui
rendait les vivres très-difficiles. Le général Zayonchek et le général Andréossy débarquèrent avec
leurs brigades dans le Delta, et marchèrent parallèlement à l'armée, sur la rive droite, n'ayant ni Arabes ni ennemis à combattre; ils firent des vivres en
abondance et en fournirent à l'armée. En peu de
jours ils se procurèrent une centaine de chevaux;
ce qui les mit à même de s'éclairer.

La bataille de Chobrâkhyt fut glorieuse pour l'armée française. Elle avait, il est vrai, 20,000 hommes
et quarante-deux pièces de canon sur le champ de
bataille, où son ennemi n'avait réellement que 8,000
combattants; mais c'était la première fois qu'elle se
trouvait vis-à-vis de cette belle et redoutable cavalerie.

V. La journée du 13 avait fatigué l'armée. Elle
avait fait sept grandes lieues, indépendamment des
mouvements de la bataille. Le temps avait été fort
chaud, la marche, au travers des terres gercées,

très-difficile. La flottille ne pouvait pas appareiller
avant neuf heures ; c'est à cette heure que s'élevait
le vent du nord ; or il fallait marcher de concert afin
de maintenir ses communications avec la rive droite
et de s'appuyer réciproquement. L'armée partit fort
tard le 14, et arriva à la nuit à Koum-Cheryk, à la
prise d'eau d'un canal d'irrigation qui porte les eaux
du Nil dans la province de Maryout. Les soldats trouvaient en abondance des pastèques ou melons d'eau,
fruit extraordinairement rafraîchissant, et, quoiqu'ils en mangeassent avec excès, ils n'en éprouvèrent pas d'inconvénient. Le 15, l'armée campa à
A'lqâm, village arabe ; elle ne fit ce jour-là que trois
lieues et demie. Le 16, elle arriva à Abou-Nochâbeh ;
elle fit quatre lieues et demie. Là, le désert s'approchait fort du Nil. Le 17, elle campa à Ouârdân, à
l'ombre d'une forêt de palmiers. Elle reçut un convoi
de vivres de la rive droite. Elle marchait à petites
journées ; elle partait à deux heures du matin et
était campée à neuf heures. La cause en était l'excessive chaleur, la difficulté de se procurer des vivres, l'incommodité des Arabes, qui obligeaient les
colonnes à marcher doucement afin que tout le
monde pût suivre, la nécessité d'attendre la flottille,
sur laquelle on plaçait les malades et les hommes
fatigués ; ce qui dispensait d'occuper les points intermédiaires qui eussent affaibli l'armée. Enfin il
fallait se trouver à toute heure en mesure de combattre, car on recevait tous les jours des nouvelles
des préparatifs formidables qui se faisaient au Caire.

Les beys, les janissaires, les Arabes, les milices
avaient quitté la ville et marchaient à la rencontre
des infidèles.

Le général Zayonchek prit position où le Nil se
divise en deux branches pour former le Delta, point
dit le *Ventre de la Vache*. Les Hébreux, dans le désert
de l'Égarement, regrettaient les marmites d'Égypte,
pleines de viandes, d'oignons et toutes sortes de légumes dont ils pouvaient manger tout leur soûl,
disaient-ils; les Français ne cessaient d'appeler à
grands cris les délices de l'Italie. Depuis quinze jours
leur mécontentement avait été en augmentant; ils
comparaient ce peuple barbare qu'ils ne pouvaient
pas entendre, les demeures de ces misérables fellahs, aussi abrutis que leurs buffles, ces arides plaines découvertes et sans ombre, ce Nil, chétif ruisseau qui charriait une eau sale et bourbeuse, enfin
ces horribles hommes du désert, si laids, si féroces,
et leurs femmes, plus sales encore, aux plaines
fleuries et abondantes de la Lombardie, au peuple
sociable, doux et éclairé des États vénitiens. Ils se
plaignaient d'être dans un pays où ils ne pouvaient
se procurer ni pain ni vin. On leur répondait que,
loin d'être misérable, ce pays était le plus riche du
monde; qu'ils auraient du pain, du vin aussitôt
qu'ils seraient au Caire; que le pays où ils étaient
avait été le grenier de Rome et était encore celui de
Constantinople. Rien ne pouvait calmer des imaginations effarouchées. Quand les *Francs* racontaient
les beautés et l'opulence du Caire, les soldats répon-

daient tristement: « Vous nous avez dit la même
chose de Damanhour. Le Caire sera peut-être deux
ou trois fois plus grand ; mais ce sera un ramassis
de cabanes dépourvues de tout ce qui peut rendre
la vie supportable. » Napoléon s'approchait souvent
de ses soldats ; il leur disait : « que ce Nil, qui répondait si peu dans ce moment à sa réputation,
commençait à grossir, et que bientôt il justifierait
tout ce qu'ils en avaient ouï raconter ; qu'ils cam-
paient sur des monceaux de blé, et que sous peu de
jours ils auraient des moulins et des fours ; que
cette terre si nue, si monotone, si triste, sur laquelle
ils marchaient avec tant de difficulté, serait bientôt
couverte de moissons et de riches cultures qui leur
représenteraient l'abondance et la fertilité des rives
du Pô ; qu'ils avaient des lentilles, des fèves, des
poules, des pigeons ; que leurs plaintes étaient exa-
gérées ; que la chaleur était excessive, sans doute,
mais serait supportable quand ils se trouveraient
en repos et seraient organisés ; que, pendant les
campagnes d'Italie, les marches, aux mois de juillet
et d'août, étaient aussi bien fatigantes. » Mais ces
discours ne produisaient qu'un effet passager. Les
généraux et les officiers murmuraient plus haut que
les soldats. Ce genre de guerre était encore plus pénible pour eux, et contrastait davantage avec les
commodités des palais et des casins d'Italie.

L'armée était frappée d'une mélancolie vague
que rien ne pouvait surmonter ; elle était attaquée
du spleen ; plusieurs soldats se jetèrent dans le Nil

pour y trouver une mort prompte. Tous les jours,
après que les bivouacs étaient pris, le premier besoin des hommes était de se baigner. En sortant du
Nil, les soldats commençaient à faire de la politique,
à s'exaspérer, à se lamenter sur la fâcheuse position
des choses. « Que sommes-nous venus faire ici? Le
Directoire nous a déportés! » Quelquefois ils s'api-
toyaient sur leur chef, qui bivouaquait constamment
sur les bords du Nil, était privé de tout comme le
dernier soldat; le dîner de l'état-major consistait
souvent en un plat de lentilles. « C'est de lui qu'on
voulait se défaire, disaient-ils; mais, au lieu de nous
conduire ici, que ne nous faisait-il un signal? nous
eussions chassé ses ennemis du palais, comme nous
avons chassé les Clichyens. » S'étant aperçus que,
partout où il y avait quelques traces d'antiquités, les
savants s'y arrêtaient et faisaient des fouilles, ils sup-
posèrent que c'était eux qui, pour chercher des
antiquités, avaient conseillé l'expédition; cela les
indisposa contre eux. Ils appelaient les ânes des savants. Caffarelli était à la tête de la commission. Ce
brave général avait une jambe de bois. Il se donnait
beaucoup de mouvement; il parcourait les rangs
pour prêcher le soldat. Il ne parlait que de la beauté
du pays, des grands résultats de cette conquête.
Quelquefois, après l'avoir entendu, les soldats murmuraient; mais la gaieté française reprenait le des-
sus. « Pardi, lui dit un jour un grenadier, vous vous
moquez de cela, général, vous qui avez un pied en
France! » Ce mot, répété de bivouac en bivouac, fit

rire tous les camps. Jamais cependant le soldat ne
manqua aux membres de la commission des arts,
qu'au fond il respectait ; et, ce premier mouvement
passé, Caffarelli et les savants furent l'objet de son
estime. L'industrie française venait aussi à l'aide des
circonstances. Les uns broyaient le blé pour se procurer de la farine, les autres en faisaient d'abord
rôtir le grain dans une poêle, et, ainsi rôti, le faisaient bouillir, et en obtenaient une nourriture saine
et satisfaisante.

Le 19 juillet, l'armée arriva à Omm-Dynâr, vis-
à-vis de la pointe du Delta et à cinq lieues du Caire.
Elle aperçut pour la première fois les pyramides.
Toutes les lunettes furent braquées sur ces plus
grands et ces plus anciens monuments qui soient
sortis de la main des hommes. Les trois pyramides
bordaient l'horizon du désert. Elles paraissaient
comme trois énormes rochers ; mais, en les regar-
dant avec attention, la régularité des arêtes décelait
la main des hommes. On apercevait aussi la mosquée du Moqattam. Au pied était le Caire. L'armée
séjourna le 20, et reçut l'ordre de se préparer à la
bataille.

L'ennemi avait pris position sur la rive gauche du
Nil, vis-à-vis le Caire, entre Embâbeh et les pyramides. Il était nombreux en infanterie, en artillerie
et en cavalerie. Une flottille considérable, parmi
laquelle il y avait même une frégate, protégeait son
camp. La flottille française était restée en arrière ;
elle était d'ailleurs fort inférieure en nombre. Le Nil

étant très-bas, il fallut renoncer aux secours de toute espèce qu'elle portait et aux services qu'elle pouvait rendre. Les Mameluks, les aghas, les marins, fiers de leur nombre et de la belle position qu'ils occupaient, encouragés par les regards de leurs pères, de leurs mères, de leurs femmes, de leurs enfants, étaient pleins d'ardeur et de confiance. Ils disaient « qu'au pied de ces pyramides, bâties par leurs ancêtres, les Français trouveraient leurs tombeaux et finiraient leurs destins. »

VI. Le 21, à deux heures du matin, l'armée se mit en marche. Au jour, elle rencontra une avant-garde de Mameluks, qui disparut après avoir essuyé quelques coups de canon. A huit heures, les soldats poussèrent mille cris de joie à la vue des quatre cents minarets du Caire. Il leur fut donc prouvé qu'il existait une grande ville qui ne pouvait pas être comparée à ce qu'ils avaient vu depuis qu'ils étaient débarqués. A neuf heures, ils découvrirent la ligne de bataille de l'armée ennemie. La droite, composée de 20,000 janissaires, Arabes et milices du Caire, était dans un camp retranché en avant du village d'Embâbeh, sur la rive gauche du Nil, vis-à-vis Boulâq ; ce camp retranché était armé de quarante pièces de canon. Le centre et la gauche étaient formés par un corps de cavalerie de 12,000 Mameluks, aghas, cheiks et autres notables de l'Égypte, tous à cheval et ayant chacun trois ou quatre hommes à pied pour le servir ; ce qui formait une ligne de 50,000 hommes. La gauche était formée par 8,000 Arabes-Bédouins à cheval, et s'appuyait aux pyramides. Cette ligne avait une étendue de trois lieues. Le Nil, d'Embâbeh à Boulâq et au Vieux-Caire, était à peine suffisant pour contenir la flottille, dont les mâts apparaissaient comme une forêt. Elle était de trois cents voiles. La rive droite était couverte de toute la population du Caire, hommes, femmes et enfants, qui étaient accourus pour voir cette bataille, d'où allait dépendre leur sort. Ils y attachaient d'autant plus d'importance que, vaincus, ils deviendraient esclaves.

L'armée française prit le même ordre de bataille dont elle s'était si bien trouvée à Chobrâkhyt, mais parallèlement au Nil, parce que l'ennemi en était maître. Les officiers d'état-major reconnurent le camp retranché. Il consistait en de simples boyaux qui pouvaient être de quelque effet contre la cavalerie, mais étaient nuls contre l'infanterie ; le travail était mal tracé, à peine ébauché ; il avait été commencé depuis deux jours seulement. L'artillerie était de fer, sur affûts marins ; elle était fixe et ne pouvait pas se remuer. L'infanterie paraissait mal en ordre et incapable de se battre en plaine. Son projet était de se battre derrière ses retranchements. Elle était peu redoutable, ainsi que les Arabes, si nuls un jour de bataille. Le corps des Mameluks était seul à craindre, mais hors d'état de résister. Desaix en tête, marchant par la droite, passa à deux portées de canon du camp retranché, lui prêtant le flanc gauche, et se porta sur le centre de la ligne des Mameluks. Reynier, Dugua, Vial et Bon, le suivirent à distance. Un village se trouvait vis-à-vis du point de la ligne ennemie qu'on voulait percer; c'était le point de direction. Il y avait une demi-heure que l'armée s'avançait dans cet ordre et dans le plus grand silence, lorsque Mourad-Bey, qui commandait en chef, devina l'intention du général français, quoiqu'il n'eût aucune expérience des .manœuvres des batailles. La nature l'avait doué d'un grand caractère, d'un brillant courage et d'un coup d'œil pénétrant. Il saisit la bataille avec une habileté qui aurait honoré le général le plus consommé. Il sentit qu'il était perdu s'il laissait l'armée française achever son mouvement, et qu'avec sa nombreuse cavalerie il devait attaquer l'infanterie pendant qu'elle était en marche. Il partit comme l'éclair avec 7 ou 8,000 chevaux, passa entre la division Desaix et celle de Reynier, et les enveloppa. Ce mouvement se fit avec une telle rapidité, qu'on craignit un moment que le général Desaix n'eût pas le temps de se mettre en position; son artillerie était embarrassée au passage d'un bois de palmiers. Mais les premiers Mameluks qui arrivèrent sur lui étaient peu nombreux. Une décharge en jeta la moitié par terre. Le général Desaix eut le temps de former son carré. La mitraille et la fusillade s'engagèrent sur les quatre côtés. Le général Reynier ne tarda pas à prendre position et à commencer le feu de tous côtés. La division Dugua, où était le général en chef, changea de direction et se porta entre le Nil et le général Desaix, coupant, par cette manœuvre, l'ennemi du camp d'Embâbeh et lui barrant la rivière ; elle se trouva bientôt à portée de commencer la canonnade sur la queue des Mameluks ; 45 ou 50 hommes des plus braves, beys, kâchefs, Mameluks, moururent dans les carrés ; le champ de bataille fut couvert de leurs morts et de leurs blessés. Ils s'obstinèrent pendant une demi-heure à caracoler à portée de mitraille, passant d'un intervalle à l'autre, au milieu de la poussière, des chevaux, de la fumée, de la mitraille, de la fusillade et des cris des mourants. Mais enfin, ne gagnant rien, ils s'éloignèrent et se mirent hors de portée. Mourad-Bey, avec 3,000 chevaux, opéra sa retraite sur Gyzeh, route de la haute Égypte. Le reste, se trouvant sur les derrières des carrés, appuya sur le camp retranché, au moment où la division l'aborda. Le général Rampon, avec deux bataillons, occupa un fossé et une digue qui interceptaient la communication entre Embâbeh et Gyzeh. La cavalerie qui se trouvait dans le camp, étant repoussée par la division Bon, voulut regagner Gyzeh ; mais, arrêtée par Rampon et par la division Dugua, qui l'appuyait, elle hésita, flotta plusieurs fois, et enfin, par un mouvement naturel, s'appuya sur la ligne de moindre résistance, et se jeta dans le Nil, qui en engloutit plusieurs milliers. Aucun né put gagner l'autre rive. Le camp retranché ne fit aucune résistance. L'infanterie, voyant la déroute de la cavalerie, abandonna le combat, se jeta dans de petites barques ou à la nage. Le plus grand nombre descendit le Nil, le long de la rive gauche, et se sauva dans la campagne, à la faveur de la nuit. Les canons, les chameaux, les bagages tombèrent au pouvoir des Français.

Mourad-Bey avait fourni plusieurs charges, dans l'espoir de rouvrir la communication avec son camp et de lui faciliter la retraite. Toutes ces charges manquèrent. A la nuit, il opéra sa retraite et donna le signal par l'incendie de la flotte. Le Nil fut sur-le-champ couvert de feu. Sur ces navires étaient les richesses de l'Égypte, qui périrent, au grand regret de l'armée. De 12,000 Mameluks, 3,000 seulement, avec Mourad-Bey, se retirèrent dans la haute Égypte ; 1,200, qui étaient restés pour contenir le Caire avec Ibrahim-Bey, firent, depuis, leur retraite sur la Syrie ; 7,000 périrent dans cette bataille si fatale à cette brave milice, qui ne s'en releva jamais. Les cadavres des Mameluks portèrent, en peu de jours, à Damiette, à Rosette et dans les villages de la basse Égypte, la nouvelle de la victoire de l'armée française.

Au moment de la bataille, Napoléon avait dit à ses troupes, en leur montrant les pyramides : « Soldats, quarante siècles vous regardent ! »

Les Arabes, suivant leur coutume, voyant la bataille perdue, s'éloignèrent et se dispersèrent dans les déserts.

Si la flottille française eût pu arriver, la journée

eût été plus décisive. Elle eût fait des prisonniers, elle eût sauvé des bagages. Elle avait entendu toute la journée la canonnade de la bataille. Le vent du nord, qui soufflait, en amortissait le bruit; mais, sur le soir, comme il s'était calmé, le bruit du canon devint plus fort, le feu parut s'approcher. Les équipages crurent que la bataille était perdue. Ils ne furent détrompés que par le grand nombre de cadavres turcs que le Nil charriait.

Le quartier général arriva à Gyzeh à neuf heures du soir. Il n'était resté aucun esclave à la belle maison de Mourad-Bey. Rien de sa distribution intérieure ne ressemblait aux palais d'Europe. Cependant les officiers virent avec plaisir une maison bien meublée, des divans des plus belles soieries de Lyon ornées de franges d'or, des vestiges du luxe et des arts d'Europe. Le jardin était rempli des plus beaux arbres, mais il n'était percé d'aucune allée. Un grand berceau couvert de vignes et chargé des plus excellents raisins fut une ressource précieuse. Le bruit s'en répandit dans le camp, qui accourut en masse ; la vendange fut bientôt faite.

Les divisions qui avaient pris le camp d'Embâbeh étaient dans l'abondance ; elles y avaient trouvé les bagages des beys et des kâchefs, des cantines pleines de confitures et de sucreries. Les tapis, les porcelaines, l'argenterie étaient en grande abondance. Pendant toute la nuit, au travers des tourbillons de flammes des trois cents bâtiments égyptiens en feu, se dessinaient les minarets du Caire. La lueur se réfléchissait jusque sur les parois des pyramides. Pendant les jours qui suivirent la bataille, les soldats furent occupés à pêcher les cadavres ; beaucoup avaient deux ou trois cents pièces d'or sur eux.

La perte de l'armée française fut de 300 hommes tués ou blessés ; celle de l'ennemi, en tués, blessés, noyés ou prisonniers, se monta à 10,000 Mameluks, Arabes, janissaires, Azabs, etc.

VII. A la pointe du jour, la division Vial passa dans l'île de Roudah, mit un bataillon dans le meqyâs. Les tirailleurs franchirent le canal et se logèrent dans la maison de campagne d'Ibrahim-Bey. Le vent du nord soufflait avec force ; cependant la flottille n'arrivait pas. Le contre-amiral Perrée fit enfin connaître qu'on ne devait plus compter sur lui ; que les bâtiments étaient échoués ; qu'il ne pourrait arriver que quand le Nil aurait monté d'un pied. Cette contrariété était extrême. Le Caire était fort agité. Une partie de la population pillait les maisons des beys, devenues désormais propriétés françaises ; une autre partie était vivement sollicitée par Ibrahim-Bey, qui travaillait à donner du courage et une impulsion de défense à la population. Mais les milices du Caire avaient été battues comme les Mameluks à la bataille des Pyramides ; tout ce que cette ville comptait d'hommes en état de porter les armes y avait pris part ; ils étaient consternés et découragés. Les Français leur paraissaient plus que des hommes.

La lettre au pacha, écrite d'Alexandrie et traduite en arabe, fut répandue dans la ville. Un drogman fut envoyé aux ulemas et aux cheiks de Gâma-el-Azhar. Ceux-ci se rassemblèrent, prirent le gouvernement de la ville, et résolurent de se soumettre. Ibrahim-Bey et le pacha se retirèrent à Birket-el-Hâggy. Une députation des cheiks se rendit à Gyzeh, ayant à sa tête le kiâya du pacha ; elle prit confiance dans la clémence du vainqueur. La ville attendait avec la plus vive inquiétude son retour. La députation se loua de l'accueil qu'elle avait reçu et des bonnes dispositions du sultan El-Kebir [1].

Le général Dupuy entra au Caire, comme commandant d'armes, prit possession de la citadelle et des principales positions. Il afficha la proclamation suivante du général en chef : « Peuple du Caire, je suis content de votre conduite.... Je suis venu pour détruire la race des Mameluks, protéger le commerce et les naturels du pays. Que tous ceux qui ont peur se tranquillisent ; que ceux qui se sont éloignés reviennent. Que la prière ait lieu aujourd'hui comme à l'ordinaire.... Ne craignez rien pour vos familles, vos maisons, vos propriétés et surtout pour la religion du Prophète, que j'aime.... Il y aura un divan composé de sept personnes, qui se réuniront à la mosquée d'El-Azhar. »

Pendant la journée du 23 et du 24, tout ce que le

1. *Sultan El-Kebir*, sultan *le Grand*, nom donné par les Arabes au général Bonaparte.

Caire avait de distingué passa le Nil et se rendit à Gyzeh pour voir le sultan El-Kebir et lui faire sa soumission. Napoléon n'oublia rien de ce qui pouvait les rassurer, leur inspirer de la confiance et des sentiments favorables. Il était parfaitement secondé par son interprète le citoyen Venture, qui avait passé quarante ans à Constantinople et dans différents pays musulmans. C'était le premier orientaliste d'Europe; il rendait tous ses discours avec élégance, facilité, et de manière à produire l'effet convenable.

Le 25, le général en chef fit son entrée dans le Caire, descendit à la maison d'Elfy-Bey, située sur la place Ezbekyeh, à une extrémité de la ville. Elle avait un très-beau jardin, et communiquait par la campagne avec Boulâq et le Vieux-Caire. Les maisons des Français, des Vénitiens et des Anglais établis au Caire fournirent au quartier général des lits, des chaises, des tables et autres meubles à l'usage des Européens. Plus tard, l'architecte Le Père bâtit un très-bel escalier et changea toute la distribution de la maison, afin de la rendre propre aux mœurs et aux usages français.

Les femmes des Mameluks étaient effrayées. Un des premiers soins du général en chef fut de les rassurer. Il employa à cet effet l'influence de la femme de Mourad-Bey, qui était la principale. Cette femme avait été à Ali-Bey. Elle jouissait dans la ville d'une haute considération. Il lui envoya le sous-lieutenant Beauharnais, son beau-fils, pour la complimenter et lui porter un firman qui lui confirmait la propriété de tous ses villages. Elle était extrêmement riche, avait un grand train de maison, et le sérail à la tête duquel elle se trouvait était composé d'une cinquantaine de femmes de tous les pays et de toutes les couleurs. Les officiers de son palais eurent beaucoup de peine à les contenir; toutes ces esclaves voulaient voir le jeune et joli Français. Sitty-Nefizeh reçut le messager du sultan El-Kebir avec dignité et grâce. Elle le fit entrer dans le sérail, lui fit avec beaucoup de gentillesse les honneurs d'une élégante collation, et lui offrit une bague d'une assez grande valeur. Cependant, comme les trésors des Mameluks étaient dans les mains de leurs femmes, et que le trésor de l'armée éprouvait beaucoup de difficultés à faire face aux besoins du soldat, on dut, selon l'usage du pays, leur faire racheter les richesses des maris, en les soumettant à une contribution proportionnée à leur fortune.

Rassurés sur leurs personnes et leurs propriétés les habitants le furent bientôt sur l'article si essentiel de leur religion. Les imâms continuèrent à faire la lecture dans les mosquées, les muezzins continuèrent leurs cris, au haut des minarets, à toutes les heures de la nuit. Les ulemas et les grands cheiks furent l'objet spécial de l'attention, des cajoleries de Napoléon. Il leur confirma tous leurs villages, tous leurs priviléges, et les environna d'une plus haute considération que celle dont ils avaient joui jusqu'alors. Ils formèrent le divan. C'est d'eux qu'il se servit pour le gouvernement du pays.

Malgré l'ordre de remettre les armes, un grand nombre de fusils existaient encore dans l'intérieur des harems. Un pacha ou un bey ne faisait pas difficulté de faire arrêter, bâtonner, sans aucune formalité, l'habitant qui lui avait déplu, même de lui faire couper la tête; mais jamais il ne violait l'intérieur du harem. Le Mameluk est esclave du maître partout ailleurs que dans l'intérieur de sa maison, où il est inviolable; cet usage fut respecté. La confiance s'établit. Mourad-Bey fut très-sensible aux égards que l'on eut pour ses femmes, et laissa dès lors entrevoir des dispositions pacifiques.

La nouvelle de la bataille des Pyramides se répandit avec une singulière rapidité dans tous les déserts et dans toute la basse Égypte. Les circulaires des ulemas du Caire et des chefs de la religion furent lues et affichées dans toutes les mosquées. Cela rétablit les communications sur les derrières de l'armée avec Alexandrie et Rosette. L'état-major reçut des nouvelles du général Kleber, commandant à Alexandrie, du général Menou, commandant à Rosette, et de l'amiral Brueys, commandant l'escadre. Celle-ci était encore mouillée à Aboukir; ce qui excita l'étonnement et le mécontentement du général en chef.

VIII. L'armée était depuis dix jours au Caire; elle restait immobile. Mourad-Bey réorganisait ses débris dans la haute Égypte. De Belbeys, Ibrahim-Bey exerçait son influence sur toute la basse Égypte; il commandait dans le Charqyeh, dans une partie du Qelyoub, à Damiette, et dans une partie du Delta. Il se renforçait tous les jours par de nouvelles levées. Il était de la plus haute importance, afin de pouvoir jouir tranquillement de la basse Égypte, de le chasser au delà du désert. Mais les soldats s'accoutumaient difficilement au pays, quoique leur position se trouvât fort améliorée.

Le 2 août, le général Leclerc se porta à El-Khânqah pour observer de plus près Ibrahim-Bey. El-Khânqah est à six lieues du Caire. Il avait ordre d'y organiser une manutention. Le général Murat marcha sur le Qelyoub pour soumettre cette partie et lever des chevaux. Le général Reynier campa à El-Qobbet. Le 5 août, Ibrahim-Bey partit de Belbeys, dans la nuit, et cerna l'avant-garde à El-Khânqah. La fusillade et la mitraille le tinrent en respect. Les généraux Murat et Reynier, au bruit du canon, marchèrent, sans perdre de temps, sur El-Khânqah; Ils arrivèrent à temps pour recueillir l'avant-garde, qui opérait sa retraite. Ils repoussèrent Ibrahim-Bey et le jetèrent sur Belbeys. Napoléon donna le commandement du Caire à Desaix. Il lui recommanda d'activer les préparatifs pour l'expédition de la haute Égypte, et se mit aussitôt en opération avec l'armée. Celle-ci, dès qu'elle sut qu'elle allait quitter le Caire, fit entendre des murmures. Le mécontentement prit une couleur de sédition et de

complot, inconnue jusqu'alors. Les régiments se
firent des députations. Plusieurs généraux se con-
certèrent entre eux. « Il était inouï qu'on prétendît,
dans le fort de la canicule, faire marcher des
troupes dans des déserts sans eau, et les exposer,
sans ombre, au soleil brûlant du tropique. » Cependant, le 7, à la pointe du jour, les divisions prirent les armes. La 9ᵉ de ligne devait ouvrir la marche. C'était celle qui avait le plus mauvais esprit.
Le général en chef se porta sur son front, lui témoigna son mécontentement, et ordonna au colonel de faire demi-tour à droite et de rentrer dans la
ville, disant avec dureté : « Soldats de la 9ᵉ, je n'ai
pas besoin de vous. » Il ordonna à la 32ᵉ de rompre
par peloton et d'ouvrir la marche. Cela fut suffisant
pour déjouer le complot. La 9ᵉ obtint, après de longues sollicitations, de faire partie de l'expédition.
Elle marcha la dernière. L'armée coucha, le 7, à El-
Khànqah ; le 8, à Belbeys. Elle suivit la lisière du
désert, mais ayant à sa gauche le pays cultivé, un
grand nombre de villages et presque une forêt con-
tinuelle de palmiers. Belbeys est une grosse bour-
gade ayant plusieurs milliers d'habitants ; c'est un
chef-lieu. Ibrahim-Bey en était parti depuis douze
heures et s'était retiré sur Sâlheyeh. On campa, le
9, dans la forêt de palmiers de Korâym.

La caravane de la Mecque était arrivée depuis
plusieurs jours sur les frontières de l'Égypte. L'é-
mir-agha, avec son escorte, s'était joint à Ibrahim-
Bey. Les Arabes Haouytât et Bily crurent pouvoir,

sans courir aucun danger, profiter de cette occasion pour la dépouiller. Ils s'emparèrent de toutes les marchandises. El-Marouki, un des principaux négociants, vint se jeter aux pieds du général avec deux de ses femmes et implora sa protection. On lui avait enlevé deux de ses esclaves et pour 100,000 écus de marchandises. Cette famille malheureuse fut accueillie. Elle fut touchée des égards et de la courtoisie française. Les femmes, autant que l'on en put juger par la délicatesse de leurs manières, leurs jolies mains, la grâce de leur démarche, l'accent de leur voix et leurs grands yeux noirs, étaient jolies. Les enquêtes furent faites avec tant de soin et de zèle que toutes les marchandises furent retrouvées. La caravane fut réorganisée et renvoyée sous bonne escorte au Caire ; ce qui excita vivement la reconnaissance de la ville et du commerce.

Le 10, à deux heures après midi , l'avant-garde entra dans le bois de palmiers de Sâlheyeh , et la cavalerie, forte de 350 chevaux , arriva près de la mosquée. Elle y trouva encore Ibrahim-Bey avec sa maison. Il venait de recevoir l'alarme et était occupé à faire charger les chameaux qui portaient ses femmes et ses richesses. Il fit bonne contenance ; il avait 1,200 Mameluks et 500 Arabes. L'infanterie était encore à deux lieues. Deux pièces d'artillerie à cheval et 60 officiers montés joignirent la cavalerie. Mais la chaleur était étouffante ; l'infanterie avait peine à suivre dans ces sables mobiles. Cependant les pièces engagèrent bientôt la canonnade. La cavalerie française exécuta alors quelques charges. Elle prit deux chameaux qui portaient deux petites pièces de canon légères, et 150 autres chameaux chargés d'effets de peu de valeur, qu'Ibrahim-Bey abandonna pour accélérer sa marche. Désespéré de voir ce beau convoi échapper, le colonel Lasalle exécuta une nouvelle charge, où il perdit une trentaine d'hommes tués ou blessés, sans pouvoir forcer l'arrière- garde ennemie, qui était composée de 600 Mameluks. Ibrahim-Bey continua sa retraite, s'enfonçant dans le désert. Il séjourna à Qatyeh, d'où il gagna El-A'rych et la Syrie. Il fut accueilli par Djezzar-Pacha. Pendant le combat de Sâlheyeh, les 500 Arabes se séparèrent d'Ibrahim-Bey ; ils prirent une position sur ses flancs et envoyèrent une députation aux Français pour leur demander la permission de charger de concert avec la cavalerie française. Mais ils se gardèrent bien d'affronter ces terribles Mameluks ; un de ceux-ci faisait fuir vingt Arabes. Les aides de camp Sulkowski, Duroc, Beauharnais, le colonel Détrès, qui fut grièvement blessé, se distinguèrent dans cette charge.

Sâlheyeh est à trente lieues du Caire et soixante et seize lieues de Gaza ; c'est le dernier point où arrive aujourd'hui l'inondation du Nil. Au delà des palmiers de Sâlehyeh commence le désert aride qui sépare l'Afrique de l'Asie. Il était nécessaire d'y établir un fort ; ce serait à la fois une vedette pour observer le désert, et une place de dépôt pour l'armée qui serait obligée de manœuvrer sur cette frontière ou même qui voudrait se porter en Syrie. Le général Caffarelli du Falga donna les instructions convenables pour le système des fortifications qu'il fallait suivre.

Le 12, la division Dugua se porta sur Damiette, dont elle s'empara sans difficulté. Première ville de la basse Égypte après le Caire, elle était le centre d'un grand commerce. Sa douane rendait autant que celle d'Alexandrie. Le général Dugua trouva des magasins très-considérables de riz appartenant aux beys. Il fit établir une batterie pour défendre le boghâz. Il s'empara du lac Menzaleh, du château de Tyneh.

Une brigade d'officiers du génie, une avant-garde de trois bataillons d'infanterie, d'un escadron de cavalerie et d'une batterie d'artillerie, prirent position à Sâlheyeh. Le reste de l'armée repartit pour le Caire. Le 12, dans la nuit, des hommes arrivés de Damiette donnèrent vaguement la nouvelle qu'un grand combat naval avait eu lieu à Alexandrie, que les Français avaient été vainqueurs, qu'un grand nombre de vaisseaux avaient été brûlés ; on n'y prêta aucune attention.

IX. A mi-chemin de Korâym à Belbeys, un courrier d'Alexandrie remit au général Berthier des nouvelles de France apportées par un aviso, qui était heureusement entré dans le port. Une lettre

du ministre de la guerre lui faisait connaître la loi
du 22 floréal, et ordonnait qu'elle fût mise à l'ordre
du jour : le Directoire et le Corps législatif avaient
cassé une partie des élections faites par les conseils
électoraux ; ils attentaient ainsi à la souveraineté
du peuple. Cela fit le plus mauvais effet dans l'armée. « Ils sont à Paris, disait-on, une poignée
d'avocats, qui parlent sans cesse de principes, mais
qui ne veulent que le pouvoir ; ils se moquent de
nous . »

Ce courrier portait une nouvelle plus importante
pour l'armée : Kleber rendait compte de la destruction de l'escadre. Ce malheureux événement avait
eu lieu à Aboukir, le 1er août. Le courrier avait mis
douze jours en route, ayant été obligé de marcher
avec des escortes d'infanterie. « En arrivant devant
Alexandrie, dit Napoléon, je demandais à la fortune qu'elle préservât mon escadre pour cinq jours;
elle en a accordé trente, et l'amiral n'a pas voulu
mettre ses vaisseaux eu sûreté dans le port. Il ne
lui fallait cependant que six heures pour cela. Une
implacable fatalité poursuit notre marine. Ce grand
événement aura des conséquences qui se feront sentir ici et loin d'ici. »

Les habitants du Caire témoignèrent une véritable satisfaction du retour de l'armée. Les ulemas
de Gâma el-Azhar présentèrent, au lever, les principaux négociants; ils témoignèrent leur gratitude
pour la protection accordée à la caravane; ils
exprimèrent le désir de voir bientôt occuper la

haute Égypte, qui était nécessaire pour les approvisionnements et le bien-être du Caire.

La catastrophe de l'escadre avait consterné les Français. « Nous voilà donc, disait-on, abandonnés dans ce pays barbare, sans communication, sans espérance de retourner chez nous. » Le général en chef parla aux officiers et aux soldats : « Eh bien, dit-il, nous voilà dans l'obligation de faire de grandes choses : nous les ferons ; de fonder un grand empire : nous le fonderons. Des mers, dont nous ne sommes pas maîtres, nous séparent de la patrie ; mais aucune mer ne nous sépare ni de l'Afrique ni de l'Asie. Nous sommes nombreux, nous ne manquerons pas d'hommes pour recruter nos cadres. Nous ne manquerons pas de munitions de guerre, nous en avons beaucoup ; au besoin, Champy et Conté nous en fabriqueront . » Les esprits s'électrisèrent. On cessa de se plaindre. On s'occupa à s'établir sérieusement. Tous les Français s'exhortèrent les uns les autres à être dignes de leur propre renommée. Le plus grand obstacle que l'on éprouva fut la rareté de l'argent et la difficulté de s'en procurer.

L'administration s'organisa dans toutes les provinces de la basse Égypte. Des remontes nombreuses arrivèrent dans le dépôt central du Caire. Les contributions se perçurent. Trois chaloupes canonnières à fond plat, portant chacune une pièce de 24 et quatre pièces de 4, ne tirant que deux pieds d'eau, furent construites sur les chantiers du Caire.

Une descendit dans le lac Bourlos, et les deux autres dans le lac Menzaleh. Chacune de ces chaloupes pouvait porter jusqu'à deux cents hommes. Elles avaient quatre daïques ne tirant qu'un pied d'eau et portant une pièce de 3. Ces lacs furent, par là, entièrement maîtrisés. Les officiers du génie firent travailler avec activité au rétablissement du canal d'Alexandrie ; le Nil y entra ; la place fut approvisionnée d'eau, les trois cents citernes remplies, et la navigation, qui eut lieu pendant six semaines, permit de garnir les magasins de blé, de riz et d'autres denrées nécessaires sur ce point important. Les officiers commandant les provinces portèrent la plus grande activité à réprimer les insurrections suscitées par la turbulence des Arabes. Cela donna lieu à quelques combats peu importants, où la supériorité de l'armée française s'établit dans l'esprit des Orientaux.

Le 28 août, Desaix partit enfin pour la haute Égypte avec 4 ou 5,000 hommes de toutes armes, dont cinq cents de cavalerie, montés sur d'excellents chevaux, et une flottille qui lui assurait la supériorité sur le Nil et les canaux. Mourad-Bey évacua toute la province de Gyzeh et celle de Beny-Soueyf, et, en peu de jours, le pavillon tricolore fut arboré sur les deux rives jusqu'à quarante lieues du Caire.

L'arsenal, les salles d'artifices, les magasins d'artillerie furent réunis à Gyzeh, et l'enceinte, qui consistait en une grande muraille, fut fortifiée par des redoutes, des flèches et de bonnes batteries. La citadelle du Caire fut mise dans un état respectable. La communication avec Alexandrie, Rosette et Damiette, n'éprouvait aucun obstacle. La maison de campagne d'Ibrahim-Bey, située sur la rive droite du Nil, forma une tête de pont à l'île de Roudah, et fut transformée en un grand hôpital, qui contenait six cents malades. Deux autres des plus grandes maisons du Caire furent destinées au même service. Toutes les parties de l'administration s'organisèrent avec une singulière activité, pendant les mois d'août et de septembre. L'institut établit ses bibliothèques, ses imprimeries, ses mécaniques, son cabinet de physique, dans un des plus beaux palais de la ville.

X. En 1798, l'escadre française arrive devant Alexandrie le 1er juillet, à dix heures du matin. L'armée opère le même jour son débarquement. Elle est, le lendemain, maîtresse d'Alexandrie. Le 10, elle arrive à El-Rahmânyeh sur le Nil. Le 13, elle donne une bataille. Le 21, elle en donne une autre. Le 23, elle entre au Caire. Les Mameluks sont détruits. Toute la basse Égypte et la capitale sont soumises en vingt-trois jours.

Saint Louis paraît devant Damiette le 5 juin 1250. Il débarque le lendemain. L'ennemi évacue la ville de Damiette; il y entre le même jour. Du 6 juin au 6 décembre, c'est-à-dire pendant six mois, il ne bouge point de la ville. Au commencement de décembre, il se met en marche. Il arrive le 17 vis-à-

vis de Mansourah, sur les bords du canal d'Achmoun. Ce canal, qui a été un ancien bras du Nil,
est fort large et plein d'eau dans cette saison; il y
campe deux mois. Le 12 février 1251, les eaux sont
basses; il passe le canal, et livre une bataille, huit
mois après son débarquement à Damiette.

Si, le 6 juin 1250, les Français eussent manœuvré comme ils ont fait en 1798, ils seraient arrivés
le 12 juin devant Mansourah; ils auraient trouvé le
canal d'Achmoun à sec, car c'est le moment où les
eaux du Nil sont le plus basses; ils fussent arrivés
le 25 juin au Caire; le grand bras du Nil, à cette
époque, n'a que cinq pieds d'eau; ils auraient conquis la basse Égypte et la capitale dans le mois de
leur arrivée. Lorsque le premier pigeon porta au
Caire la nouvelle du débarquement de saint Louis à
Damiette, la consternation fut générale; on ne voyait
aucun moyen de résister. La dépêche, lue aux mosquées, fit répandre des torrents de larmes. A chaque
instant on s'attendait à apprendre la nouvelle de
l'arrivée des Français à Mansourah et aux portes
du Caire. Mais, en huit mois, les Musulmans eurent
le temps de revenir de leur étonnement et d'appeler des secours. Des troupes accoururent de la haute
Égypte, de l'Arabie et de la Syrie. Saint Louis fut
battu, fait prisonnier et chassé de l'Égypte.

Si, en 1798, les Français eussent manœuvré
comme saint Louis; s'ils eussent passé juillet, août,
septembre, octobre, novembre et décembre, sans
quitter les environs d'Alexandrie, ils auraient trouvé

en janvier et février des obstacles insurmontables. Damanhour, El-Rahmânyeh et Rosette auraient été retranchés, couverts de canons et de troupes, ainsi que le Caire et Gyzeh; 12,000 Mameluks, 15 ou 20,000 Arabes à cheval, et 40 ou 50,000 janissaires, Azabs ou milices, eussent été réunis et retranchés dans ces positions. Le pacha de Jérusalem, celui d'Acre, celui de Damas, le bey de Tripoli, eussent envoyé des secours aux fidèles. Quelques succès que l'armée française eût pu avoir dans des rencontres, la conquête eût été impossible, et il eût fallu se rembarquer. En 1250, l'Égypte était moins en état de se défendre et plus dépourvue de défenseurs qu'en 1798; mais saint Louis ne sut pas en profiter; il passa huit mois à prier, lorsqu'il eût fallu les passer à marcher, combattre et s'établir dans le pays.

CHAPITRE IV

BATAILLE NAVALE D'ABOUKIR.

I. Mouvement des escadres anglaises dans la Méditerranée, en mai, juin, juillet 1798. — II. L'escadre française reçoit l'ordre d'entrer dans le Port-Vieux d'Alexandrie; elle le peut; elle ne le fait pas, — III. L'amiral s'embosse dans la rade d'Aboukir; mécontentement de Napoléon. — IV. Bataille navale (1ᵉʳ août). — V. Effet de ce désastre sur le peuple d'Égypte. — VI. Effet de la perte de l'escadre française sur la politique de l'Europe.

I. En février 1798, le ministère anglais fut instruit que des armements considérables se préparaient à Brest, à Rochefort, à Toulon, à Gênes, au Ferrol et à Cadix; que 150,000 hommes étaient campés sur les côtes de la Normandie et de la Flandre; que Napoléon, général en chef de l'armée d'Angleterre, environné de plusieurs des officiers les plus distingués de l'ancienne marine, parcourait les ports de l'Océan. Il pensa que la France voulait profiter de la paix qu'elle venait de conclure avec le continent pour terminer sa querelle avec l'Angleterre par une lutte corps à corps, et que les escadres de Cadix et de Brest réunies porteraient des armées en Angleterre et en Irlande. Mais il apprit, le 12 mai, que Napoléon était parti le 4 pour

Toulon. Il donna aussitôt l'ordre à l'amiral Roger
de se rendre avec dix vaisseaux de guerre devant
Cadix pour renforcer l'escadre de l'amiral Saint-
Vincent, qui était devant ce port.

Cet amiral, parti le 16 mai des côtes de l'Angleterre, arriva le 24 à Cadix. Lord Saint-Vincent envoya sans délai dix vaisseaux renforcer la division
légère de Nelson, composée de trois vaisseaux qui
croisaient dans la Méditerranée. Nelson, avec treize
vaisseaux et deux frégates, se présenta le 12 juin
devant Toulon; il y apprit que la flotte en était
partie depuis fort longtemps. Il se rendit successivement devant la rade de Talamone, sur les côtes
de Toscane, et devant Naples, où il arriva le 18 juin.
Lord Saint-Vincent était resté avec vingt vaisseaux
devant Cadix, admettant qu'il était possible que
l'escadre française s'y présentât pour se réunir à
l'escadre espagnole. Son ordre à Nelson était de ne
respecter la neutralité d'aucune puissance, et, soit
que l'escadre française se portât devant Constantinople, dans la mer Noire ou au Brésil, de l'attaquer
partout où il croirait pouvoir le faire avec avantage.
Dans ces instructions, qui ont été imprimées, il
n'est pas question de l'Égypte. Nelson apprit à Naples que l'armée française assiégeait Malte. Il fit
voile pour Messine. Lorsqu'il eut appris que l'escadre française, après s'être emparée de Malte, en
était partie, et paraissait se diriger sur Candie, il
passa le détroit de Messine le 22 juin et se dirigea
sur Alexandrie, où il arriva le 28, au moment même

où la flotte française reconnaissait le cap Deris, à trente lieues à l'ouest et au vent. Ne trouvant à Alexandrie aucun renseignement, il se dirigea sur Alexandrette, reconnut les Dardanelles, l'entrée de la mer Adriatique, et mouilla le 18 juillet à Syracuse, en Sicile, pour y faire de l'eau, croyant que l'escadre française avait passé dans l'Océan. Cependant il se porta le 24 juillet à Coron, dans la Morée. Il interrogea un bâtiment grec venu d'Alexandrie, et en apprit que, trois jours après que l'escadre anglaise s'était présentée devant ce port, une flotte française y était arrivée, avait débarqué une armée nombreuse, qui, le 2 juillet, s'était emparée de la ville et, depuis avait marché sur le Caire; que cette flotte était mouillée dans le Port-Vieux. Il fit voile pour les côtes d'Égypte, où il arriva le 1er août.

II. Nous avons dit que l'amiral Brueys avait voulu mouiller à Aboukir pour opérer plus promptement le débarquement des effets de l'armée, pendant que le capitaine Barré faisait l'inspection du Port-Vieux. Cette inspection avait été terminée le 12 juillet. Le capitaine Barré s'exprimait dans les termes suivants :

Alexandrie, an VI.

« AU GÉNÉRAL BONAPARTE.

« J'ai été chargé, de votre part et de celle de Brueys, de lever le plan et les sondes du Port-Vieux.

Je suis entré le 19 messidor (7 juillet) dans la rade de ce port, et j'ai commencé mes opérations, qui ont duré jusqu'au 24 dudit mois (12 juillet), où j'adressai le rapport du résultat de mon ouvrage au général Brueys et au commandant de division Dumanoir, qui, approuvant les dispositions que j'avais prises pour faire entrer l'escadre, en fit part officiellement à l'amiral, lequel me répondit le 2 thermidor (20 juillet). Je joins copie de sa lettre en réponse à mon rapport.

« Signé BARRÉ. »

RAPPORT DU CAPITAINE BARRÉ A L'AMIRAL BRUEYS.

Alexandrie, le 25 messidor an vi (13 juillet 1798).

« Les trois passes d'Alexandrie sont susceptibles, Général, d'obtenir de la profondeur, en faisant briser quelques roches qui se trouvent dans le milieu et sur les côtés ; ce qui pourrait se faire aisément, ces roches étant très-friables ; d'ailleurs il n'existe dans la grande passe qu'un seul endroit où il serait nécessaire d'employer ce moyen, le rocher se trouvant dans le milieu de la passe, quoiqu'il y ait un passage de six brasses tribord et bâbord et assez large pour passer des vaisseaux de ligne de premier rang.

» La passe du Marabout est large de 300 toises et longue de 500, et est très-difficultueuse à raison de l'inégalité de ses fonds, qui ne donnent que quatre brasses, quatre brasses et demie. Mais celle du milieu, qui est la meilleure et celle où il y a le

plus d'eau, a 200 toises de largeur dans l'endroit
le plus étroit, sur 660 de long, et donne, dans toute
son étendue, six et sept brasses, excepté à l'entrée,
où il n'y en a que cinq, et dans le milieu cinq et demie ; et je dois observer qu'il y a passage de chaque
côté de ces hauts-fonds, et qu'alors il n'y a plus
que le milieu qui n'offre que cinq brasses et demie
à basse mer, les marées donnant tous les jours
deux pieds et demi, et davantage dans les pleines
lunes, et surtout dans le débordement du Nil.

» Il y a louvoyage dans les deux passes en portant la bordée dans la passe du Marabout, et dans
l'ouest du banc où s'était perdu le *Patriote*; et,
comme l'on rencontre alors la grande passe, on se
trouve au large de tout danger, et l'on doit prendre
pour remarque à terre, lorsque l'on sort, le château
par la pointe de l'île du Phare bien effacé : alors
on est en dehors de tout, la sonde rapportant dix
et douze brasses.

» Ces passes m'étant connues, j'ai mouillé des
barriques goudronnées et bien étalinguées dans les
deux principales passes, sur lesquelles barriques
j'ai mis des pavillons rouges à tribord en entrant
et des jaunes à bâbord. Il est essentiel, comme il y
a plus d'eau sur tribord, de ranger la première
bouée rouge, le fond donnant six brasses, et de
continuer à gouverner à l'aire de vent indiquée
dans le plan, conservant toujours le milieu des
bouées, et alors venir en arrondissant pour éviter
le banc qui est au sud-ouest des récifs. D'ailleurs

on peut approcher la terre d'Alexandrie, le fond
étant, jusque par le travers des Figuiers, de neuf et
dix brasses.

» La troisième passe, à l'est de la pointe des Figuiers, peut recevoir des bâtiments du commerce,
ayant trois et quatre brasses dans toute la longueur
de cette passe, et même, dans un cas pressé, de
fortes corvettes ou de petites frégates.

» Le port est sain partout, ainsi qu'il est aisé de
le vérifier dans le plan que je vous adresse, et, s'il
était nettoyé, il pourrait recevoir des bâtiments
encore plus forts ; cependant toutes les sondes rapportent neuf, dix et onze brasses.

» Je pense aussi qu'on pourrait pratiquer une
passe du Port-Vieux au Port-Neuf, ce qui faciliterait
beaucoup l'entrée et la sortie de ces deux ports ;
mais elle ne peut encore avoir lieu ; ainsi il n'y faut
plus penser.

» Je dois encore vous faire observer qu'il serait
essentiel que vous donnassiez l'ordre qu'on fabri-
quât des plateaux en fer pour établir des balises
que rien ne puisse déranger, les bouées ayant l'inconvénient de chasser lorsqu'il y a beaucoup de
mer.

» Je désire, Général, avoir rempli vos intentions,
ainsi que celles du général en chef, et mon avis,
en dernière analyse, est que les vaisseaux peuvent
passer avec les précautions d'usage, que vous con-
naissez mieux que moi.

« Signé BARRÉ. »

Rien ne devait donc plus s'opposer à l'exécution de l'ordre précis que Napoléon avait donné à l'amiral Brueys, de faire entrer l'escadre dans le Port-Vieux d'Alexandrie. Mais l'amiral était résolu à rester dans la rade d'Aboukir.

Cependant, pour mettre sa responsabilité à couvert, car l'ordre de Napoléon d'entrer sans délai dans le Port-Vieux était positif et avait été réitéré plusieurs fois, il feignit de n'ajouter aucune foi au rapport du capitaine Barré, et lui adressa la lettre suivante.

LETTRE DE L'AMIRAL BRUEYS AU CITOYEN BARRÉ, COMMANDANT *l'Alceste.*

2 thermidor an vi.

« J'ai reçu, citoyen, votre lettre du 30 messidor, et je ne peux que donner des éloges aux soins et aux peines que vous vous êtes donnés pour trouver une passe au milieu des récifs qui forment l'entrée du Port-Vieux, et qui puisse permettre aux vaisseaux de guerre d'y aller mouiller sans courir aucun danger. Ce que vous me dites ne me paraît pas encore assez satisfaisant, puisqu'on est obligé de passer sur un fond de vingt-cinq pieds, et que nos vaisseaux de 74 en tirent au moins vingt-deux ; qu'il faudrait par conséquent un vent fait exprès et une mer calme pour hasarder d'y passer sans courir les plus grands risques d'y perdre un vaisseau, d'autant que le passage est étroit et que l'effet du gouvernail est moins prompt lorsqu'il y a peu d'eau sous la quille.

» Peut-être vos recherches vous feront-elles trouver quelque chose de plus avantageux, et je vous engage à ne les abandonner qu'après vous être assuré que l'espace compris entre la tour du Marabout et la côte de l'est n'offre rien de mieux que l'endroit que vous avez fait baliser. Soyez persuadé que je ne négligerai pas de faire valoir la nouvelle preuve de zèle que vous aurez donnée dans cette occasion ; ce qui, ajouté aux services distingués que vous avez déjà rendus, doit vous être un sûr garant des éloges et des récompenses que vous recevrez du gouvernement.

» Lorsque votre travail sera fini, il sera nécessaire que vous en fassiez part au général en chef, et, en lui envoyant un plan exact de vos sondes, vous lui ferez part de votre façon de penser sur la qualité des vaisseaux qu'on peut se permettre de faire entrer dans le Port-Vieux avec la certitude de ne pas les risquer.

« Signé BRUEYS. »

III. La bataille des Pyramides, la soumission du Caire et les proclamations des ulemas avaient pacifié toute la basse Égypte. Les communications avaient été rétablies avec Rosette et Alexandrie. Le 30 juillet, le quartier général en reçut pour la première fois des nouvelles depuis le départ de Damanhour, c'est-à-dire depuis vingt jours. De trois lettres de l'amiral, une était du 10 juillet ; elle disait que la commission chargée de vérifier le

travail du capitaine Barré était occupée à sonder
une nouvelle passe, qui paraissait préférable à la
passe ordinaire. Par une seconde, datée du 15, il rendait compte de diverses escarmouches qui avaient
eu lieu au puits d'Aboukir, entre les matelots et
les Arabes; quelques matelots avaient été tués;
la communication avec Alexandrie et Rosette était
interceptée par terre. Par la troisième, du 20 juillet, il donnait des nouvelles de Nelson, qui avait
été aperçu par des bâtiments grecs entrés dans
Alexandrie. Il disait « qu'il paraissait que l'escadre
anglaise croisait entre Corfou et la Sicile; que, inférieure en forces à l'escadre française, elle n'osait
s'en approcher; que cependant, pour plus grande
précaution, il avait vérifié son embossage, et qu'il
occupait une position inexpugnable; que sa gauche était couverte par l'îlot d'Aboukir, avancé dans
la mer à 600 toises du port; qu'il avait fait occuper cet îlot par 50 soldats d'infanterie et deux
pièces de 12 de campagne, jugeant prudent de le
mettre à l'abri des tentatives de l'ennemi; que ses
deux plus mauvais vaisseaux, le *Guerrier* et le *Conquérant*, formaient la gauche de sa ligne d'embossage; que, couverts par l'îlot, ils étaient hors de
toute atteinte; qu'il avait placé à son centre le
Franklin, l'*Orient* et le *Tonnant*, un vaisseau de 120
et deux vaisseaux de 80; que des vaisseaux de 74
ne se placeraient pas impunément sous cette redoutable batterie; que sa droite était en l'air et
fort éloignée de terre, mais qu'il était impossible à

l'ennemi de la tourner sans perdre le vent, qui, dans cette saison, souffle constamment du nord-ouest; que, si ce cas arrivait, il appareillerait avec sa gauche et son centre, et attaquerait l'ennemi à la voile. »

Le général en chef, extrêmement étonné et fort mécontent de ces dispositions de l'amiral, dépêcha sur-le-champ le capitaine Julien, son aide de camp, avec ordre de s'embarquer sur l'*Orient* et de ne pas débarquer qu'il n'eût vu toute l'escadre mouillée dans le Port-Vieux. Il écrivit à l'amiral que, depuis vingt jours, il avait eu le temps de s'assurer si son escadre pouvait, ou non, entrer dans le Port-Vieux : pourquoi donc n'y était-il pas entré? ou pourquoi n'avait-il pas, conformément à ses ordres, appareillé pour Corfou ou pour Toulon? qu'il lui réitérait l'ordre de ne point rester dans cette mauvaise position et de lever l'ancre immédiatement; qu'Aboukir était une rade foraine, puisque son aile droite ne pouvait être protégée par la terre; que le raisonnement qu'il faisait serait plausible s'il était attaqué par des forces égales; mais les manœuvres de l'amiral anglais, depuis un mois, indiquaient assez qu'il attendait un renfort de devant Cadix, et qu'aussitôt que les renforts l'auraient joint, il se présenterait devant Aboukir peut-être avec dix-huit, vingt ou vingt-cinq vaisseaux; qu'il fallait éviter toute bataille navale, et ne mettre sa confiance que dans le Port-Vieux d'Alexandrie. Le capitaine Julien fut attaqué près d'A'lqâm par un parti d'Arabes; le bâtiment sur lequel il était fut pillé, et ce brave officier assassiné en défendant ses dépêches. Il ne pouvait d'ailleurs arriver que le lendemain du désastre qu'il était chargé de prévenir.

Tous les rapports d'Alexandrie contenaient des plaintes contre l'escadre : elle était sans discipline; les matelots descendaient à terre et sur la plage; les ports d'Alexandrie et de Rosette étaient encombrés des chaloupes des vaisseaux; à bord on avait cessé les exercices, on ne faisait jamais de branle-bas; aucune escadrille légère n'était à la voile, pas même une frégate; des bâtiments suspects paraissaient tous les jours à l'horizon sans qu'ils fussent chassés; et, de la manière dont se faisait le service, l'escadre pouvait être surprise d'un moment à l'autre. Le général en chef écrivit à l'amiral pour lui témoigner son mécontentement de toutes ces négligences. Il ne concevait pas comment il ne profitait point de la protection du Port-Vieux d'Alexandrie; l'îlot qui appuyait la gauche de la ligne d'embossage, n'étant pas occupé par une trentaine de bouches à feu, lui était inutile; il eût fallu y placer douze pièces de 36 en fer, quatre de 16 ou 18, de bronze, avec un gril à boulets rouges et sept ou huit mortiers à la Gomer de 12 pouces : alors vraiment la gauche eût été en sûreté. Il ne pouvait pas pénétrer les raisons qui avaient porté l'amiral à laisser les deux vaisseaux de 64 dans le port d'Alexandrie. Ces deux vaisseaux étaient neufs et d'une très-bonne construction; ils tiraient beaucoup moins d'eau que les vaisseaux de 74, ils pouvaient être placés avec avantage entre la gauche de sa ligne et l'îlot; ces vaisseaux étaient préférables au *Conquérant*, vieux vaisseau condamné depuis longtemps, qu'on n'avait armé à Toulon qu'avec du 18. Toute la ligne d'embossage aurait pu également être renforcée d'une frégate par vaisseau; l'amiral en avait neuf en tout; les frégates vénitiennes étaient très-bonnes, plus grandes et plus larges que les frégates françaises de 44; elles pouvaient porter du 24, elles tiraient moins d'eau, ce qui était un inconvénient pour leur marche, mais était un avantage pour la ligne d'embossage; enfin six bombardes, dix chaloupes canonnières ou tartanes armées de 24 étaient dans le convoi : pourquoi ne pas les employer à fortifier la droite de la ligne d'embossage? 1,500 matelots étaient dans le port d'Alexandrie sur le convoi; l'amiral pouvait en renforcer les équipages; ce qui les aurait portés à 100 hommes de plus que leur complet.

Toutes ces réflexions faisaient naître des idées fort tristes et tourmentaient le général en chef. Mais, le 2 août au soir, il fut entièrement rassuré par l'arrivée d'une dépêche datée du 30 juillet. L'amiral lui écrivait qu'il venait d'apprendre officiellement la nouvelle de la bataille des Pyramides et la prise du Caire; qu'elle avait influé sur les Arabes, qui avaient sur-le-champ fait leur soumission; qu'il avait trouvé une passe pour entrer dans le Port-Vieux, qu'il la faisait baliser; que sous peu de jours son escadre serait en sûreté, et qu'il demandait la permission de pouvoir, immédiatement après, se rendre au Caire; qu'il avait fait reconnaître les batteries qui défendaient le Port-Vieux; qu'il n'avait que les plus grands éloges à faire des officiers d'artillerie et du génie; que tous les points étaient parfaitement défendus; qu'une fois l'escadre mouillée dans le Port-Vieux, on pourrait dormir tranquille.

IV. Le 1er août, à deux heures et demie après midi, l'escadre anglaise apparut à l'horizon d'Aboukir, toutes voiles dehors. Il ventait grand frais nord-ouest. L'amiral était à table avec ses officiers. Une partie des équipages et des chaloupes étaient à Alexandrie, à Rosette ou à terre sur la plage d'Aboukir. Son premier signal fut d'ordonner le branle-bas; son second, d'ordonner aux chaloupes qui étaient à Alexandrie, à Rosette et à terre de rejoindre leurs vaisseaux; le troisième, d'ordonner aux équipages des bâtiments de transport qui étaient à Alexandrie de se rendre par terre à bord de ses vaisseaux pour en renforcer les équipages; le quatrième, d'ordonner de se tenir prêt à combattre; le cinquième, d'ordonner de se tenir prêt à appareiller; le sixième, à cinq heures dix minutes, d'ordonner de commencer le feu. L'escadre anglaise arrivait avec la plus grande rapidité, mais elle ne montrait que onze vaisseaux de 74, un de 50 et une petite corvette. Il était cinq heures après midi, il ne paraissait pas possible qu'avec des forces si inférieures l'amiral anglais voulût attaquer la ligne. Mais deux autres vaisseaux étaient à l'ouest d'Alexandrie, hors de vue; ils n'arrivèrent sur le champ de bataille qu'à huit heures du soir.

La ligne d'embossage de l'armée française était composée : la gauche, par *le Guerrier*, *le Conquérant*, *le Spartiate* et *l'Aquilon*, tous les quatre de 74; *la Sérieuse*, frégate de 36, était derrière *le Guerrier*; le centre, par *le Peuple-Souverain*, de 74, *le Franklin*, de 80, *l'Orient*, de 120, *le Tonnant*, de 80, *l'Arthémise*, frégate de 40; *l'Alerte* et *le Castor*, deux petites corvettes, mouillaient derrière l'amiral; la droite était composée de *l'Heureux*, de 74, *le Timoléon*, de 74, *le Guillaume-Tell*, de 80, que montait l'amiral Villeneuve; *le Mercure*, de 74, *le Généreux*, de 74; derrière *le Généreux* étaient mouillées les frégates *la Diane* et *la Justice*, chacune de 44, les meilleures de la flotte.

L'escadre anglaise marchait dans l'ordre suivant : 1° *le Culloden* en tête, 2° *le Goliath*, 3° *le Zélé*, 4° *l'Orion*, 5° *l'Audacieux*, 6° *le Thésée*, 7° *le Vanguard*, vaisseau amiral, 8° *le Minotaure*, 9° *le Bellérophon*, 10° *la Défense*, 11° *le Majestueux*, tous de 74; 12° *le Léandre*, de 50, et *la Mutine*, corvette de 14 canons; 13° *l'Alexandre*, 14° *le Swiftsure*; ces deux vaisseaux étaient hors de vue, à l'ouest d'Alexandrie.

L'opinion générale dans l'escadre française était

que la bataille serait remise au lendemain, si toutefois d'autres vaisseaux ne venaient renforcer l'ennemi dans la nuit; car il ne paraissait pas possible que Nelson risquât une bataille avec ceux qu'il montrait. Le branle-bas fut fort mal fait. On laissa subsister sur *l'Orient* les cabanes construites pour les passagers. *Le Guerrier* et *le Conquérant* ne dégagèrent qu'une seule batterie et encombrèrent la batterie du côté de terre. Il paraît que Brueys avait le projet d'appareiller, mais qu'il attendait les matelots d'Alexandrie, qui n'arrivèrent qu'à neuf heures du soir. Cependant l'escadre ennemie était à portée de canon, et, au grand étonnement des deux armées, l'amiral français ne faisait pas le signal de commencer le feu.

L'ordre de Nelson fut d'attaquer vaisseau par vaisseau, chaque vaisseau jetant l'ancre et se plaçant par le travers de la proue du vaisseau français. *Le Culloden*, destiné à attaquer *le Guerrier*, qui formait l'extrême gauche de l'armée française, voulant passer entre *le Guerrier* et l'îlot d'Aboukir, toucha et s'échoua. Si cet îlot eût été armé de gros canons, il eût été obligé d'amener; du moins il fut inutile pendant toute la bataille. *Le Goliath,* qui le suivait, passa entre lui et la ligne française; il voulut jeter l'ancre et mouiller par le travers de la proue du *Guerrier*, mais il fut entraîné par le vent et le courant; il doubla *le Guerrier*, qui, ayant sa batterie de tribord embarrassée, ne put s'en servir. Le capitaine du *Goliath* fut surpris de ne recevoir aucune bordée ni du *Guerrier* ni du *Conquérant*, pendant que le pavillon français y flottait; il ne connut depuis qu'avec étonnement la raison de cette contradiction. Si *le Guerrier* eût été mouillé sur quatre ancres, plus près de l'îlot, il eût été impossible de le doubler. *Le Zélé* imita la manœuvre du *Goliath*; *l'Orion* suivit, mais il fut attaqué par la frégate française *la Sérieuse*. Cette attaque audacieuse retarda son mouvement; il mouilla entre *le Franklin* et *le Peuple-Souverain*. *Le Vanguard*, vaisseau amiral anglais, jeta l'ancre par le travers du *Spartiate*, troisième vaisseau de la ligne française. *La Défense*, *le Bellérophon*, *le Majestueux*, *le Minotaure*, suivirent son mouvement, et toute la gauche et le centre de la ligne française se trouvèrent engagés, jusqu'au huitième vaisseau *le Tonnant*. Les cinq vaisseaux de la droite ne prirent aucune part à l'action. L'amiral français et ses deux *matelots*, fort supérieurs par leur échantillon aux vaisseaux ennemis, firent des merveilles. Le vaisseau anglais *le Bellérophon* fut dégréé, démâté et obligé d'amener. Deux autres de 74 furent démâtés, obligés de s'éloigner. Si, dans ce moment, le contre-amiral Villeneuve eût appareillé avec la droite et fût tombé sur la ligne anglaise, avec les cinq vaisseaux et les deux frégates sous ses ordres, la victoire était aux Français. Le vaisseau anglais *le Culloden* avait échoué; *le Léandre* était occupé à le relever; *l'Alexandre* et *le Swiftsure*, il est vrai, paraissaient en vue, mais étaient encore loin du champ de bataille, et *le Bel-*

lérophon avait amené. Nelson ne soutenait le combat qu'avec dix vaisseaux. *Le Léandre,* voyant le danger que courait la flotte anglaise, abandonna *le Culloden* et se jeta au milieu du feu. *L'Alexandre* et *le Swiftsure* arrivèrent enfin, se portèrent sur *le Franklin* et *l'Orient.* La bataille n'était rien moins que décidée et se soutenait encore avec assez d'égalité. Du côté des Français, *le Guerrier* et *le Conquérant* ne tiraient plus, mais c'étaient leurs plus mauvais vaisseaux; et, du côté des Anglais, *le Culloden* et *le Bellérophon* étaient aussi hors de combat. Les vaisseaux anglais avaient plus souffert que les vaisseaux français par la supériorité du feu de *l'Orient,* du *Franklin* et du *Tonnant.* Il était probable que le feu se soutiendrait ainsi toute la nuit et qu'enfin l'amiral Villeneuve prendrait part à l'action. Mais, sur les neuf heures du soir, le feu prit à *l'Orient*; à dix heures, il sauta; ce qui décida la victoire en faveur des Anglais. Son explosion fut épouvantable. Pendant une demi-heure le combat cessa. La ligne française recommença le feu. *Le Spartiate, l'Aquilon, le Peuple-Souverain, le Franklin, le Tonnant,* soutinrent l'honneur de leur pavillon. La canonnade fut vive jusqu'à trois heures du matin; de trois à cinq elle se ralentit des deux côtés; à cinq heures elle recommença avec une nouvelle fureur. Qu'eût-ce été si *l'Orient* y avait pris part? A midi, le 2 août, la canonnade était encore vive; à deux heures après midi, le décret du destin était prononcé. Alors seulement l'amiral Villeneuve parut s'apercevoir

qu'on se battait depuis dix-huit heures : il coupa
ses câbles et gagna le large avec *le Guillaume-Tell*,
de 80, *le Généreux*, et les frégates *la Diane* et *la Justice*. Les trois autres vaisseaux de sa droite s'étaient
jetés à la côte sans presque rendre de combat.

La perte et le désordre des Anglais furent tels
que, vingt-quatre heures après le commencement
de la bataille, le pavillon tricolore flottait encore
sur *le Tonnant*, et Nelson n'avait aucun vaisseau en
état de l'attaquer, tant était grand le délabrement
de son escadre. Il vit avec plaisir *le Guillaume-Tell*
et *le Généreux* se sauver. Il ne fut pas tenté de les
faire suivre. Il dut sa victoire à l'ineptie et à la négligence des capitaines du *Guerrier* et du *Conquérant*, à l'accident de *l'Orient*, et à la mauvaise conduite du contre-amiral Villeneuve. Brueys déploya
le plus grand courage. Plusieurs fois blessé, il refusa de descendre à l'ambulance. Il mourut sur son
banc de quart, et son dernier soupir fut un ordre
de combattre. Casabianca, capitaine de *l'Orient*,
Thevenard, du Petit-Thouars, officiers distingués,
périrent avec gloire. Casabianca avait avec lui son
fils; quand il vit le feu gagner le vaisseau, il cher-
cha à sauver cet enfant; il l'attacha sur un mât de
hune qui flottait; mais cet intéressant enfant fut
englouti par l'explosion. Casabianca sauta avec
l'Orient, tenant à la main le grand pavillon natio-
nal.

L'opinion des marins des deux escadres est una-
nime : Villeneuve a toujours pu décider la victoire

en faveur des Français; il l'a pu à huit heures du soir, il l'a pu à minuit, après la perte de *l'Orient;* il l'a pu encore à la pointe du jour. Ce contre-amiral a dit, pour sa justification, qu'il attendait le signal de l'amiral; mais, au milieu des tourbillons de fumée, le signal ne put être aperçu. Est-il besoin d'un signal pour secourir ses camarades et prendre part au combat? D'ailleurs *l'Orient* a sauté à dix heures du soir; le combat a fini le lendemain à midi : Villeneuve a donc commandé l'escadre pendant quatorze heures. Cet officier général ne manquait pas d'expérience de la mer, il manquait de résolution et de vigueur; il avait le mérite d'un capitaine de port, mais non les qualités d'un soldat. A la hauteur de Candie, *le Guillaume-Tell* et *le Généreux* se séparèrent : *le Guillaume-Tell* entra dans Malte avec les deux frégates; *le Généreux,* commandé par le brave Lejoille, entra dans l'Adriatique, et donna la chasse au *Léandre,* le vaisseau de 50, qui était à la bataille d'Aboukir et allait en mission; il le prit après un combat de quatre heures, et le mena à Corfou.

Les Anglais perdirent dans cette bataille 800 hommes, tués ou blessés. Ils prirent sept vaisseaux; deux vaisseaux et une frégate échouèrent et furent pris; un vaisseau et une frégate s'échouèrent et furent brûlés à la côte par leurs équipages; un vaisseau sauta en l'air; deux vaisseaux et deux frégates se sauvèrent. Le nombre de prisonniers ou de tués fut de près de 3,000 hommes; 3,500 hommes

entrèrent dans Alexandrie, dont 900 blessés rendus
par les Anglais.

Les capitaines du *Guerrier*, du *Conquérant*, de
l'Heureux, du *Mercure*, du *Timoléon*, se couvrirent
de honte. Les capitaines de la frégate *la Sérieuse*,
du *Spartiate*, de *l'Aquilon*, du *Peuple-Souverain*, du
Franklin, du *Tonnant*, méritèrent les plus grands
éloges[1].

V. Mille hommes, soldats de marine ou matelots,
sauvés de l'escadre, furent incorporés dans l'artillerie et l'infanterie de l'armée; 1,500 formèrent
une légion maritime, composée de trois bataillons;
mille servirent à compléter les équipages des deux
vaisseaux de 64, des sept frégates et des bricks,
corvettes ou avisos qui se trouvaient dans Alexandrie. L'ordonnateur de la marine, Leroy, s'employa avec activité au sauvetage. Il sauva des pièces
de canon, des boulets, des mâts, des pièces de bois.
Le capitaine Ganteaume, chef d'état-major de l'escadre, qui s'était jeté à l'eau lorsqu'il avait vu
l'Orient en flammes, et avait gagné terre, fut nommé contre-amiral et prit le commandement de la
marine de l'armée.

L'amiral Brueys avait réparé autant qu'il avait

1. *La Sérieuse*, capitaine Martin; *le Spartiate*, commandant
Émeriau, chef de division, blessé; *l'Aquilon*, commandant Thevenard, chef de division, tué; *le Peuple-Souverain*, commandant Racord, capitaine de vaisseau, blessé; *le Franklin*, contre-
amiral Blanquet du Chayla, et Gilet, capitaine de vaisseau, tous
deux blessés; *le Tonnant*, commandant du Petit-Thouars, che
de division, tué.

été en lui, par son sang-froid et son intrépidité, les fautes dont il s'était rendu coupable : 1° d'avoir désobéi à l'ordre de son chef et de ne pas être entré dans le Port-Vieux d'Alexandrie : il le pouvait dès le 8 juillet ; 2° d'être resté mouillé à Aboukir sans prendre les précautions convenables. S'il eût tenu une escadre légère à la voile, il eût été prévenu à la pointe du jour de l'approche de l'ennemi, et n'aurait pas été surpris. S'il eût armé l'îlot d'Aboukir, et s'il se fût servi des deux vaisseaux de 64, des sept frégates, des bombardes, des canonnières qui étaient dans le port d'Alexandrie, et des matelots qui étaient à sa disposition, il se fût donné de grandes chances de victoire. S'il avait maintenu une bonne discipline, qu'il eût fait faire tous les jours le branle-bas, deux fois par jour l'exercice du canon, que deux fois par semaine au moins il eût inspecté lui-même ses vaisseaux, *le Guerrier* et *le Conquérant* n'auraient pas encombré leurs batteries de tribord. Cependant, malgré toutes ces fautes, si *l'Orient* n'eût pas sauté, ou si l'amiral Villeneuve eût voulu prendre part au combat et ne pas rester spectateur oisif, les Français pouvaient encore espérer la victoire.

L'action de Nelson a été une action désespérée, qui ne saurait être proposée pour modèle, mais où il a déployé, ainsi que les équipages anglais, toute l'habileté et la vigueur possibles, tandis que la moitié de l'escadre française a montré autant d'ineptie que de pusillanimité.

Peu de jours après la bataille, Nelson abandonna les parages d'Égypte et cingla vers Naples. Il laissa devant Alexandrie une croisière de trois vaisseaux de guerre. Quarante bâtiments napolitains, qui faisaient partie du convoi, demandèrent à retourner à Naples ; ils eurent quelques pourparlers avec la croisière anglaise. On leur permit de sortir ; mais, à la sortie du port, ils furent pris, amarinés et brûlés, leurs équipages furent faits prisonniers. Cet événement eut le plus heureux effet pour l'armée. Il excita au plus haut point l'indignation des Génois et des autres matelots des côtes d'Italie qui faisaient partie du convoi ; ils firent depuis cause commune et servirent l'armée de tout leur zèle.

Après le combat de Salheyeh, le général en chef avait entamé une négociation avec Ibrahim-Bey. Ce bey comprit parfaitement tout ce que sa situation avait de déplorable. Il était à la disposition de Djezzar-Pacha ; avec la réputation de posséder un grand trésor, il se trouvait environné de dangers. On lui fit proposer de lui laisser, à lui et à tous ses Mameluks, la propriété de tous leurs villages, celle de leurs maisons, d les prendre à la solde de la République, les beys comme généraux, les kâchefs comme colonels, de lui accorder le titre et les honneurs de prince. Cette proposition avait été écoutée. Un kâchef de confiance s'était rendu au Caire ; mais huit jours après son arrivée, il reçut une lettre d'Ibrahim-Bey, qui le rappelait. Ibrahim lui disait que la destruction de l'escadre avait changé la situation des choses; que, ne pouvant plus recevoir de secours et ayant des ennemis de tous côtés, les Français finiraient par être vaincus.

Quelques jours après la bataille des Pyramides, le général en chef écrivit à Mourad-Bey et lui envoya le négociant Rosetti, homme habile, ami des Mameluks et consul de Venise. Il lui faisait les mêmes propositions qu'à Ibrahim-Bey; il y ajoutait l'offre du gouvernement d'une des provinces de la haute Egypte, jusqu'à ce qu'il pût être revêtu d'une souveraineté en Syrie. Mourad-Bey, qui avait la plus haute estime pour l'armée française, accéda à ces propositions, et dit qu'il s'en remettait entièrement à la générosité du général français, dont il connaissait et estimait la nation; qu'il se retirerait à Esné et aurait la jouissance de la vallée, depuis les Deux-Montagnes jusqu'à Syéne, avec le titre d'émir; qu'il se regarderait comme sujet de la nation française et fournirait un corps de 800 Mameluks, à la disposition du général, pour être employé où il le jugerait nécessaire; que tous les villages ou propriétés appartenant à lui ou à ses Mameluks lui seraient confirmés, et que, si le général étendait son pouvoir sur la Syrie, il acceptait la proposition éventuelle qu'il lui faisait d'y recevoir un établissement, mais qu'il s'entendrait sur cette question avec le général, qu'il désirait vivement voir. Rosetti partit avec cette dépêche. Il fut retardé fort longtemps à Beni-Soueyf; et, avant de quitter cette ville, il reçut une nouvelle lettre de Mourad-Bey, qui lui faisait connaître que, venant d'être instruit par le commandant de la croisière anglaise du désastre de l'escadre française à Aboukir, il ne pouvait prendre aucun engagement ; que, s'il les avait signés, il les tiendrait ; mais que, se trouvant encore libre, il voulait courir toutes les chances de sa fortune.

Koraïm, ce commandant d'Alexandrie qui le premier s'était soumis aux armes françaises et avait alors rendu des services importants, eut des correspondances avec le commandant de la croisière anglaise. Il fut traduit devant une commission militaire et condamné à mort. Pendant quelques jours, le général en chef hésita ; mais il sacrifia la prédilection qu'il avait pour cet homme à l'urgence des circonstances, qui voulaient un exemple.

Des agents anglais débarquèrent à Gaza, communiquèrent avec Ibrahim-Bey, Djezzar-Pacha et les Arabes du désert de Suez. D'autres débarquèrent du côté de la tour des Arabes, agitèrent les tribus du Bahyreh, du désert de la grande et de la petite oasis, correspondirent avec Mourad-Bey, fournirent de l'argent, des munitions et des armes aux Arabes. Dans le courant de novembre, un régiment de cavalerie française fut surpris de se trouver au milieu d'Arabes armés de fusils anglais avec des baïonnettes.

Le mauvais effet de la bataille d'Aboukir se faisait sentir au Caire même. Les amis des Anglais y propageaient avec exagération les conséquences de leur victoire; mais, l'escadre de Nelson ayant quitté les côtes d'Égypte, on parvint à convaincre les cheiks qu'elle avait été poursuivie par une autre escadre française. D'ailleurs l'armée gagnait à vue d'œil. La cavalerie se remontait avec activité sur de superbes chevaux. L'infanterie, reposée, s'accoutumait au pays; bientôt elle fut tout autre dès que les chaleurs de la canicule furent passées. Les remontes des attelages d'artillerie étaient aussi nombreuses qu'il était nécessaire. Le mouvement de toutes les troupes, les fréquentes revues et exercices confirmèrent tous les jours davantage la puissance française dans l'opinion des Arabes, et en peu de semaines le sentiment qu'avait produit le désastre d'Aboukir ne laissa plus aucune trace.

VI. Nelson se rendit dans le port de Naples et y fut reçu en triomphe. Le roi et surtout la reine laissèrent voir à découvert la haine qui les animait contre la nation française. La guerre en fut une conséquence. Le roi de Naples entra dans Rome, à la tête de 60,000 hommes en novembre 1798; mais il fut battu, repoussé, chassé de Naples, obligé de se réfugier en Sicile. La Russie et l'Autriche s'unirent à l'Angleterre et recommencèrent la guerre de la seconde coalition en mars 1799.

Aussitôt que la Porte avait été instruite de l'invasion de l'Égypte, elle en avait témoigné du mécontentement, mais avec modération. Djezzar-Pacha ayant expédié Tartare sur Tartare pour demander des secours et des pouvoirs, il lui avait été répondu de se défendre en Syrie, si on l'y attaquait, mais de n'entreprendre aucune hostilité et de garder du sang-froid ; que le Grand Seigneur attendait des explications de Paris, et qu'il n'avait pas oublié que les Français étaient les plus anciens alliés de l'empire. L'Angleterre, l'Autriche, la Russie et Naples firent de concert des démarches pour pousser la Porte à la guerre contre la République ; l'empereur Selim s'y refusa constamment. Il attendait, disait-il, des explications. Mais, dans le fait, il n'avait garde de s'engager dans une guerre contre la France, ennemie de ses ennemis naturels, la Russie et l'Autriche. Il comprenait parfaitement qu'une fois que ses armées seraient engagées dans les déserts de l'Arabie, Constantinople serait exposée à la haine et à l'ambition des Russes.

Un officier du sérail, ayant la confiance particulière de Selim, arriva au Caire par la voie de Derne, avec la caravane des pèlerins. Il vit le général en chef ; il lui fit connaître les vraies dispositions de la Porte. Il demanda, ce qu'il obtint sur l'heure, que toutes les propriétés de la ville de la Mecque lui fussent confirmées ; qu'un Ottoman fût nommé pour émir-agha, et qu'un corps de troupes musulmanes fût levé pour l'escorte de la caravane de la Mecque ; enfin que le général donnât des explications sur ses projets, l'assurant que la Porte était résolue à ne rien faire avec précipitation et à ne se laisser emporter par aucune passion. Cet officier séjourna plus de quarante jours au quartier général. Il eut lieu d'être satisfait de ce que lui dirent les cheiks du Caire des dispositions du sultan El-Kebir et des Français ; il s'embarqua sur la mer Rouge, sous prétexte d'aller à la Mecque, et arriva à Constantinople dans le courant de décembre. Mais alors la Porte était entraînée ; la destruction de l'escadre d'Aboukir la laissait à la merci des escadres anglaise et russe. Les lettres des officiers français, interceptées par la croisière et communiquées à la Porte par les ministres anglais, eurent aussi de l'influence sur ces dispositions. Ces officiers y montraient tant de mécontentement, ils y peignaient la position de l'armée comme tellement critique, que le divan crut qu'il serait facile aux alliés de reprendre l'Égypte, et craignit qu'une fois maîtres de ce pays les Anglais ne le gardassent, comme ils l'en menaçaient. Ce fut cette considération surtout qui le détermina à déclarer la guerre à la République.

CHAPITRE V

AFFAIRES RELIGIEUSES.

De l'islamisme. — II. Des ulemas de Gâma el-Azhar. — II. Fetfa. — IV. Fête du Nil. Fête du Prophète. — V. L'imâm de a Mecque. — VI. Des arts, des sciences, des belles-lettres sous les califes. — VII. De la polygamie. — VIII. Mœurs.

I. Moïse a révélé l'existence de Dieu à sa nation ; Jésus-Christ à l'empire romain ; Mahomet à l'ancien continent. Moïse arracha les descendants de Jacob à la captivité de l'Égypte. Il les retint quarante ans dans le désert, où il leur donna des lois. Ils soupiraient sans cesse après « ces marmites pleines de viandes dont ils mangeaient tout leur soûl. » Il s'attacha, pour combattre cet esprit de retour, à leur inspirer un caractère exclusif, à les isoler au milieu des nations. Les Hébreux connurent le vrai Dieu mille ans avant les autres hommes.

Jésus-Christ, quoique descendant de David, ne prétendit pas au trône de ses pères. Il prêta et ordonna obéissance à tout gouvernement établi. « Toute puissance vient de Dieu. Mon empire n'est pas de ce monde. Rendez à César ce qui appartient à César. » Il n'eut qu'un but dans sa mission divine : régler les consciences, diriger les âmes

dans cette vie pour opérer leur salut dans l'autre.
L'Évangile ne donne aucune règle pour le gouvernement des choses d'ici-bas. La doctrine des chrétiens ne dut exciter en rien la jalousie des Césars;
mais, par le même principe, elle fut extrêmement
favorable aux dynasties qui s'élevèrent sur les
débris de l'empire romain : elle les légitima. Clovis
ne fut réellement roi qu'après avoir été sacré.

La religion chrétienne est celle d'un peuple très-
civilisé. Elle élève l'homme ; elle proclame la supériorité de l'esprit sur la matière, de l'âme sur le
corps. Elle est née dans les écoles grecques ; elle
est le triomphe des Socrate, des Platon, des Aris-
tide, sur les Flaminius, les Scipion, les Paul-Émile.
Les Romains soumirent la Grèce par la force de leurs
armes, mais ils furent subjugués insensiblement
par l'influence irrésistible de l'esprit, des arts et
des sciences des vaincus. Les canons fondamentaux
de l'Église furent délibérés et décrétés dans les
conciles tenus en Orient pendant les huit premiers
siècles, à Nicée, à Alexandrie, à Antioche, à Constantinople, à Chalcédoine, à Césarée et à Athènes.
Comme tout ce qui s'établit par la seule influence
de la persuasion, comme tout ce qui est le résultat
du progrès des lumières, la religion de Jésus-Christ
eut une marche lente ; il lui fallut quatre siècles
pour s'asseoir sur le trône. L'apothéose de César et
d'Auguste avait été suivie de celle des plus abjects
tyrans. Les nations conçurent de l'aversion pour
une religion où Tibère, Caligula, Héliogabale

avaient des autels et des prêtres; elles cherchèrent des consolations dans le dogme d'un seul Dieu immortel, incréé, créateur, rémunérateur et maître de tout.

L'Église chrétienne promit pour récompense aux justes de voir Dieu face à face, jouissance toute spirituelle, dans le temps qu'elle menaçait les réprouvés de peines toutes corporelles, car ils brûlent dans des brasiers ardents. Cette opposition s'explique. Si les méchants n'eussent été menacés que d'être soumis à des peines spirituelles, ils les auraient bravées ; le frein eût été trop faible pour réprimer leurs mauvais penchants. D'un autre côté, un paradis où les élus eussent goûté les plaisirs du monde eût exalté la chair, et la morale chrétienne se propose surtout de la réprimer et de la mortifier. La contrition imparfaite est ainsi un moyen de salut comme la contrition parfaite.

L'Arabie était idolâtre , lorsque Mahomet, six siècles après Jésus-Christ, y introduisit le culte du Dieu d'Abraham, d'Ismaël, de Moïse et de Jésus-Christ. Les Ariens et d'autres sectes qui avaient troublé la tranquillité de l'Orient, avaient agité les questions de la nature du Père, du Fils et du Saint-Esprit. Mahomet déclara qu'il n'y avait qu'un seul Dieu, qui n'avait ni père ni fils ; que la trinité emportait une idée d'idolâtrie. Il écrivit sur le frontispice du Coran : « Il n'y a pas d'autre dieu que Dieu. »

Il s'adressait à des peuples sauvages, pauvres,

manquant de tout, fort ignorants ; s'il eût parlé à leur esprit, il n'eût pas été entendu. Au milieu de l'abondance de la Grèce, les plaisirs de la contemplation de l'esprit étaient un besoin ; mais au milieu des déserts, où l'Arabe soupirait sans cesse après une source d'eau, après l'ombre d'un palmier qui pût le mettre à l'abri des rayons brûlants du soleil du tropique, il fallait promettre aux élus, pour récompense, des fleuves de lait intarissables, des bosquets odoriférants, où ils se reposeraient à l'ombre perpétuelle, dans les bras de divines houris, à la peau blanche, aux yeux noirs. Les Bédouins se passionnèrent pour un séjour aussi enchanteur ; ils s'exposèrent à tout pour y parvenir : ils devinrent des héros.

Mahomet fut prince ; il rallia ses compatriotes autour de lui. En peu d'années, ses Moslems conquirent la moitié du monde. Ils arrachèrent plus d'âmes aux faux dieux, culbutèrent plus d'idoles, renversèrent plus de temples païens en quinze années, que les sectateurs de Moïse et de Jésus-Christ ne l'ont fait en quinze siècles. Mahomet était un grand homme. Il eût été effectivement un dieu, si la révolution qu'il a opérée n'avait été préparée par les circonstances. Lorsqu'il parut, les Arabes étaient, depuis longues années, aguerris par les guerres civiles. Tout ce que les peuples ont fait de grand sur le théâtre du monde, ils l'ont fait sortant de ces crises qui retrempent également les âmes et les corps. Si les batailles de Kadesia et de [1]... qui permirent aux intrépides Moslems de planter l'étendard du Prophète sur l'Oxus et sur les frontières de la Chine; si celles de Aiznadin et de Yarmouk, qui firent tomber sous leur domination la Syrie et l'Égypte, avaient tourné contre eux; si les Khaled, les Derar, les Amrou eussent été vaincus, rejetés dans leurs immenses déserts, les Arabes eussent repris leur vie errante; ils eussent vécu comme leurs pères, pauvres et misérables; les noms de Mahomet, d'Ali, d'Omar, seraient inconnus à l'univers.

L'ascendance progressive du christianisme, au contraire, n'a dépendu du succès d'aucun événement secondaire. Cette religion s'est propagée, insinuée comme une doctrine qui captive, persuade, et dont rien ne peut arrêter la marche. Constantin en accéléra le triomphe; mais, s'il n'eût pas demandé le baptême, un de ses successeurs n'eût pas tardé à le faire. Jésus-Christ était un prédicateur; il donna à ses apôtres le don de la parole. Moïse et Mahomet étaient des chefs de peuples qui donnèrent des lois et régirent les affaires de ce monde. « Le glaive est la clef du ciel, dit le Prophète; qui périt dans le combat est absous de ses péchés; les ailes des anges remplacent les membres perdus dans la bataille; l'encensoir est inséparable du glaive! » Il fut intolérant et exclusif. Tuer ou soumettre les infidèles au

1. Il y a un nom qui manque dans le manuscrit.

tribut, détruire la puissance de l'idolâtrie parce qu'elle est un outrage à Dieu, est écrit dans toutes les pages du Coran. Jamais les Moslems ne se soumirent sincèrement à la puissance d'aucun prince idolâtre.

II. Les trois religions qui ont répandu la connaissance d'un Dieu immortel, incréé, maître et et créateur des hommes, sont sorties de l'Arabie. Moïse, Jésus-Christ, Mahomet sont Arabes, nés à Memphis, à Nazareth, à la Mecque. L'Europe, l'Asie, l'Afrique, l'Amérique, qui renferment tant d'immenses solitudes, tant de hautes montagnes, tant de vastes mers, tant de riches plaines, tant de grandes métropoles, implorent Moïse, Jésus-Christ ou Mahomet, se règlent sur les livres saints, l'Évangile ou le Coran, ont les yeux tournés vers l'Arabie, sur Jérusalem, Nazareth ou la Mecque. Si Rome est le chef-lieu de la chrétienté, c'est que les Scipion, les César, les Trajan, ont conquis une partie du monde ; l'influence de Rome nouvelle est une suite de la puissance de Rome ancienne. Mais pourquoi Jérusalem, Nazareth, la Mecque, appartiennent-elles à une même contrée ?

De tout temps les idées religieuses furent prédominantes sur les peuples de l'Égypte. Les Perses ne purent jamais s'y établir, parce que les Mages voulurent y faire adorer leurs dieux et chasser ceux du Nil. Il s'éleva entre les deux peuples une rivalité d'idoles, de rites et de prêtres,

[ui les rendit implacables ennemis ; rien ne put les
·éconcilier. Souvent conquis par les armes des
)erses, les Égyptiens se révoltèrent toujours.
)uand Alexandre le Grand se présenta sur leurs
rontières, ils accoururent à lui, accueillirent ce
;rand homme comme un libérateur. Quand il
raversa le désert, de quinze jours de marche,
l'Alexandrie au temple d'Ammon, et qu'il se fit
léclarer par la prêtresse fils de Jupiter, il con-
iaissait bien l'esprit de ces peuples ; il flattait leur
ienchant dominant ; il fit plus pour assurer sa
onquête que s'il eût bâti vingt places fortes et
.ppelé cent mille Macédoniens.

Les politiques qui avaient le mieux observé le
;énie des peuples de l'Égypte regardaient la reli-
;ion comme le principal obstacle à l'établissement
le l'autorité française. « Pour s'établir en Égypte,
lisait Volney en 1788, il faudra soutenir trois
;uerres : la première contre l'Angleterre, la se-
:onde contre la Porte, mais la troisième, la plus
lifficile de toutes, contre les Musulmans, qui for-
nent la population de ce pays. Cette dernière oc-
:asionnera tant de pertes, que peut-être doit-elle
:tre considérée comme un obstacle insurmon-
able. » Maîtres d'Alexandrie et du Caire, vain-
]ueurs à Chobrâkhyt et aux Pyramides, la posi-
:ion des Français était incertaine. Ils n'étaient
]ue tolérés par les fidèles, qui, étourdis par la
·apidité des événements, avaient fléchi devant la
'orce, mais qui déjà déploraient ouvertement le

triomphe des idolâtres, dont la présence profanait les eaux bénies. Ils gémissaient de l'opprobre qui rejaillissait sur *la première clef* de la sainte Kaaba; les imâms récitaient avec affectation les versets du Coran les plus opposés aux infidèles.

Il fallait arrêter la marche de ces idées religieuses, ou l'armée, malgré ses victoires, était compromise. Elle était trop faible, trop dégoûtée pour qu'il lui fût possible de soutenir une guerre de religion. Dans les xıe et xııe siècles, les croisés régnèrent à Antioche, à Jérusalem, à Émèse, à Ptolémaïs, mais ils étaient aussi fanatisés que les Musulmans. Les annales du monde ne présentent pas d'exemple d'un effort pareil à celui que fit alors l'Europe. Plusieurs millions d'Européens trouvèrent la mort aux champs de la Syrie, et cependant, après quelques succès éphémères, la croix fut abattue, les Musulmans triomphèrent. La prédiction de Volney allait se réaliser; il fallait se rembarquer ou se concilier les idées religieuses, se soustraire aux anathèmes du Prophète, ne pas se laisser mettre dans les rangs des ennemis de l'islamisme; il fallait convaincre, gagner les muftis, les ulemas, les chérifs, les imâms, pou qu'ils interprétassent le Coran en faveur de l'armée.

L'école ou la sorbonne de Gâma-el-Azhar est la plus célèbre de l'Orient. Elle a été fondée par Saladin. Soixante docteurs on ulemas délibèrent sur les points de la foi, expliquent les saints livres.

C'était elle seule qui pouvait donner l'exemple,
entraîner l'opinion de l'Orient et des quatre sectes
qui le partagent. Ces quatre sectes, les Cha'fey,
les Melky, les Hanbaly, les Hanafy, ne diffèrent
entre elles que sur des objets de discipline ; elles
avaient chacune pour chef, au Caire, un mufti.
Napoléon n'oublia rien pour les circonvenir, les
flatter. C'étaient des vieillards respectables par
leurs mœurs, leur science, leurs richesses et
même par leur naissance. Tous les jours, au soleil levant, eux et les ulemas de Gâma-el-Azhar
prirent l'habitude de se rendre au palais, avant
l'heure de la prière. La place d'Ezbekyeh tout entière était encombrée de leur cortége. Ils arrivaient sur leurs mules richement harnachées,
environnés de leurs domestiques et d'un grand
nombre de bâtonniers. Les corps de garde français
prenaient les armes et leur rendaient les plus
grands honneurs. Parvenus dans les salles, des
aides de camp et des interprètes les recevaient
avec respect, leur faisaient servir des sorbets, du
café. Peu d'instants après, le général entrait, s'as-
seyait au milieu d'eux, sur le même divan, et
cherchait à leur inspirer de la confiance par des
discussions sur le Coran, s'en faisant expliquer les
principaux passages et montrant une grande
admiration pour le Prophète. En sortant de ce
lieu, ils allaient aux mosquées, où le peuple était
assemblé. Là, ils lui parlaient de toutes leurs espérances, calmaient la méfiance et les mauvaises

dispositions de cette immense population. Ils rendaient des services réels à l'armée.

Les propriétés des mosquées, des œuvres pieuses, furent respectées par l'administration française, même protégées avec tant de partialité que ce ne pouvait être que l'effet d'une inclination sincère du chef pour la religion musulmane.

Les Turcs et les Mameluks avaient pour principe fondamental de leur politique d'éloigner les cheiks de l'administration de la justice et du gouvernement; ils craignaient qu'ils ne devinssent trop puissants. Ce fut pour ces vénérables vieillards une agréable surprise, lorsqu'ils se trouvèrent chargés de la justice civile et criminelle, même de toutes les affaires contentieuses de l'administration. Leur crédit s'en augmenta rapidement parmi le peuple. Il y avait à peine un mois que l'armée française était entrée au Caire, que déjà les sentiments des cheiks étaient changés. Ils s'attachaient sincèrement au sultan El-Kebir. Eux-mêmes étaient étonnés que la victoire des infidèles, qu'ils avaient tant redoutée, assurât leur triomphe : c'était pour eux que les Français avaient vaincu aux Pyramides! Tous leurs villages, toutes leurs propriétés particulières furent ménagés avec une délicate attention. Jamais ces hommes, qui étaient à la fois les chefs de la religion, de la noblesse et de la justice, n'avaient été plus considérés; jamais leur protection n'avait été plus recherchée, non-seulement par les Musulmans, mais même par les chrétiens, Coptes, Grecs, Arméniens établis dans le pays. Ceux-ci avaient profité de l'entrée de l'armée pour secouer le joug des usages et braver les Moslems ; aussitôt que le général en chef en fut instruit, il les réprima. Tout rentra dans l'ordre. L'ancien usage fut en tout rétabli ; ce qui remplit de joie les Musulmans et leur inspira une confiance entière.

Depuis la révolution, l'armée française n'exerçait aucun culte. Elle n'avait pas fréquenté les églises en Italie, elle ne les fréquentait pas davantage en Égypte. Cette observation n'échappa pas à l'œil pénétrant des ulemas, si jaloux et si inquiets sur tout ce qui était relatif à leur culte. Elle fit sur eux le plus heureux effet. Si les Français n'étaient pas Musulmans, du moins il devenait prouvé qu'ils n'étaient pas non plus idolâtres ; le sultan El-Kebir était évidemment le protégé du Prophète. Par cette espèce de vanité commune à tous les hommes, les cheiks se plaisaient à raconter toutes les caresses dont ils étaient l'objet, les honneurs qu'on leur rendait, tout ce qu'ils avaient dit ou supposaient avoir dit. Leur partialité pour Napoléon était évidente, et déjà il était passé en principe de foi : « que jamais les Français n'eussent vaincu les fidèles, si leur chef n'avait été spécialement protégé par le Prophète. L'armée des Mameluks était invincible, la plus brave de l'Orient ; si elle n'avait fait aucune résistance, c'est qu'elle était impie, injuste. Cette grande révolution était écrite dans plusieurs passages du Coran. »

Plus tard, le sultan El-Kebir toucha la corde du patriotisme arabe :« Pourquoi la nation arabe est-elle soumise aux Turcs? Comment la fertile Égypte, la sainte Arabie, sont-elles dominées par des peuples sortis du Caucase? Si Mahomet descendait aujourd'hui du ciel sur la terre, où irait-il? Serait-ce à la Mecque ? Il ne serait pas au centre de l'empire musulman. Serait-ce à Constantinople? Mais c'est une ville profane, où il y a plus d'infidèles que de croyants : ce serait se mettre au milieu de ses ennemis. Non, il préférerait l'eau bénie du Nil; il viendrait habiter la mosquée de Gâma el-Azhar, cette *première clef* de la sainte Kaaba ! » A ces discours, les figures de ces vénérables vieillards s'épanouissaient, leurs corps s'inclinaient, et, les bras croisés, ils s'écriaient : « *Tayeb, tayeb!* ah ! cela est bien vrai ! »

Lorsque Mourad-Bey eut été rejeté dans la Thébaïde, Napoléon leur dit : « Je veux rétablir l'Arabie; qui m'en empêchera ? J'ai détruit les Mameluks, la plus intrépide milice de l'Orient. Quand nous nous serons bien entendus, et quand les peuples d'Égypte sauront tout le bien que je veux leur faire, ils me seront sincèrement attachés. Je ferai renaître les temps de la gloire des Fatimites. » Ces discours étaient l'objet des entretiens de tous les grands du Caire. Ce qu'ils avaient vu aux Pyramides leur faisait croire tout possible à l'armée française. Leur affection environnait le chef; ils le croyaient prédestiné. Le cheik El-Mohdi, le plus éloquent, le plus instruit et le plus jeune de ceux de Gâma el-Azhar, était aussi celui qui était le plus dans sa confiance. Il traduisait les proclamations en vers arabes. Des strophes ont été apprises par cœur et sont encore récitées au fond des déserts de l'Afrique et de l'Arabie.

Depuis que les ulemas formaient le divan qui était chargé du gouvernement, ils recevaient le rapport de toutes les provinces et connaissaient des désordres que les malentendus et le nom d'infidèles occasionnaient. Le sultan El-Kebir commença à se plaindre plus amèrement dans ses conversations des lectures malintentionnées que les imâms faisaient aux mosquées le vendredi ; mais les réprimandes et les exhortations que les cheiks adressaient à ces imâms turbulents furent insuffisantes. Enfin, lorsqu'il crut le moment favorable, il dit à dix des principaux parmi les cheiks, ceux qui lui étaient le plus affectionnés : « Il faut mettre fin à ces désordres; il me faut un fetfa[1] de Gâma-el-Azhar qui ordonne au peuple de prêter le serment d'obéissance. » Cette proposition les fit pâlir; leur physionomie peignait l'effroi de leur âme; ils devinrent mornes et consternés. Le cheik El-Cherqâouy, le chef des ulemas de Gâma-el-Azhar, prit la parole et dit, après s'être long-

---

1. *Fetfa* ou *hatha* signifie *avis, lettre, proclamation.*

temps recueilli : « Vous voulez avoir la protection du Prophète, il vous aime ; vous voulez que
les Arabes musulmans accourent sous vos drapeaux, vous voulez relever la gloire de l'Arabie,
vous n'êtes pas idolâtre. Faites-vous Musulman ;
100,000 Égyptiens et 100,000 Arabes viendront de
l'Arabie, de Médine, de la Mecque, se ranger autour de vous. Conduits et disciplinés à votre manière, vous conquerrez l'Orient, vous rétablirez
dans toute sa gloire la patrie du Prophète. » Au
même moment, ces vieilles physionomies s'épa-
nouirent. Tous se prosternèrent pour implorer la
protection du ciel. A son tour, le général en chef
fut étonné. Son opinion invariable était que tout
homme doit mourir dans sa religion. Mais il comprit promptement que tout ce qui serait un objet
d'entretien et de discours sur ces matières serait
d'un bon effet. Il leur répondit : « Il y a deux
grandes difficultés qui s'opposent à ce que moi et
mon armée puissions nous faire Musulmans : la
première est la circoncision, la seconde est le vin.
Mes soldats en ont l'habitude dès l'enfance, je ne
pourrai jamais leur persuader d'y renoncer. » Le
cheik El-Mohdi proposa de permettre aux soixante
cheiks de Gâma el-Azhar de poser la question publiquement et de délibérer sur cet objet. Le bruit
se répandit bientôt dans toutes les mosquées que
les grands cheiks s'occupaient nuit et jour à in-
struire des principes de la loi le sultan El-Kebir
et les principaux généraux, et que même ils dis-

cutaient un fetfa pour faciliter, autant que cela serait possible, un si grand événement. L'amour-propre de tous les Musulmans fut flatté, la joie fut générale. Il se répandit que les Français admiraient Mahomet, que leur chef savait par cœur le Coran, qu'il convenait que le passé, le présent, l'avenir étaient contenus dans ce livre de toute sagesse, mais qu'il était arrêté par la circoncision et la défense du Prophète de boire du vin. Les imâms, les muezzins de toutes les mosquées furent, pendant quarante jours, dans la plus vive agitation. Mais cette agitation était tout à l'avantage des Français : déjà ils n'étaient plus des infidèles. Tout ce que le Prophète avait dit ne pouvait plus s'appliquer à des vainqueurs qui venaient déposer leurs lauriers au pied de la chaire de l'islamisme. Mille bruits se répandirent parmi le peuple. Les uns disaient que Mahomet lui-même avait apparu au sultan El-Kebir, qu'il lui avait dit : « Les Mameluks n'ont gouverné que par leurs caprices ; je te les ai livrés. Tu sais et tu aimes le Coran ; tu as donné le pouvoir aux cheiks, aux ulemas, aussi tout te réussit. Mais il faut achever ce que tu as commencé. Reconnais, professe les principes de ma loi : c'est celle de Dieu même. Les Arabes n'attendent que ce signal ; je te donnerai la conquête de toute l'Asie. » Les discours et les réponses qu'on faisait faire au sultan El-Kebir variaient et se répandaient sous mille formes diverses. Il en profita pour insinuer que dans ses réponses il avait demandé un an pour préparer son armée, ce que Mahomet lui avait accordé ; qu'il avait promis de construire une grande mosquée ; que toute l'armée se ferait musulmane ; et que déjà les grands cheiks El-Sâdât et El-Bekry le considéraient comme tel.

III. Les quatre muftis portèrent enfin le fetfa rédigé et signé par eux. Il y était dit que la circoncision était une perfection ; qu'elle n'avait pas été instituée par le Prophète, mais seulement recommandée ; qu'on pouvait donc être Musulman et n'être pas circoncis ; que, quant à la deuxième question, on pouvait boire du vin et être Musulman ; mais que, dans ce cas, on était en état de péché et sans espoir d'obtenir les récompenses promises pour les élus. Napoléon témoigna sa satisfaction pour la solution de la première question ; sa joie parut sincère. Tous ces vieux cheiks la partagèrent. Mais il exprima toute sa douleur sur la deuxième partie du fetfa. Comment persuader à des hommes d'embrasser une religion, pour se déclarer eux-mêmes réprouvés et s'établir en état de rébellion contre les commandements du ciel ? Les cheiks convinrent que cela était difficile, et dirent que l'objet constant de leurs prières, depuis qu'il était question de ces matières, avait été de demander l'assistance du Dieu d'Ismaël. Après un long entretien, où les quatre muftis ne paraissaient pas également fermes dans leur opinion, les uns ne voyant aucun moyen d'accommodement, les autres, au contraire, pensant que cela était susceptible encore de quelques modifications, le cheik El-Mohdi proposa de réduire le fetfa à sa première moitié, que cela serait d'un heureux effet dans le pays, qu'il éclairerait le peuple dont les opinions n'étaient pas conformes, et de faire de la deuxième partie une question qui serait soumise à une nouvelle discussion ; peut-être pourrait-on consulter les cheiks et chérifs de la Mecque, quoiqu'ils parussent avoir une plus haute opinion de leur science et de leur influence sur l'Orient. Cet avis fut adopté. La publication du fetfa eut lieu dans toutes les mosquées ; les imâms, après la prière du vendredi, où ils ont l'habitude de prêcher, expliquèrent le fetfa et parlèrent, unanimement, fort en faveur de l'armée française.

Le deuxième fetfa fut l'objet de vives et longues discussions et d'une correspondance avec la Mecque. Enfin, ne pouvant vaincre toutes les résistances ni tout concilier avec le texte et le commandement précis du Prophète, les muftis portèrent un fetfa par lequel il était dit que les nouveaux convertis pourraient boire du vin et être Musulmans, pourvu qu'ils rachetassent le péché par de bonnes œuvres et des actions charitables ; que le Coran ordonne de donner en aumônes ou d'employer en œuvres charitables au moins le dixième de son revenu ; que ceux qui, Musulmans, continueraient à boire du vin seraient tenus de porter ces aumônes au cinquième de leur revenu. Ce fetfa fut accepté et parut propre à tout concilier. Les cheiks, parfaitement rassurés, se livrèrent tout entiers au service du sultan El-Kebir, et ils comprirent qu'il avait besoin d'une année au moins pour éclairer les esprits et vaincre les résistances. Il fit faire les dessins, les plans et les devis d'une mosquée assez grande pour contenir toute l'armée, le jour où elle reconnaîtrait la loi de Mahomet. Dans ce temps, le général Menou embrassa publiquement l'islamisme. Musulman, il alla à la mosquée de Rosette. Il ne demanda aucune restriction. Cette nouvelle combla de joie toute la population de l'Égypte, et ne laissa pas de doute sur la sincérité des espérances qu'elle concevait. Partout les cheiks prêchèrent que Napoléon, n'étant pas infidèle, aimant le Coran, ayant mission du Prophète, était un vrai serviteur de la sainte Kaaba. Cette révolution dans les esprits en produisit une dans l'administration. Tout ce qui avait été difficile devint facile ; tout ce qu'on n'avait pu obtenir que les armes à la main s'obtint de bonne volonté et sans efforts. Depuis ce temps, les pèlerins, même les plus fanatiques, ne manquaient jamais de rendre au sultan El-Kebir les mêmes honneurs qu'à un prince musulman ; et, à peu près vers ce temps, le général en chef ne se présenta plus dans la ville que les fidèles ne se prosternassent ; ils se comportaient avec lui comme ils avaient l'habitude de le faire envers le sultan.

IV. Ce fut le 18 août que, le Nil ayant marqué au meqyâs de Roudah quatorze coudées, le divan et le cadi firent rompre la digue du canal du Prince-des-Fidèles. Cette cérémonie est celle à laquelle le peuple du Caire prend le plus de part. Avant le lever du soleil, 200,000 spectateurs couvraient les deux rives du Nil, au Vieux-Caire et à l'île de Roudah. Plusieurs milliers de canges et autres barques, couvertes de pavillons et de drapeaux, attendaient le moment d'entrer dans le Nil. Une partie de l'armée française était sous les armes et en grande tenue. Le sultan El-Kebir, environné de son état-major français, des quatre muftis, des ulemas, des grands cheiks, des chérifs, des membres du divan, et ayant à côté de lui, à sa droite, El-Bekry, descendant du Prophète, à sa ganche, El-Sâdât, descendant de Hasan, partit de son palais, traversa toute la ville et arriva au kiosque près de l'embouchure du canal. Il fut reçu par le cadi et les cheiks du meqyâs. Le procès-verbal constatant la hauteur où était arrivé le Nil fut lu, et les mesures furent portées, vérifiées en public. Il fut déclaré que le mâl el-hour était dû. Cet acte, étant signé et proclamé, fut accueilli par une décharge d'artillerie et les cris d'allégresse de cette immense quantité de spectateurs. Le cadi coupa la digue avec toutes les cérémonies d'usage. Il fallut une heure pour qu'elle fût emportée. Le Nil se précipita d'une hauteur de dix-huit pieds dans le canal. Bientôt après, la cange qui portait le cheik du meqyâs entre la première et fut suivie par tous les bateaux qui couvraient le Nil; ils défilèrent pendant toute la journée. Le payeur général Estève jeta des sommes considérables au peuple en petites pièces d'argent. Le repas qui fut servi dans le kiosque était splendide. Le sultan El-Kebir se prêta avec sincérité à toutes les fonctions que l'usage prescrivait au souverain du pays.

Le Nil annonça une inondation beaucoup plus forte que celle des années précédentes. La ville, illuminée, fut en fête pendant toute la nuit et les huit nuits suivantes. Bientôt les places publiques du Caire devinrent des lacs; certaines rues, des canaux; les jardins, des prairies couvertes d'eau, d'où sortaient des arbres. Dans le courant de septembre, toute l'Égypte offrit le spectacle d'une mer, vue du haut des pyramides, du Moqattam ou du palais de Saladin. Ce spectacle était ravissant. Les villes, les villages, les arbres, les santons, les minarets, les dômes des tombeaux surnageaient au-dessus de cette nappe d'eau, qui était sillonnée dans tous les sens par des milliers de grandes et de petites voiles blanches, occupées aux transports, aux communications et aux besoins de la population. Les soldats ne se plaignaient plus que ce Nil n'avait pas répondu à sa réputation; ils ne disaient plus que c'était un ruisseau charriant une eau bourbeuse et trouble. Dans ses bras, le Nil eut vingt-sept et vingt-huit pieds d'eau, dans la plupart des canaux huit, dix et douze pieds, et sur la sur face de la terre quatre, cinq et six pieds. En décembre, le Nil rentra dans son lit ou dans les canaux. La terre reparut insensiblement. Des milliers de cultivateurs la couvrirent pour la rompre et la cultiver. Ils semèrent toute espèce de graines, de légumes ; enfin, quelques semaines après, succédèrent les premières récoltes. Le coup d'œil de ces plaines fleuries, couvertes de riches moissons, était enchanteur. Le soldat se crut de retour dans cette belle Italie. C'était un contraste avec l'âpreté qu'avaient présentée ces plaines arides et brûlées aux mois de juin et de juillet, il y avait à peine six mois.

A la fin d'août fut célébrée, cette année (1798), la fête du Prophète. L'armée prit part à la joie et au contentement des habitants. La ville fut illuminée avec des verres de couleur. Chaque mosquée, chaque palais, chaque bazar, chaque okel, se distinguait par les dessins de l'illumination. On tira des feux d'artifice. L'armée, en grande tenue, fit diverses évolutions sous les fenêtres d'El-Bekry. Le général en chef et tout l'état-major lui firent visite. Tous les ulemas, les muftis y étaient ; ils chantaient les litanies du Prophète, assis par terre sur des coussins. Ces vénérables vieillards passèrent une heure à réciter des vers arabes à la louange de Mahomet. Ils s'agitaient par un mouvement simultané et vif de haut en bas. Au moment désigné par la prière, cent coups de canon, tirés de la citadelle de Gyzeh, de la flottille et de toutes les

batteries de campagne, saluèrent le verset qui annonce l'entrée du Prophète dans Médine : c'est le
commencement de l'hégire. Le dîner que le cheik
fit servir était sur cinquante petites tables, chacune
de cinq couverts. Au milieu était celle du sultan
El-Kebir et d'El-Bekry. Les musiques des régiments
donnèrent tour à tour une sérénade et témoignèrent la joie commune. Toutes les places de la ville
étaient pleines d'un peuple innombrable, rangé en
cercles de soixante jusqu'à cent personnes, se tenant serrées en passant les bras derrière le dos les
uns des autres. Ils chantaient les litanies du Prophète, et pendant ce temps ils s'agitaient, soit en
tournant, soit par un haut-le-corps, en avant et en
arrière, avec une telle violence que plusieurs tom-
baient en défaillance. Les santons, répandus dans
tous ces cercles, attiraient vivement la curiosité et
la vénération du peuple. La liberté, l'hilarité avec
lesquelles les Musulmans se livraient à toutes ces
cérémonies, la franchise, la joie et la fraternité qui
régnaient entre eux et les soldats, faisaient assez
comprendre les progrès qu'avait faits l'opinion, et
combien était grand le rapprochement qui s'était
déjà opéré.

A la fête de la République, le 1er vendémiaire, les
Musulmans, par reconnaissance pour la part que
l'armée avait prise à la fête du Nil et à celle du
Prophète, s'y livrèrent avec le plus doux abandon.
Une pyramide fut élevée sur la place Ezbekyeh. Sur
la balustrade qui entourait le piédestal étaient pla-

és les muftis, les cadis, les ulemas, les grands heiks. Après avoir entendu la proclamation du général en chef et fait diverses évolutions, l'armée défila. Le rang honorable qu'occupèrent dans cette ête tous les grands du pays excita la plus grande satisfaction parmi le peuple. Le général en chef donna un dîner de cent couverts, où fut déployé tout le luxe qu'on aurait pu avoir à Paris. Le soir il y jut des courses, des jeux de toute espèce, qui amusèrent le peuple et le soldat. Un spectacle nouveau, et dont les Français attendaient un grand résultat, fut un ballon que Conté lança. Il s'élança et disparut dans le grand désert de la Libye. On a toujours ignoré le lieu où il est allé tomber; il ne portait personne; il y avait des vers écrits en turc, en arabe, en français. Il n'excita pas autrement la curiosité des Musulmans; mais, s'il ne produisit pas l'effet auquel on s'attendait, il fut l'objet de divers bruits : c'était, disaient les fidèles, un moyen de correspondance du sultan El-Kebir avec Mahomet. Le cheik El-Mohdi rit beaucoup de cette rumeur populaire. Il composa sur ce sujet de très-beaux vers arabes, qui se répandirent dans tout l'Orient.

V. Le chérif Ghaleb régnait à la Mecque. Les ulemas du Caire lui écrivirent pour lui faire part de l'arrivée de l'armée française et de la protection qu'elle accordait à l'islamisme. Il répondit eu homme qui voulait ménager les grands intérêts qu'il avait en Egypte. Régnant sur un lieu pauvre, le blé, l'orge, les légumes d'Égypte pourvoyaient presque exclusivement à la subsistance de son pays. La Mecque, quoique fort déchue de son ancienne prospérité, en conservait encore quelques restes par le séjour des caravanes d'Orient et d'Occident. Celles d'Orient se réunissaient à Damas et en partaient, celles d'Occident partaient du Caire. Ce chérif écrivit au sultan El-Kebir et lui donna le titre de « serviteur de la sainte Kaaba; » ce qui, connu et répandu dans les mosquées, y produisit un bon effet. Le chérif de la Mecque est souverain, il a des troupes; mais Djeddah, qui est le port, appartient au Grand Seigneur, qui y tient une garnison. Il y envoie un pacha, qui se permet des actes d'autorité dans la ville même. La politique de Constantinople est de diminuer le plus possible l'influence religieuse du chérif de la Mecque; les sultans sont califes; ils ont effectivement réussi à l'annuler. La politique du général français était opposée. Il avait intérêt à relever la considération religieuse de ce petit prince, qui était dans la dépendance de l'Égypte par ses besoins. Cette influence diminuait d'autant celle des muftis de Constantinople. Non-seulement il toléra, mais il excita par toutes sortes de moyens les communications des ulemas avec le chérif, qui ne tarda pas à comprendre tout ce que cette politique avait d'avantageux à sa considération et à ses intérêts. Le chérif désira la consolidation du pouvoir français en

Égypte, et y fut constamment favorable en tout ce qui dépendit de lui.

Le kiâya du pacha fut nommé émir-agha. Ce choix étonna tout le monde; mais il avait été influencé par l'opinion de la Porte. Elle avait témoigné le désir que cette place importante pour la religion fût occupée par un Osmanli. L'émir-agha fut mis en possession de tous les biens et droits attachés à sa place. Il leva un corps de troupes de 600 hommes pour escorter la caravane. Il devint bientôt un personnage d'une haute considération et d'une véritable influence. Le tapis que le Caire envoie tous les ans à la sainte Kaaba, et que porte la caravane des pèlerins, est de soie, couvert de riches broderies en or; il se fabrique dans la mosquée de Soultân-Qalaoun. Des ordres furent donnés pour que ce tapis fût plus riche et chargé d'un plus grand nombre de sentences qu'il ne l'était ordinairement.

Les officiers du génie, travaillant à quelques fortifications, culbutèrent quelques tombeaux. La nouvelle s'en répandit et excita un vif mécontentement. Un flot de peuple, sur les six heures de l'après-midi, inonda la place Ezbekyeh, et fit une espèce de charivari sous les fenêtres du sultan El-Kebir. La garde ferma les barrières et courut aux armes. Le général en chef était à dîner. Il se présenta à la fenêtre avec son interprète Venture, qui lui expliqua que cela était une marque de confiance, que c'était une manière autorisée par l'usage pour présenter une pétition au souverain. Venture descendit, fit ouvrir les barrières, tranquillisa la garde, fit nommer une députation de vingt personnes. Les députés montèrent dans les appartements et furent accueillis avec la plus grande distinction. On les traita comme les grands cheiks; on leur servit du café et des sorbets. On les introduisit après chez le général en chef; ils portèrent leurs plaintes : on avait violé les tombeaux; les Français avaient agi comme auraient pu faire les infidèles ou les idolâtres. Les personnes qui formaient la députation étaient pour la plupart des imâms ou des muezzins, sorte de gens qui pour l'ordinaire sont extrêmement fanatiques; ils parlèrent avec quelque chaleur. Mais leur plainte fut accueillie; on blâma les ingénieurs français. L'ordre fut envoyé pour que les travaux cessassent sur-le-champ, et les muftis remplirent toutes les formalités nécessaires prescrites par les rites dans des circonstances pareilles. Les députés furent extrêmement flattés; ils communiquèrent leur contentement à tout ce peuple. Élevés comme sur un pavois, ils lui rendirent compte de leur députation. Le rapport fut accueilli par des cris de joie. Ils se rendirent alors sur les tombeaux profanés. Déjà les travaux avaient cessé. Fiers de leur triomphe, et la conscience rassurée, ils parcoururent toute la ville en chantant des versets. Ils finirent par entrer dans Gâma el-Azhar, où un imâm fit la lecture, pria pour le sultan El-Kebir, et pour que le Prophète le maintînt tou-

jours dans des sentiments favorables à l'islamisme.

Les mosquées jouissaient d'une grande quantité
de terres et de fondations; mais souvent ces revenus étaient détournés par les administrateurs des
mosquées. Le sultan El-Kebir, voulant montrer
l'intérêt qu'il prenait à tout ce qui intéressait la religion, confirma toutes les donations affectées à des
mosquées, aux tombeaux ou à des objets religieux.
Instruit que la mosquée de Hasan était fort mal
administrée, il s'y rendit un jour à l'heure de la
prière. Tout le peuple sortit et l'environna, étonné
d'un spectacle si nouveau. Il fit appeler les imâms
chargés de l'entretien de la mosquée : « Pourquoi,
leur dit-il, ce temple de Dieu est-il si mal entre-
tenu? Qu'avez-vous fait des revenus de la mosquée? Est-ce pour vos intérêts ou ceux de vos familles que des fidèles ont donné des rentes et des
terres, ou est-ce pour l'entretien et le service de la
religion? » Il fit choisir sur-le-champ six des principaux du quartier et ordonna qu'il leur fût rendu
compte de l'emploi des fonds de la mosquée. Cela
fut fort agréé par l'opinion publique. Il résulta des
comptes que les administrateurs étaient redevables
de sommes considérables. Elles furent restituées
par les détenteurs et employées à l'embellissement
de la mosquée. Napoléon réitéra la même scène
pour les mosquées où il y avait le plus d'abus. En
voyage, il montrait une égale sollicitude. Il fit partout opérer grand nombre de restitutions, de sorte

que partout on travaillait et l'on réparait les temples. Les dénonciations contre ceux qui dilapidaient les revenus des mosquées lui étaient adressées dans des lettres signées ou anonymes, et il portait un grand soin à faire rendre les comptes et à faire restituer ce qui appartenait aux mosquées, chose qui plaisait singulièrement au peuple, en vue de la religion et par le bonheur qu'il éprouve toujours de voir rendre gorge aux personnes chargées des deniers publics.

VI. Les empires ont en Asie moins de durée qu'en Europe, parce que l'Asie est environnée et coupée par de grands déserts qu'habitent des peuples féroces et pauvres, qui nourrissent une grande quantité de chevaux. Quand ces peuplades barbares ont été poussées par un mouvement quelconque sur les terres cultivées, elles ont renversé les dynasties, culbuté les empires et créé de nouveaux États. Les Parthes, les Scythes, les Mongols, les Tartares, les Turcs, se sont généralement montrés ennemis des sciences et des arts; mais ce reproche ne peut être fait aux Arabes, non plus qu'à Mahomet. Moaviah, le premier des califes Ommiades, était poëte; il accorda la grâce d'un rabbin parce qu'il la lui demanda en quatre beaux vers arabes. Yezid, son fils, était aussi poëte. Les Moslems attachaient un si grand prix à cette qualité qu'ils l'égalaient à la bravoure. El-Mançour, Haroun al-Raschid, Al-Mamoun, cultivèrent les arts et les sciences. Ils aimè-

rent la littérature, la chimie, les mathématiques;
ils vécurent avec les savants, firent traduire les
auteurs grecs et latins en arabe, l'Iliade, l'Odyssée,
Euclide, etc., créèrent des écoles, des académies
pour la médecine, l'astronomie, la morale. Ahmed
corrigea les tables de Ptolémée, Abbas fut un ma-
thématicien distingué. Costa, Alicude, Thabed,
Ahmed, mesurèrent un degré du méridien, de
Saana à Caffa. La chimie, les alambics, les cadrans
solaires, les horloges, les signes de la numération
actuelle, sont des inventions arabes. Rien n'est
plus élégant que leurs contes moraux; leurs poésies
sont pleines de chaleur. Mahomet recommanda
partout les savants et les hommes qui se livraient
à une vie spéculative et cultivaient les lettres. Si
les Arabes ont négligé l'anatomie, c'est par préjugé
religieux. Dans la bibliothèque du Caire, il y avait
six mille volumes d'astronomie et plus de cent
mille autres; dans la bibliothèque de Cordoue, il y
avait trois cent mille volumes. Les sciences et les
arts ont régné cinq cents ans sous les califes, et
faisaient de grands progrès quand l'irruption des
Mongols y mit un terme.

VII. Mahomet réduisit le nombre des femmes
qu'on pouvait épouser; avant lui, il était indéter-
miné; le riche en épousait un grand nombre; il
restreignit donc la polygamie. Il ne naît pas plus
de femmes que d'hommes; pourquoi donc permettre à un homme d'avoir plusieurs femmes, et

pourquoi Mahomet n'a-t-il pas adopté la loi de Jésus-Christ sur cet article? En Europe, les législateurs des nations, Grecs ou Germains, Romains ou Gaulois, Espagnols ou Bretons, n'ont jamais permis qu'une seule femme. Jamais en Occident la polygamie n'a été autorisée. En Orient, au contraire, elle a toujours été permise. Depuis les temps historiques, tout homme, Juif ou Assyrien, Arabe ou Persan, Tartare ou Africain, a pu avoir plusieurs femmes. On a attribué cette différence aux circonstances géographiques. L'Asie et l'Afrique sont habitées par plusieurs couleurs d'hommes : la polygamie est le seul moyen efficace de les confondre pour que le blanc ne persécute pas le noir, ou le noir le blanc. La polygamie les fait naître d'une même mère ou d'un même père; le noir et le blanc, étant frères, sont assis et se voient à la même table. Aussi, en Orient, aucune couleur n'affecte la supériorité sur l'autre. Mais, pour remplir ce but, Mahomet pensa que quatre femmes étaient suffisantes. On se demande comment il est possible de permettre quatre femmes quand il n'y a pas plus de femmes que d'hommes. C'est qu'en réalité la polygamie n'existe que parmi la classe riche. Comme c'est cette classe qui forme l'opinion, la confusion des couleurs dans ces familles est suffisante pour maintenir l'union entre elles.

Lorsqu'on voudra, dans nos colonies, donner la liberté aux noirs et détruire les préjugés de couleur, le législateur autorisera la polygamie.

En Orient, l'esclavage n'a jamais eu le même caractère que dans l'Occident. L'esclavage de l'Orient est celui que l'on voit dans l'Écriture sainte ; l'esclave hérite de son maître, il épouse sa fille. La plupart des pachas ont été esclaves ; grand nombre de grands vizirs, tous les Mameluks, Ali-Bey, Mourad-Bey, l'ont été. Ils ont commencé par remplir les plus bas offices de la maison de leur maître, et se sont élevés par leur mérite ou la faveur. En Occident, au contraire, l'esclave fut toujours au-dessous du domestique ; il occupait le dernier rang. Les Romains affranchissaient leurs esclaves ; mais l'affranchi ne fut jamais considéré à l'égal d'un citoyen né libre. Les idées de l'Orient et de l'Occident sont tellement différentes, qu'il fallut longtemps pour faire comprendre aux Égyptiens que toute l'armée n'était pas composée d'esclaves appartenant au sultan El-Kebir. Le père de famille est le premier magistrat de sa maison ; il a tous droits sur ses femmes, ses enfants et ses esclaves. Jamais l'administration publique ne se mêle de ce qui se passe dans l'intérieur d'une famille, pour troubler l'autorité du père. Ses femmes sont sacrées et respectées même dans les guerres civiles. Les femmes des Mameluks conservèrent leurs maisons au Caire ; elles ne supposaient pas qu'on les pût inquiéter ; elles y furent respectées et y vécurent inpendantes.

VIII. Les femmes des beys ou des kâchefs de-

mandaient quelquefois des audiences au sultan
El-Kebir. Elles arrivaient environnées d'une suite
nombreuse. Leur visage était couvert, suivant l'u-
sage du pays. On ne pouvait pas juger de leur plus
ou moins de beauté ; mais de petites mains, une
jolie taille, une voix plus ou moins harmonieuse,
des manières qui sont le résultat de l'habitude de
l'aisance et d'une bonne éducation, en faisaient connaître le rang et la qualité. Elles baisaient la main
du sultan El-Kebir, la portaient à leur front et
sur leur cœur ; elles s'asseyaient sur de riches car-
reaux de soie, et commençaient la conversation, où
elles déployaient autant d'esprit et de coquetterie
qu'auraient pu le faire nos femmes d'Europe les
mieux élevées, afin d'obtenir ce qu'elles venaient
demander. Esclaves de leurs maris, elles ont pourtant des droits protégés par l'opinion, celui, par
exemple, d'aller au bain, lieu où se nouent les
intrigues et où se font la plus grande partie des
mariages. L'agha des janissaires du Caire, qui était
chargé de la police, et rendait de grands services
à l'armée, demanda un jour pour récompense au
sultan El-Kebir de lui accorder en mariage une
veuve qu'il désirait ; cette veuve était jolie et riche :
« Mais comment savez-vous qu'elle est jolie, l'avez-
vous vue ? — Non. — Comment voulez-vous que
je l'accorde, le voudrait-elle ? — Sans doute, si
vous le lui ordonnez. » Effectivement, aussitôt que
cette veuve fut instruite des intentions du général
en chef, elle s'y conforma. Cependant ces deux

époux ne s'étaient jamais vus et ne se connaissaient pas. Depuis, grand nombre de mariages
furent faits ainsi.

Quand les femmes vont à la Mecque, elles sont
couchées dans une espèce de canapé d'osier, couvert et fermé par des rideaux. Il est porté sur un
chameau en travers. Quelquefois ces paniers sont
arrangés sur la selle, de chaque côté, en équilibre;
deux femmes sont alors assises sur un même chameau.

La femme du général Menou continua, après
son mariage, à fréquenter les bains de Rosette[1].
Elle y était courtisée de toutes les femmes, fort
curieuses de connaître son intérieur. Elle leur ra-
contait les soins délicats que son mari avait pour
elle ; qu'à table elle était servie la première, et que
les meilleures choses étaient pour elle ; que pour
passer d'un appartement dans un autre on lui
donnait la main ; qu'on était constamment occupé
à la servir, à satisfaire tous ses désirs et tous ses
besoins. Ces discours produisirent un tel effet que
les têtes de toutes les femmes de Rosette en furent
agitées, et elles adressèrent au sultan El-Kebir
une pétition qu'elles envoyèrent au Caire, afin
qu'il ordonnât, dans toute l'Égypte, aux Égyptiens
de se comporter envers elles selon l'usage des
Français.

L'Institut fixa l'attention du peuple. La biblio-

---

1. La femme du général Menou était Égyptienne.

thèque, tous les instruments de mathématiques, de physique, les pierres, les plantes et autres objets d'histoire naturelle que les savants se procurèrent dans le pays, étaient réunis dans son palais ou dans son jardin. Les habitants furent longtemps à comprendre ce que c'était que cette assemblée de gens graves et studieux, qui ne gouvernaient pas, qui n'administraient pas, qui n'avaient pas la religion pour but : ils crurent qu'ils faisaient de l'or. Ils finirent pourtant par en avoir une idée juste, et non-seulement les savants furent estimés des docteurs de la loi et des principaux du pays, mais même de la dernière classe du peuple, parce qu'ils eurent de fréquentes relations avec les ouvriers, leur donnant des indications, soit sur les mécaniques, soit sur la chimie, pour diriger leurs travaux. Cela les mit dans une grande estime parmi le peuple.

Le cheik El-Mohdi, assistant à une séance de l'Institut, se faisait expliquer par un interprète ce qu'on y disait. C'était une dissertation de Geoffroy sur les poissons qui étaient dans le Nil. Il demanda à parler, et il dit « que le prophète avait déclaré qu'il y avait 30,000 espèces d'animaux créés, 10,000 sur la terre et dans les airs, et 20,000 dans les eaux. » Ce cheik était d'ailleurs le plus savant, le plus instruit, et un homme très-lettré.

Un jour, pendant que les grands cheiks étaient chez le général en chef, un officier arrivant de Qelyoub lui rendit compte que les Arabes Bily

avaient fait une avanie à un pauvre village et tué
un fellah. Napoléon témoigna beaucoup d'indignation et donna l'ordre à un officier d'état-major de
partir avec trois cents chevaux pour punir et réprimer ce brigandage. Comme il parlait avec beaucoup de chaleur, un des cheiks lui dit : « Et pourquoi te fâches-tu ? le fellah qu'on a tué est-il donc
ton frère ? — Oui, dit le sultan El-Kebir, tous
ceux qui m'obéissent sont mes enfants. — *Tayeb,
Tayeb !* dit le cheik El-Cherqâouy, ce que tu dis est
juste, tu parles comme le Prophète ! » Il ne manqua pas, une demi-heure après, de raconter ce
discours dans la grande mosquée, au milieu d'une
immense foule, et au grand contentement du peuple qui cria : « Dieu est grand, Dieu est juste ! tout
vient de Dieu, tout retourne à lui ! nous sommes
tous à Dieu ! »

CHAPITRE VI

INSURRECTION DU CAIRE.

I. Les trois quarts des villages étaient sans moultezims. Ceux-ci avaient péri sur le champ de bataille des Pyramides. La circonstance paraissait favorable pour changer le système qui régissait les propriétés et y introduire les lois de l'Occident. Les avis étaient cependant partagés.

Ceux qui ne voulaient aucune innovation disaient qu'il ne fallait pas se priver des moyens de récompenser les officiers de l'armée et d'accroître le nombre des partisans de la France; que la nature des circonstances particulières à l'Égypte ne permettait d'imposer que le produit net; que le territoire productif variait tous les ans selon le plus ou moins d'étendue de l'inondation, ce qui obligeait de le constater tous les ans par un cadastre; que le produit d'un même champ étant différent selon

a nature de la culture, il fallait à chaque récolte
aire un inventaire des produits; que l'intervention
t l'autorité des moultezims était indispensable
our diriger et surveiller ces opérations, de leur
nature si délicates; qu'il était d'ailleurs plus impor-
ant de s'attacher la classe intermédiaire, qui est
susceptible de reconnaissance, que la multitude,
plus ignorante, plus crédule, plus ingrate encore
en Orient que dans l'Occident; enfin qu'il était sur-
out essentiel de ne froisser aucun intérêt, et de
n'autoriser aucune de ces injustices dont les effets
se font si longtemps sentir sur le crédit et sur l'esprit des sociétés.

Il est vrai que tout ce qui était relatif aux propriétés et aux impositions était encore environné
d'obscurité.

D'autres faisaient observer que, sur 3 millions
d'habitants que contenait l'Égypte, 2,600,000 étaien
paysans, et éprouveraient une grande amélioration dans leur état et dans leur bien-être par l'affranchissement des terres dites *atar*[1], ce qui les
attacherait d'affection à la France; que tout ce
qu'on disait sur la nécessité de n'imposer que le
produit net était vrai partout, et sans doute plus
particulièrement en Égypte, mais que l'intervention
des moultezims n'y était nécessaire en rien, et

1. Les terres dites *atar* étaient des terres possédées par les
fellahs, qu'ils pouvaient transmettre et aliéner à de certaines
conditions, mais qui cependant se trouvaient frappées d'une re-
devance perpétuelle en faveur des moultezims. (Note de l'édition
officielle.)

qu'une bonne direction des contributions qui embrasserait tout le pays ferait mieux et opérerait plus justement.

Depuis soixante ans que les Mameluks avaient usurpé tous les pouvoirs, les institutions qui protégeaient le peuple avaient été abrogées. L'opinion réclamait des lois et des tribunaux réguliers pour assurer aux habitants la jouissance des deux grands bienfaits de l'état social, la sûreté des personnes et celle des propriétés. Dans la position où l'on se trouvait, il y avait quelques avantages à placer le peuple de ce pays dans une situation où il dévoilât lui-même son caractère et ses secrètes pensées ; ce qui mettait les Français à même de pouvoir s'assurer de ce qu'ils devaient espérer ou de ce qu'ils avaient à craindre du jeu de ses passions. Cela donna l'idée de réunir un grand divan composé de tous les notables et des députés des provinces, et de provoquer ses délibérations sur toutes ces importantes questions d'intérêt public.

Le grand divan tint sa première séance le 1er octobre, et se montra animé des meilleurs sentiments pour le nouvel ordre de choses. Il haïssait également les Mameluks et les Osmanlis ; le gouvernement des uns et des autres était également contraire aux préceptes du Coran. Les premiers, nés infidèles, n'étaient pas sincèrement convertis à l'islamisme ; les seconds étaient cupides, capricieux et ignorants. Les hommes instruits sentaient l'excellence des principes qui régissaient les nations de l'Europe : ils étaient séduits par la perspective du bonheur qui devait résulter pour eux d'un bon gouvernement et d'une justice civile et criminelle fondée sur les saines idées. La gloire et le bonheur de la patrie arabe étaient chers à tous ; c'était une fibre de laquelle on pouvait un jour tout espérer.

La marche des discussions dans l'assemblée fut fort lente, soit par l'effet du caractère calme et silencieux des Orientaux, soit par le peu d'habitude qu'ils en avaient, soit à cause de la diversité des usages qui régissaient les provinces, et de la difficulté de consulter le passé dans un pays où il ne s'imprime rien ; mais peu à peu les choses se réglèrent, et on perdit moins de temps. Consulté sur la grande question, s'il valait mieux conserver les lois et les usages qui régissaient les propriétés, ou bien s'il était préférable qu'on adoptât les lois de l'Occident, où les propriétés sont incommutables et transmissibles, soit par des actes de dernière volonté, soit par des donations entre-vifs, soit par des ventes librement consenties, le tout en suivant les lois et les formes établies, le grand divan n'hésita pas : il déclara unanimement que les lois de l'Occident étaient conformes à l'esprit du livre de vérité ; que c'était par ces principes qu'avait été régie l'Arabie du temps des califes Ommiades, Abbassides et Fatimites ; que le principe féodal, que toute terre appartient au sultan, avait été apporté par les Mongols, les Tartares et les Turcs ;

que leurs ancêtres ne s'y étaient soumis qu'avec répugnance. Il discuta chaudement sur la suppression des moultezims et l'affranchissement des terres *atar*. Les imâms craignirent pour les biens des mosquées. Les moultezims étaient en majorité dans l'assemblée. Les cheiks el-beled qui étaient députés des villages insistèrent seuls pour leur affranchissement. On désintéressa d'abord les imâms en convenant que toutes les terres appartenant aux mosquées, de quelque nature qu'elles fussent, seraient louées à bail emphytéotique pour quatre-vingt-dix - neuf ans. Les moultezims se récrièrent sur l'injustice dont on se rendait coupable en les dépouillant ; mais il en restait peu, et on leur offrit la conservation des terres dites *ousyeh*[1] qu'ils possédaient dans leurs villages, et une indemnité pour ce qu'ils perdraient par l'affranchissement des atar, laquelle serait prise sur les terres ousyeh des autres communes. Dans ce nouvel état de choses, quelle devait être la quotité du *myry*[2] ? Les uns dirent qu'on pouvait l'élever jusqu'à moitié du produit net ; les autres pensaient qu'on ne pouvait point, sans faire souffrir l'agriculture, dépasser le quart. D'autres questions furent discutées dans cette assemblée, pendant vingt jours qu'elle fut réunie.

1. On appelait ainsi les terres possédées en toute propriété par les moultezims ou seigneurs de villages.

2. Le *myry*, imposition foncière, dont le produit était affecté aux dépenses générales du gouvernement. (Cette note et la précédente appartiennent à l'édition officielle.)

Les lumières se propageaient, lorsque des événements extraordinaires vinrent détourner de ces grandes pensées qui devaient tant influer sur le bonheur de ce peuple, sur son esprit public, et le lier pour toujours à l'Occident.

II. Le gouvernement français avait contremandé l'expédition d'Irlande. Les Irlandais, à qui l'on avait promis de puissants secours, s'étaient insurgés ; après avoir longtemps tenu tête aux forces anglaises, ils avaient succombé. La Porte, ne recevant aucune explication, l'ambassadeur français qui lui avait été annoncé ne venant pas, s'abandonna à l'impulsion de l'Angleterre et de la Russie, et déclara la guerre à la République. Pendant que Paris oubliait et négligeait tout ce qui avait été convenu lorsqu'on avait arrêté le plan de campagne de 1798, Napoléon exécutait ponctuellenent ce qu'il avait promis. Arrivé à Alexandrie, il se concilia l'amour des officiers de la caravelle turque. Il écrivit au pacha, l'engagea à rester au Caire ; mais celui-ci, obligé de suivre Ibrahim-Bey, y laissa seulement son kiâya. Napoléon fit partout arborer le pavillon du Grand Seigneur avec le pavillon français ; il fit continuer les prières dans les mosquées pour le sultan de Constantinople ; il satisfit aux désirs de la Porte en confiant la charge d'émiragha à un Osmanli ; il en revêtit le kiâya lui-même. La caravelle ayant reçu du capitan-pacha l'ordre de retourner à Constantinople, il fit réparer ses avaries, lui fournit des vivres à ses frais et y fit embarquer le sieur Beauchamp, savant astronome, qui avait longtemps séjourné à Constantinople et dans la mer Noire : il lui confia une mission diplomatique. Il ouvrit aussi plusieurs communications par Damas avec le reis-effendi. Mais toutes ces opérations furent contrariées par le silence et l'inertie du cabinet du Luxembourg.

La Porte avait déjà étendu le pouvoir de Djezzar-Pacha sur toute la Syrie; Alep, Tripoli, Damas, Jérusalem et Jaffa étaient sous ses ordres ; à la fin d'octobre, elle le nomma séraskier d'Égypte. Celui-ci expédia au cheik El-Sâdât le firman qui contenait la déclaration de guerre du Grand Seigneur contre la France. Napoléon alla dîner chez le cheik. Quand il se trouva seul avec lui, il lui commanda impérieusement de lui remettre l'original du firman. El-Sâdât nia en avoir connaissance, hésita, se contredit, et enfin le remit. Cependant mille bruits circulaient dans la ville. Le capitan-pacha, disait-on, avait mouillé à Jaffa et avait débarqué une armée d'Osmanlis, qui, accrue de l'armée de Djezzar, tirée d'Alep, de Damas, de Jérusalem, était innombrable ; elle tarissait tous les puits de la Syrie. Ces nouvelles consternèrent le divan. Il fut effrayé de voir les armes de la Porte réunies aux armes anglaises et russes, et commença à douter de l'issue de la guerre. Les plus zélés se refroidirent; ceux qui étaient froids et timides devinrent ennemis. De leur côté, Ibrahim-Bey en Syrie, et Mourad-Bey dans la haute Égypte, ne restaient pas oisifs. Les Mameluks inondaient les provinces de menaces contre les cheiks el-beled qui avaient pris le parti des Français, et cessaient de leur payer le *fayz*.

III. Les ingénieurs français travaillaient, sans discontinuer, aux fortifications et à l'armement de la citadelle. Ils avaient d'abord réparé les fronts du côté de la campagne, ce qui n'avait point excité l'attention du peuple; mais, lorsqu'en continuant l'ordre de leur travail, ils arrivèrent aux fronts de fortification du côté de la ville; qu'ils firent démolir une grande quantité de kiosques, de maisons, et une mosquée qui obstruait les remparts; que sur les décombres ils élevèrent de fortes batteries, les habitants témoignèrent hautement leurs inquiétudes : « Pourquoi braque-t-on des canons contre nous? ne sommes-nous pas des amis? Nourrirait-on contre nous de méchants desseins? »

La ville était séparée en cinquante quartiers, fermés par des enceintes particulières. Les portes s'en ouvraient ou s'en fermaient, suivant la volonté des chefs de quartier. La moindre négligence dans le service interrompait les communications et donnait lieu à beaucoup de rixes avec les soldats. Cela formait des barricades perpétuelles, qui étaient dangereuses pour l'autorité française et excitaient la confiance et l'insolence du peuple. La circonstance de la réunion du grand divan, dont les dispositions étaient très-bienveillantes, parut favorable pour la destruction de toutes les barrières. Les ingénieurs, qui étaient préparés, s'y employèrent avec la plus grande activité. Les propriétaires des okels, les malveillants, se récrièrent sur ces nouveautés : « Pourquoi changer ce qui existe de tout temps? » Ils firent remarquer la coïncidence de la destruction de ces enceintes avec l'armement de la citadelle et la levée de la contribution extraordinaire. Les esprits s'aigrirent; en peu de jours, la fermentation devint apparente. « On nous demande de l'argent, disaient-ils ; la somme, quoique forte, peut cependant être payée ; mais en même temps on détruit nos barrières, et l'on braque contre nous des canons. Quels sont donc les projets que nourrissent ces hommes de l'Occident ? Ils ont réuni les principaux de l'Égypte sous prétexte d'un divan, mais ne sont-ce pas des otages qu'ils ont voulu mettre sous leur main, pour pouvoir tout d'un coup détruire tout ce que l'Égypte a de grand et de capable de servir de ralliement au peuple? »

Le général Dupuy était commandant d'armes. C'était un bon et brave militaire, mais d'un caractère vif et très-emporté. Il était de Toulouse. La pétulance gasconne cadrait mal avec la gravité orientale. Il n'attachait aucune conséquence à ses propos, et souvent il menaçait assez légèrement les habitants de leur infliger des peines afflictives. On sait en Europe que de pareilles menaces ne veulent rien dire, puisqu'elles passent le pouvoir de celui qui les fait ; que, pour infliger des peines

afflictives, il y a des formes publiques nécessaires ;
mais, sous un gouvernement arbitraire, où les
agents de l'autorité peuvent tout se permettre,
tout homme menacé se tenait pour perdu et vivait
en proie aux plus vives alarmes.

Le 6 octobre 1798, après le lever du sultan El-
Kebir, le cheik El-Cherqâouy dit qu'il était arrivé
un homme de Smyrne à Gâma el-Azhar, qu'il y
était demeuré dix jours, qu'il l'avait fait observer
et lui avait arraché l'aveu qu'il avait une mission
de Djezzar pour engager le combat sacré contre le
chef des Français, qu'il avait pris le parti de ne
faire aucun éclat, pour ne point s'ôter les moyens
de prévenir une autre fois de pareils crimes ; qu'il
s'était contenté de renvoyer ce fanatique en Syrie,
le faisant accompagner par deux de ses affidés ;
mais qu'il était convenable de prendre plus de précautions, car d'autres individus étaient peut-être
actuellement dans d'autres mosquées, nourrissant
de semblables dessins.

IV. Le grand divan avait réparti une somme de
six millions, en forme d'emprunt, entre les divers
corps de marchands du Caire. La répartition excita de grandes réclamations, qui occupèrent l'audience du cadi ; ce qui y attira beaucoup de monde.
Elle devint un rendez-vous de mode ; elle s'ouvrait
au soleil levant ; on y passait une partie de la ma-
tinée. Le 22 octobre, la foule fut plus considérable
qu'à l'ordinaire ; les escaliers et les cours du pa-

lais étaient remplis de curieux, attirés par une corporation qui avait dénoncé son syndic. L'agha de la police s'y rendit; il fit prévenir le commandant d'armes qu'il y avait beaucoup de malintentionnés qui travaillaient le public. Mais, comme les habitants du Caire sont parleurs, d'un caractère remuant, et extrêmement curieux de nouvelles, le général Dupuy était accoutumé à de pareilles alarmes. Il se rendit pourtant au palais, mais trop tard. Il laissa son piquet de dragons dans la cour, et monta chez le cadi. Voyant que les esprits étaient fort agités, il conseilla à ce magistrat d'ajourner l'audience au lendemain; ce qu'il fit. Dupuy eut de la peine à regagner son cheval au milieu de la foule. Les dragons furent pressés. Un cheval foula un Moghrebin; cet homme féroce, et qui arrivait de la Mecque, tira un coup de pistolet, tua le cavalier et monta sur son cheval. Le détachement français chargea et dissipa le peuple. Le général Dupuy, sortant de la cour, reçut, comme il entrait dans la rue à la tête de son piquet, un coup de lance d'un homme qui était là à poste fixe; il tomba mort. Le bruit se répandit sur-le-champ dans la ville que le sultan El-Kebir avait été tué; que les Français avaient jeté le masque et massacraient les fidèles. Les muezzins, du haut de leurs minarets, appelèrent les vrais croyants à la défense des mosquées et de la ville. Les marchands fermèrent leurs boutiques. Les soldats se précipitèrent de tous côtés pour gagner leurs quartiers. Les malveillants firent fermer celles des barrières qui n'étaient pas encore démolies. Les femmes montées sur leurs terrasses, faisaient entendre d'horribles hurlements. La population se porta à la maison du général Caffarelli du Falga, qui imprudemment s'était logé près de la grande mosquée. On en voulait beaucoup aux officiers du génie, parce que c'étaient eux qui démolissaient les barrières, qui dirigeaient les travaux et les fortifications de la citadelle, et que souvent ils avaient profané les tombeaux pour construire leurs ouvrages. En un moment la maison fut dévastée, les livres et les instruments pillés, et cinq ou six individus qui s'y trouvaient, massacrés. Leurs têtes furent promenées dans les rues, et ensuite suspendues à la porte de la grande mosquée. La vue du sang anime les fanatiques. Les grands, épouvantés, s'étaient enfermés chez eux ; mais le peuple court les arracher à leur domicile et les mène en triomphe à Gâma el-Azhar ; il crée un divan de défense ; il organise les milices ; il déterre les armes ; il n'oublie rien de ce qui peut assurer l'impunité de la rébellion.

Par un événement fortuit, à la petite pointe du jour, Napoléon avait passé le Nil pour visiter l'arsenal de Gyzeh. Il retourna à la ville à neuf heures. A la contenance des habitants du quartier qu'il traversa, il ne lui fut pas difficile de s'apercevoir de ce qui se passait. Il fit appeler les grands ulemas. Mais déjà tous les chemins étaient interceptés ; des corps de garde d'insurgés étaient placés au coin de toutes les rues; des épaulements et des murs étaient déjà commencés; l'armée était sous les armes, chacun était à son poste. Les grands cheiks avaient cherché à éclairer le peuple sur les suites immanquables qu'aurait la conduite qu'il tenait; ils ne purent rien obtenir; ils furent contraints de se taire et de suivre le mouvement, qui était irrésistible.

Le cheik El-Sâdât fut choisi pour présider le divan des insurgés ; cette assemblée était composée d'une centaine d'imâms, de muezzins, de chefs de Moghrebins, tous gens de la basse classe. Elle fit une proclamation dans laquelle elle annonça : « que la Porte avait déclaré la guerre à la France; que Djezzar-Pacha, nommé séraskier, était déjà arrivé à Belbeys avec son armée; que les Français se disposaient à se sauver, mais qu'ils avaient démoli les barrières afin de piller la ville au moment de leur départ. »

Du haut des quatre cents minarets du Caire, on entendit toute la nuit la voix aigre des muezzins faisant retentir l'air d'imprécations contre les ennemis de Dieu, les infidèles et les idolâtres. Toute la journée du 22, toute la nuit du 22 au 23, se passèrent de cette manière. Les insurgés l'employèrent à s'organiser. On entendait quelques coups de fusil, mais peu vifs. Les affaires prenaient un aspect fort sérieux; la soumission du Caire pouvait être très-difficile.

Mais ce qui donnait plus à penser encore, c'était la suite que cela devait nécessairement avoir. Il fallait soumettre cette grande ville, en évitant tout ce qui pouvait porter les choses à l'extrême et rendre le peuple d'Égypte irréconciliable avec l'armée.

Une proclamation fut affichée, en turc et en arabe, afin d'éclairer les habitants sur les fausses nouvelles dont les malveillants se servaient pour les égarer : « Il n'était pas vrai que Djezzar eût passé le désert. La destruction des barrières était conforme aux règles d'une bonne police; l'armement de la citadelle du côté de la ville n'était que l'exécution d'une règle militaire. On rappelait aux habitants la bataille des Pyramides, la conduite que le sultan El-Kebir avait tenue envers eux; on finissait par proposer de s'en remettre au jugement du divan. » Cette proclamation fit un mauvais effet. Les meneurs s'en servirent pour persuader au peuple que les Français avaient peur; ce qui le rendit insolent. Les muftis firent dire qu'on n'avait rien à espérer; qu'il fallait sans délai employer la force; que les Arabes du désert étaient en marche; que les tribus qui étaient le plus près arriveraient dans la journée. Effectivement, une heure après, on apprit que les Bily et les Terrâbyn, au nombre de 7 ou 800 hommes, commettaient des hostilités et infestaient les communications de Boulâq. L'aide de camp Sulkowski partit avec 200 chevaux, passa le canal sur le petit pont, chargea les Bédouins, en tua quelques-uns, et les poursuivit pendant plusieurs lieues. Il nettoya tous les environs de la ville, mais il fut blessé un moment après. Son cheval ayant été tué, il tomba et fut percé de dix coups de lance. Sulkowski était Polonais, bon officier; il était de l'Institut d'Égypte. Sa mort fut une perte vivement sentie.

Le général d'artillerie Dommartin, avec une batterie de quatre mortiers et de six obusiers, était parti de Boulâq pour s'établir sur les hauteurs du fort Dupuy. A une heure après midi, trente mortiers et obusiers de la citadelle et de la batterie du fort Dupuy donnèrent le signal de l'attaque. Plusieurs bombes éclatèrent dans la mosquée d'El-Azhar. Une heure après, le feu se manifesta dans divers quartiers de la ville. A trois heures, les insurgés débouchèrent par la porte des Victoires pour enlever la batterie du fort Dupuy; ils étaient 7 ou 8,000 tirailleurs, dont 7 ou 800 à cheval. Les minarets et toute la coupole de la mosquée de Hasan se couvrirent de tirailleurs pour faire taire les canonniers de la citadelle, mais vainement. Le général Dommartin avait trois bataillons et 300 chevaux pour protéger ses batteries; il les fit charger, la baïonnette au bout du fusil. Les insurgés furent repoussés; la cavalerie leur fit 400 prisonniers. Le général en chef donna sur-le-champ le signal aux quatre colonnes d'attaque qui étaient préparées. Elles étaient composées chacune de deux bataillons et conduites par des Coptes, des Syriens et des janissaires restés fidèles. Elles arrivèrent toutes les quatre à la mosquée d'El-Azhar, comme les fuyards de l'attaque du fort Dupuy y entraient épouvantés. La mosquée fut enlevée au pas de charge.

A sept heures du soir, tout était tranquille; le feu avait cessé. Les aghas de la police arrêtèrent quatre-vingts des cent membres qui composaient le divan de défense; ils furent enfermés dans la citadelle.

Toute la nuit fut silencieuse et sombre. Les grands, retirés au fond de leurs harems, étaient fort inquiets de leur position. Ils ignoraient de quelle manière on jugerait leur conduite, et si on ne les rendrait pas responsables de la révolte du peuple. Près de 4,000 hommes partirent avant le jour, traversèrent le désert et se réfugièrent à Suez. Trois maisons seulement furent consumées par les flammes, une vingtaine furent endommagées; la mosquée d'El-Azhar souffrit peu.

La perte des Français se monta à 300 hommes, parmi lesquels une centaine de tués. Trente malades, qui arrivaient de Belbeys, traversaient la ville au moment où l'insurrection éclata; ils furent massacrés. La perte la plus sensible fut une vingtaine d'officiers d'état-major, du génie, ou de membres de la commission des arts, qui furent égorgés au premier moment de l'insurrection. Ils étaient isolés dans les divers quartiers. Bon nombre de Français furent sauvés par les honnêtes gens de la ville. Tout ce qui avait de la fortune, de l'éducation, resta fidèle et rendit des services importants aux Européens.

Le 24, à six heures du matin, une commission militaire constata que les quatre-vingts prisonniers de la citadelle avaient fait partie du divan de défense, et les fit passer par les armes. C'étaient des hommes d'un esprit violent et irréconciliable.

V. Au soleil levant, les soixante cheiks et imâms de la grande mosquée se rendirent au palais. Depuis trois jours ils ne s'étaient pas couchés. Leur contenance était celle de coupables et d'hommes rongés d'inquiétude. Il n'y avait pas cependant de reproches à leur faire : ils avaient été fidèles, mais n'avaient pas pu lutter contre le torrent de l'opinion populaire.

Le cheik El-Sâdât se fit excuser, prétextant son état de maladie. On pouvait ignorer sa mauvaise conduite ; si l'on paraissait en être instruit, il fallait lui faire couper la tête. Dans la situation des esprits, cette mort avait plus d'inconvénients que d'avantages ; son nom était vénéré de tout l'Orient; c'eût été en faire un martyr. Le général en chef lui fit dire qu'il n'était pas surpris qu'au milieu d'événements si étranges, à son âge, il se trouvât incommodé; mais qu'il désirait le voir le lendemain, si cela lui était possible.

Napoléon accueillit les cheiks comme à l'ordinaire et leur dit : « Je sais que beaucoup de vous ont été faibles, mais j'aime à croire qu'aucun n'est criminel ; ce que le Prophète condamne surtout, c'est l'ingratitude et la rébellion.... Je ne veux pas qu'il se passe un seul jour où la ville du Caire soit sans faire les prières d'usage ; la mosquée d'El-Azhar a été prise d'assaut, le sang y a coulé : allez la purifier. Tous les saints livres ont été pris par mes soldats, mais, pleins de mon esprit, ils me les ont apportés ; les voilà, je vous les restitue. Ceux qui sont morts satisfont à ma vengeance. Dites au peuple du Caire que je veux continuer à être clément et miséricordieux pour lui. Il a été l'objet spécial de ma protection, il sait combien je l'ai aimé : qu'il juge lui-même de sa conduite. Je pardonne à tous, mais dites-leur bien que ce qui arrive et arrivera est depuis longtemps écrit, et qu'il n'est au pouvoir de personne d'arrêter ma marche ; ce serait vouloir arrêter le destin.... Tout ce qui arrive et arrivera est dans le livre de la vérité. »

Ces vieillards se jetèrent à genoux, baisèrent les livres du Coran ; il y en avait de la plus grande antiquité. Un exemplaire avait appartenu à Hasan, d'autres à Saladin. Ils exprimèrent leur reconnaissance plus par leur contenance que par leur langage. Ils se rendirent à Gâma el-Azhar. La mosquée était remplie d'un peuple transi de peur. Elle fut purifiée. Les cadavres furent ensevelis. Des ablutions et d'autres cérémonies conformes à l'usage précédèrent les prières ordinaires. Le cheik El-Cherqâouy monta dans la chaire et répéta ce que le sultan El-Kebir leur avait dit. Le peuple fut rassuré. L'intercession du Prophète, les bénédictions de Dieu furent appelées sur ce prince grand et clément. Pendant la journée du 24, on enleva les barrières, on nettoya les rues et l'on rétablit l'ordre.

Le 25, le cheik El-Sâdât se rendit au lever ; il y fut reçu comme à l'ordinaire. Il n'était pas difficile de voir à sa contenance la frayeur qui le maîtrisait. Il divagua et prononça des paroles sans suite. Voulant complimenter le sultan El-Kebir sur les dangers auxquels il avait échappé, il remercia Dieu d'avoir enchaîné la sédition et d'avoir donné la victoire à la justice ; par un mouvement convulsif et comme voulant davantage assurer son pardon, il prit et baisa la main du sultan El-Kebir.

Toute la journée du 25 se passa, de la part du peuple, en observation ; mais il parut enfin rassuré et se livra à la joie. Il avoua que tous avaient mérité la mort, et que, sous un prince moins clément, le Caire aurait vu sa dernière journée.

L'armée française ne partagea pas la joie et la satisfaction des habitants. Officiers et soldats murmuraient et témoignaient leur mécontentement. Ils blâmaient cette extrême indulgence. « Pourquoi toujours caresser ces vieux cheiks, ces cafards? C'étaient eux les auteurs de tout, c'était sur eux qu'il fallait venger le sang des Français aussi traîtreusement massacrés. Qu'avait-on besoin de tant les cajoler? Il ne restait plus qu'à donner à ces vieillards hypocrites des ré-

compenses pour l'horrible conduite qu'ils avaient
tenue. »

Napoléon resta insensible aux murmures de
l'armée, qui ne reconnut que beaucoup plus tard
combien sa conduite avait été sage. Comme le cheik
El-Sâdât baisait la main du général en chef,
Kleber, qui arrivait d'Alexandrie, lui demanda
quel était ce vieillard qui paraissait si interdit et
dont les traits étaient si bouleversés. « C'est le
chef de la révolte, lui répondit-il. — Eh quoi !
vous ne le faites pas fusiller? — Non, ce peuple
est trop étranger à nous, à nos habitudes. Il lui
faut des chefs; j'aime mieux qu'il ait des chefs
d'une espèce pareille à celui-ci, qui ne peut ni
monter à cheval, ni manier le sabre, que de lui en
voir comme Mourad-Bey et Osman-Bey. La mort
de ce vieillard impotent ne produirait aucun avantage et aurait pour nous des conséquences plus
funestes que vous ne pensez. » Les événements
qui sont arrivés longtemps après ont fait revenir
sur cette conversation, qui était prophétique [1].

Les ulemas firent des proclamations; elles cal-
mèrent les révoltes qui s'étaient déjà déclarées
sur divers points. Plusieurs d'entre eux, envoyés
en mission dans les provinces, parlèrent avec
chaleur; leur cœur était plein de reconnaissance
pour la généreuse conduite qn'on avait tenue à

1. C'est ce même cheik que plus tard le général Kleber fit bâtonner; ce qui fut une des principales causes de la mort de ce
général. (Note du général Bertrand.)

leur égard. Ils furent persuadés plus que jamais que Napoléon aimait le Coran, le Prophète, et qu'il était sincère dans toutes les protestations qu'il leur avait faites sur le désir qu'il avait de voir heureux le peuple de l'Arabie. Mille bruits se répandirent dans la ville et dans les provinces : Mahomet était apparu au sultan El-Kebir au moment de la révolte et lui avait dit : « Le peuple du Caire est criminel, car tu as été bon pour lui : ainsi tu seras victorieux, tes troupes entreront dans Gâma el-Azhar ; mais aie soin de respecter les choses saintes et les livres de la loi ; car, si tu n'es pas généreux après la victoire, je cesserai d'être avec toi et tu n'éprouveras plus que des défaites. » Tout ceci était un mélange de superstition et d'orgueil : c'était le Prophète qui avait tout fait et qui continuait à les protéger.

Cet événement, qui pouvait être si malheureux, consolida le pouvoir des Français dans le pays. Jamais, depuis, les habitants n'ont manqué de fidélité ni trahi les sentiments de reconnaissance qu'ils conservaient pour un si généreux pardon. Mais le divan général fut congédié ; on crut la présence des membres qui le composaient utile dans les provinces. On remit l'exécution des projets que l'on avait conçus au moment où la paix serait rétablie avec le sultan de Constantinople, ou bien au moment où quelques événements militaires d'importance auraient dissipé cet orage, qui menaçait encore.

Pendant octobre, novembre et une partie de décembre 1798, la ville du Caire, pour punition, resta sans divan. Enfin le général en chef se rendit aux sollicitations réitérées des habitants. Il leur dit dans une proclamation : « J'ai été mécontent de vous, je vous ai privés de votre divan ; je suis aujourd'hui content de votre repentir et de votre conduite : je vous le rends. Aucun pouvoir humain ne peut rien contre moi. Mon arrivée de l'Occident sur les bords du Nil a été prédite dans plus d'un passage du Coran. Un jour tout le monde en sera convaincu. »

Le lendemain, au lever, les cheiks se prosternèrent, et le cheik El-Fayoumy, portant la parole, demanda la grâce des malheureux imâms et muezzins qui étaient détenus dans la citadelle. Le général en chef lui répondit sans s'émouvoir : « Ils ont été condamnés et exécutés avant le lever du soleil qui a suivi la fin de la révolte. » Les cheiks levèrent alors les yeux au ciel, firent une courte prière et dirent : « que Dieu l'avait ordonné ainsi ; qu'ils étaient bien coupables et l'avaient bien mérité ; que Dieu était juste, que Dieu était partout, que tout venait de Dieu, que tout allait à Dieu, que Dieu était grand, très-grand ; que tout ce qui arrivait dans ce monde et dans les sept cieux venait de Dieu. »

VI. Sur le monticule où l'artillerie avait établi sa batterie de mortiers et d'obusiers, le capitaine

du génie Bertrand construisit un fort en maçonnerie. Ce fort dominait le quartier le plus mutin;
il croisait son feu avec celui de la citadelle; il
battait le grand chemin qui aboutit à la porte des
Victoires, et la gorge qui sépare la citadelle du
Moqattam. Une grande mosquée ayant des murs
très-élevés, située sur le canal du Prince-des-Fidèles, sur la route de Belbeys, qui couvrait l'enceinte de la ville du côté du nord, fut convertie en
fort sous le nom de *Sulkowski*. Ce fort pouvait contenir plusieurs bataillons et des magasins; peu
d'hommes suffisaient pour le défendre. Sur la
hauteur qui dominait la ville du côté du nord-
ouest, à mi-chemin de Boulâq, on établit une tour
qu'on appela le *fort Camin*; il protégeait la place
Ezbekyeh et défendait les avenues de la ville. Sur le
monticule près du jardin de l'Institut, s'éleva le fort
appelé *de l'Institut*; il battait toute l'esplanade entre
le Caire, le Vieux-Caire et le Nil, assurait les communications avec l'île de Roudah; il protégeait
l'hôpital établi dans la maison d'Ibrahim-Bey. Cet
hôpital était couvert par un mur crénelé en forme
d'ouvrage à cornes, qui était une tête de pont en
avant de l'île de Roudah. On plaça des batteries au
meqyâs; on convertit en fort la prise d'eau de
l'aqueduc au Vieux-Caire. Il y eut ainsi une série
de positions retranchées depuis le Caire jusqu'à
l'île de Roudah et Gyzeh, situé vis-à-vis, sur la
gauche du Nil. Cette grande ville se trouvait cernée
par des forts contenant des batteries incendiaires,

qui pouvaient jeter des bombes et des obus à la fois dans tous les quartiers, qui défendaient les approches, et que 500 hommes pouvaient garder. On organisa une troupe de gens du pays pour prêter main-forte aux aghas de la police et des marchands, afin de surveiller, suivant l'usage de ces contrées, les cafés, les rassemblements, les places publiques, les marchés.

La suppression de toutes les barrières intérieures donna une tout autre physionomie à la ville. Les boutiques, cafés, auberges et petites manufactures établies par des Européens reçurent une nouvelle extension et procurèrent à l'armée des jouissances qui lui rendirent moins pénible son éloignement d'Europe.

VII. Les insurgés échappés du Caire, établis dans la ville de Suez, troublaient la tranquillité du pays. Ils servaient d'intermédiaires à la correspondance d'Ibrahim-Bey, qui était en Syrie, avec Mourad-Bey, qui était dans le Sayd. Ils remuaient par leurs correspondances toutes les tribus du désert. Il était nécessaire d'ailleurs d'occuper cette ville importante; ce qui avait été négligé jusqu'alors, parce que, pour y arriver, il faut traverser un désert très-aride, sans eau, sans ombre, de quarante-deux heures de marche, trajet extraordinairement fatigant pendant l'été. On devait éviter tout ce qui pouvait exciter le mécontentement du soldat. Mais, à la fin d'octobre, les chaleurs cessèrent d'être incommodes ; les belles journées de l'automne répandirent la satisfaction dans l'armée. Elle était enfin accoutumée au pays, elle avait de très-bon pain, du riz, du vin de Chypre, de l'eau-de-vie de dattes, de la bière, de la viande, des volailles, des œufs et toute espèce d'herbages. La solde des officiers et des soldats, payée sur le même pied qu'en France, était d'une valeur quadruple, vu le bon marché de toutes les denrées. L'ordonnateur d'Aure faisait donner régulièrement des distributions de café moka; chaque escouade avait sa cafetière. Pour remplacer les fourgons et les voitures d'équipages militaires, il avait donné à chaque bataillon des chameaux en suffisance pour porter l'eau, les vivres, les ambulances et les équipages. Les officiers généraux et supérieurs avaient leurs lits, leurs tentes, leurs chameaux. Tout le monde était enfin organisé selon la mode du pays. Le soldat était revenu à son esprit naturel; il était plein d'ardeur et du désir d'entreprendre. S'il faisait entendre quelque plainte, c'était sur l'oisiveté dans laquelle il vivait depuis plusieurs mois. Ce changement dans ses dispositions en avait opéré un plus grand encore dans sa manière de voir le pays. Il était convaincu de sa fertilité, de son abondance, de sa salubrité, et de tout ce qu'un établissement solide pouvait offrir d'avantageux aux individus et à la République.

Le général de division Bon partit le 8 novembre, avec 1,200 hommes d'infanterie, deux cents chevaux et deux pièces de canon. Il porta son camp à

Birket el-Hâggy, au bord d'un lac d'eau du Nil, à cinq lieues du Caire, sur la route de Suez. Il fut joint par tout ce qui lui était nécessaire pour traverser le désert. Un chameau porte deux outres pleines d'eau, qui suffisent pour abreuver quatre cents hommes pendant un jour, ou pour quarante chevaux. Il était nécessaire de porter du bois pour faire la soupe; et, quoique la traversée du désert jusqu'à Suez ne soit que de trois jours, il était prudent de porter des vivres pour vingt jours, de l'eau et du bois pour dix jours; ce qui exigea un millier de chameaux. Le général Bon n'éprouva aucun obstacle, entra dans Suez, fit travailler sur-le-champ aux fortifications pour mettre à couvert la petite garnison qu'il voulait y laisser. Les ingénieurs de la marine avaient mis sur le chantier, au Caire, quatre chaloupes canonnières portant des pièces de 24; ils les avaient démontées; des chameaux les portèrent à Suez, où elles furent remontées et calfatées. Le pavillon tricolore flotta sur la mer Rouge. Elles naviguèrent dans le nord de cette mer jusqu'à Qoseyr et Yanbo.

La mer Rouge, au nord, se divise en deux bras : l'un, appelé la *mer de Suez*, a de cinq à dix lieues de large et cinquante de long; l'autre, appelé *El-Aqabah*, entre dans les terres d'une trentaine de lieues, et a trois à cinq lieues de large. A l'extrémité est la ville d'Ælana ou Aïlab, située à soixante lieues de Suez, sur le chemin des caravanes de la Mecque. Il existe à Aïlab un fort dont la petite garnison est turque, des puits dont l'eau est bonne et abondante. Ce port a appartenu aux Iduméens, qui rivalisèrent avec Tyr ; il était le port de Jérusalem. Le désert de Thor est entre Suez, la mer El-Aqabah et le mont Sinaï. Il est habité par trois tribus d'Arabes de Thor, de 4 à 5,000 âmes. On y trouve des ruines qui ne laissent aucun doute sur les villes qui y ont existé. Dans la vallée de Faran, il y a des bois et des broussailles dont les Arabes font du charbon.

A la fin de décembre, le général en chef partit du Caire avec les académiciens Monge et Berthollet, l'ingénieur des ponts et chaussées Le Père, son état-major, deux cents gardes à cheval et quatre cents dromadaires. Il voulait visiter lui-même les bords de la mer Rouge et reconnaître les traces du canal des deux mers. Depuis la révolte du Caire, il ne s'était pas absenté ; il était bien aise d'accoutumer cette grande ville à son absence.

Pour se rendre du Caire à Suez, il y a trois chemins : le premier passe par le village d'El-Basâtin, à deux lieues au sud du Caire, d'où il se dirige à l'est, entre dans la vallée de l'Égarement, à huit lieues rencontre les puits de Gandely. Ces puits sont au nombre de huit, l'eau y est un peu saumâtre ; les caravanes, qui de Syrie se rendent dans la haute Égypte, séjournent à ces puits. Des puits de Gandely on chemine pendant seize lieues jusqu'aux bords de la mer Rouge ; là on côtoie la mer pendant neuf lieues, et on arrive à Suez : total du Caire à

Suez par cette route, trente-cinq lieues, et seulement vingt-six jusqu'à la mer Rouge. Il pleut dans ce désert. Il serait facile de construire des citernes, toutes les quatre lieues, pour les besoins des voyageurs, et d'organiser une aiguade au bord de la mer pour les bâtiments. Cette route était la plus fréquentée par les habitants de Memphis. La deuxième route va du Caire au lac dit *Birket el-Hâggy*, cinq lieues; de Birket el-Hâggy, où elle entre dans le désert, que l'on traverse sans rencontrer d'eau, jusqu'au château d'Ageroud, qui est la troisième station de la caravane de la Mecque, il y a vingt-trois lieues; d'Ageroud à Suez il y a cinq lieues : total, trente-trois lieues. La troisième route est par Belbeys. Du Caire à Belbeys, douze lieues; par le désert jusqu'à Ageroud, dix-neuf lieues; à Suez, cinq lieues : total trente-six lieues, mais seulement dix-neuf lieues de désert. La distance astronomique de Suez au Caire est de vingt-sept lieues et demie : de Suez à la grande pyramide de Gyzeh il y a trente et une lieues. Toutes ces lieues sont de vingt-cinq au degré.

Le 24 décembre, le camp fut dressé sur les bords du lac dit *Birket el-Hâggy*. Plusieurs négociants qui avaient affaire à Suez s'y joignirent. Le 25, à deux heures avant le jour, le camp se remit en route. La caravane marcha toute la journée au milieu d'un sable aride. Le temps était beau, la chaleur du soleil n'était pas désagréable. La marche dans le désert est monotone elle inspire une douce mélancolie. Les Arabes qui servaient de guides s'orientaient sans suivre aucune trace. La caravane fit dans la journée deux haltes, chacune d'une demiheure, et la nuit elle prit position à l'arbre de Hamrâ, à quatorze lieues de Birket el-Hâggy. Le Hamrâ est l'objet du culte des Arabes; la malédiction et les anathèmes sont lancés contre ceux qui seraient assez impies pour toucher à ce prodige du désert. Le soldat n'avait pas apporté de bois pour le bivouac; il souffrit du froid; il ne fut que médiocrement soulagé par le feu qu'il essaya d'allumer avec des os et quelques plantes sèches de sept ou huit pouces de hauteur qu'il trouva dans une vallée à portée du camp. Ces plantes forment la nourriture des chameaux. A deux heures avant le jour, le 26, la caravane se remit en marche. Il n'était pas encore jour quand elle passa près du puits El-Batar. C'est un trou de 50 toises de profondeur, extrêmement large; les Arabes l'ont creusé dans l'espérance d'y trouver de l'eau; ils ont été obligés d'y renoncer. Près de là, on distingua, mais seulement au clair de la lune, un vieil acacia; il était couvert d'écrits de[1] . . . . . et autres témoignages de dévotion des pèlerins, qui, en revenant de la Mecque, rendent hommage à cette première végétation qui leur annonce les eaux du Nil. A deux heures après midi, Napoléon arriva à Ageroud; le chemin en passe à 500 toises. Ageroud est un

1. Ce mot n'a pu être lu dans le manuscrit. (Note de l'édition officielle.)

petit fort placé sur une petite éminence qui domine au loin; il a deux enceintes en maçonnerie, un puits très-profond; l'eau y est abondante, mais saumâtre; elle devient moins saumâtre si elle reste plusieurs heures exposée à l'air; elle est excellente pour les chevaux, les chameaux et les animaux; les hommes ne s'en servent qu'à la dernière extrémité. Il y a dans ce fort une mosquée, un caravansérail et des logements pour 150 hommes. Napoléon y plaça un commandant d'armes, 15 hommes de garnison et deux pièces de canon. On arriva à Suez à la nuit obscure; le général en chef préféra rester dans sa tente et refusa une maison qui lui avait été préparée.

Suez est au bord de la mer Rouge, située à 2,600 toises de l'extrémité du golfe, et à 4 ou 500 toises de l'embouchure de l'ancien canal. La ville a joui d'une assez grande prospérité. Les géographes arabes la décrivent comme une oasis. L'eau provenait probablement du canal. Il y pleut assez pour qu'en recueillant l'eau dans des réservoirs on puisse en avoir suffisamment, non-seulement pour les besoins de la ville, mais encore pour la culture. Aujourd'hui il n'y a rien; les citernes sont peu spacieuses et mal entretenues; l'eau, pour les hommes, vient des fontaines de Moïse; pour les chevaux et les chameaux, de la fontaine de Suez, située à une lieue sur le chemin du fort Ageroud. La ville contient un beau bazar, quelques belles mosquées, des restes de beaux quais, une trentaine de magasins et des maisons pour une population de 2 à 3,000 âmes. Dans le temps du séjour des caravanes et des bâtiments de Djeddah, Suez contient en effet cette population ; mais, quand les affaires sont terminées, elle ne reste habitée que par deux ou trois cents malheureux. La rade est à une lieue de la ville ; les navires y mouillent par huit brasses d'eau ; elle a une lieue de tour ; elle communique à la ville par un chenal qui a 60 ou 80 toises de largeur, et à basse mer 10 pieds d'eau, ce qui faisait 15 ou 16 à haute mer. Le fond est bon, les ancres y tiennent ; c'est un fond de sable vaseux. La rade est couverte par des récifs et par des bancs de sable. Son vent traversier est le sud-est, qui règne rarement dans ces parages.

VIII. Napoléon employa la journée du 27 à visiter la ville et à donner quelques ordres pour l'établissement d'une batterie qui pût protéger le chenal et le port. Le 28, il partit à cheval pour se rendre aux fontaines de Moïse. Il traversa à trois heures du matin le Ma'dyeh, bras de mer guéable à marée basse, qui a trois quarts de lieue de large. Le contre-amiral Ganteaume monta une chaloupe canonnière, embarqua des sapeurs, les ingénieurs, plusieurs savants, et s'y rendit par mer. Les fontaines de Moïse sont à trois lieues de Suez ; on en compte neuf. Ce sont des sources d'eau sortant de mamelons élevés de quelques toises au-dessus de la surface du sol. Elles proviennent des montagnes qui sont à quatre

lieues de là. Ces sources sont à sept cents toises de
la mer. On y voit les ruines d'un aqueduc et de
plusieurs magasins qui avaient été construits par
les Vénitiens dans le xve siècle, lorsqu'ils voulurent
intercepter aux Portugais la route des Indes. Les
sapeurs commencèrent à fouiller; ils travaillèrent
jusqu'à la nuit. Le général en chef monta à cheval
pour retourner à Suez. Ceux qui étaient venus par
mer s'embarquèrent sur la canonnière. A neuf heures du soir, les chasseurs d'avant-garde crièrent
qu'ils enfonçaient. On appela les guides : les soldats
s'étaient amusés à les griser avec de l'eau-de-vie,
et il fut impossible d'en tirer aucun renseignement.
On était hors de route. Les chasseurs s'étaient guidés sur un feu qu'ils avaient pris pour les lumières
de Suez : c'était le fanal de la chambre de la chaloupe canonnière, ce que l'on remarqua promptement : il changeait de place à chaque instant. Les
chasseurs s'orientèrent et déterminèrent la position de Suez. Ils se mirent en marche à cinquante
pas l'un de l'autre; mais, après avoir fait 200
toises, le chasseur de tête cria qu'il enfonçait. Il
fallut reployer cette ligne, et, en tâtonnant ainsi
dans plusieurs directions, ils eurent le bonheur de
trouver la véritable. A dix heures du soir, l'escadron
était rangé en bataille au milieu du sinus, les chevaux ayant de l'eau jusqu'au ventre. Le temps était
noir; la lune ne se leva cette nuit-là qu'à minuit;
la mer était un peu agitée et le vent paraissait vouloir fraîchir; la marée montait, il y avait autant

de danger à aller en avant qu'à reculer. La position devint assez critique pour que Napoléon dît : « Serions-nous venus ici pour périr comme Pharaon ? Ce sera un beau texte pour les prédicateurs de Rome ! » Mais l'escorte était composée de soldats de huit à dix ans de service, fort intelligents. Ce furent les nommés Louis, maréchal des logis, et Carbonnel, brigadier, qui découvrirent le passage. Louis revint à la rencontre ; il avait touché bord. Mais il n'y avait pas un moment à perdre : l'eau montait à chaque moment. Caffarelli du Falga était plus embarrassant que les autres à cause de sa jambe de bois ; deux hommes de 5 pieds 10 pouces, nageant parfaitement bien, se chargèrent de le sauver ; c'étaient des hommes d'honneur, dignes de toute confiance. Rassuré sur ce point, le général en chef se hâta pour gagner la terre. Se trouvant sous le vent, il entendit derrière lui une vive dispute et des cris. Il supposa que les deux sous-officiers avaient abandonné du Falga. Il retourna sur ses pas ; c'était l'opposé : celui-ci ordonnait aux deux hommes de l'abandonner. « Je ne veux pas, leur disait-il, être la cause de la mort de deux braves ; il est impossible que je m'en puisse tirer ; vous êtes en arrière de tout le monde ; puisque je dois mourir, je veux mourir seul. » La présence du général en chef fit finir cette querelle. On se hâta, on toucha la terre ; Caffarelli en fut quitte pour sa jambe de bois ; ce qui lui arrivait du reste toutes les semaines. La perte fut

légère, quelques carabines et quelques man-
teaux.

L'alarme était au camp. Quelques officiers eurent
la pensée d'allumer des feux sur le rivage, mais
ils n'avaient pas de bois ; ils démolirent une maison, ce qui demanda du temps. Cependant le premier feu était allumé sur le rivage lorsqu'on prit
terre. Les plus vieux soldats, qui avaient appris
leur catéchisme, racontaient la fuite de Moïse, la
catastrophe de Pharaon, et ce fut pendant longtemps l'objet de leurs entretiens.

Le 29, les Arabes de Thor, qui, ayant reçu la
visite des chaloupes canonnières françaises, avaient
appris l'arrivée du sultan El-Kebir dans leurs parages, vinrent demander sa protection. Thor est
situé sur le bord de la mer, c'est le port du mont
Sinaï. Ces Arabes portent au Caire du charbon, de
très-beaux fruits, et en rapportent tout ce qui leur
est nécessaire. Les moines du mont Sinaï montrèrent au général en chef le livre sur lequel était la
signature de Mahomet, de Saladin et de Selim,
pour recommander le couvent aux détachements
de leurs armées. A leur demande, il fit la même
recommandation, pour leur servir de sauvegarde
auprès des patrouilles françaises.

IX. Le 30, l'état-major partit de Suez. Les tentes, les bagages et l'escorte se dirigèrent sur Ageroud, où l'on dressa le camp à quatre heures après
midi. Napoléon, avec l'académicien Monge, plu-

sieurs généraux et officiers d'état-major, côtoya la mer Rouge, fit le tour du sinus. Il retournait sur ses pas, dans la direction de Suez, lorsque, à 4 ou 500 toises de cette ville, il découvrit quelques restes de maçonnerie qui fixèrent son attention. Il marcha dans cette direction perpendiculairement à la mer, 60 ou 80 toises, et il se trouva au milieu des vestiges de l'ancien canal, qu'il suivit pendant l'espace de cinq heures. La nuit approchant, et ayant sept lieues à faire pour gagner le camp à travers le désert, il s'y dirigea au grand galop ; après quelques incertitudes, il le rejoignit, n'ayant avec lui que trois ou quatre personnes, les mieux montées ; les autres étaient en arrière. Il fit allumer de grands feux sur un monticule et sur le minaret de la mosquée du fort Ageroud ; il fit tirer tous les quarts d'heure un coup de canon jusqu'à onze heures du soir, moment où tout le monde avait heureusement rejoint ; personne n'était égaré.

Les ruines du canal des deux mers sont bien marquées. Les deux berges sont éloignées de 25 toises. Un homme à cheval est caché et couvert au milieu du canal.

Le 31, le camp fut établi dans une vallée, à dix lieues d'Ageroud, où il y avait assez abondamment de ces petites plantes épineuses qu'affectionnent les chameaux. Plusieurs centaines de ces jeunes animaux y paissaient sans être gardés.

Le 1er janvier 1799, le camp fut placé à une portée de fusil des fortifications de Belbeys. Les tra-

vaux de Belbeys étaient fort avancés ; à défaut de
pierre, les officiers du génie avaient employé des
briques séchées au soleil, faites avec le limon du
Nil, qui est très-propre à cet usage. Le 3, le général en chef partit avec 200 dromadaires et chevaux
dans la direction de l'Ouâdy de Tomlât. A quatre
heures après midi, il arriva au milieu du désert,
au puits de Saba'-Byâr. La chaleur était extrême,
l'eau du puits peu abondante ; elle avait le goût
des eaux de Baréges. Pendant qu'on faisait la distribution de cette eau détestable, un chasseur vit
arriver un dromadaire, qui, apercevant trop tard
les troupes françaises, voulut s'éloigner. Il était
porteur des dépêches d'Ibrahim-Bey et de Djezzar-
Pacha pour la haute Égypte. Il donna la nouvelle
que les hostilités avaient commencé sur la frontière
de Syrie, que l'armée de Djezzar-Pacha était entrée sur le territoire d'Égypte, que son avant-garde
occupait l'oasis d'El-A'rych et qu'elle travaillait à
mettre le fort en état de défense. La nuit, on bivouaqua dans l'oasis, au milieu d'un taillis ; elle
fut assez froide. Des chacals, espèce de loups du
désert, dont les cris ressemblent à ceux de l'homme,
firent que plusieurs vedettes crièrent aux armes ;
elles se crurent attaquées par les Bédouins. Le
lendemain Berthier retrouva les vestiges du canal
qui traversait l'Ouâdy pour prendre les eaux du
Nil à Bubaste, sur la branche Pelusiaque. Les vestiges de ce canal ont les mêmes dimensions que du
côté de Suez.

Pendant ce temps la flotte de Djeddah était arrivée à Suez, portant une très-grande quantité de café et de marchandises des Indes. Napoléon traversa le désert et retourna dans cette ville. Les bâtiments étaient de 4 à 500 tonneaux. Une caravane était arrivée du Caire ; Suez avait pris de la vie et la physionomie d'une ville indienne. Napoléon y reçut des agents qui revenaient des Indes. De là, il traversa l'isthme dans une autre direction et se rendit à Sâlheyeh. Les fortifications étaient à l'abri d'un coup de main, les magasins abondamment approvisionnés d'orge, de riz, de fèves et de munitions de guerre. Il envoya deux bataillons avec de l'artillerie à Qatyeh. Les puits étaient en bon état. Les officiers du génie construisirent une bonne redoute en palissades de 50 toises de côté, y etablirent des plates-formes, le canon battant tous les puits, qui furent nettoyés peu de semaines après. Des blockhaus préparés au Caire furent montés dans la redoute pour servir de magasins. Des convois de chameaux chargés de riz, de farine, d'orge, de fèves, venus du Caire et de Damiette, approvisionnèrent les magasins de cette oasis. Lorsque Djezzar apprit que de l'infanterie française arrivait à Qatyeh, et qu'on y construisait une redoute, il renonça à s'avancer davantage, de peur de compromettre ses troupes. Le général Reynier, dont le quartier général était à Belbeys, envoya une forte avant-garde à Sâlheyeh pour soutenir le poste de Qatyeh.

Le général en chef arriva au Caire quinze jours après en être parti. Il trouva tout dans un état satisfaisant. On savait le mouvement de Djezzar sur l'Égypte, mais on n'en était pas inquiet; la confiance était entière. Les Anglais se montrèrent avec quelques bâtiments de transport et quelques canonnières devant Alexandrie; cela n'imposa pas davantage. Plusieurs bombardes furent coulées bas par les batteries d'Alexandrie. Mourad-Bey était chassé de la haute Égypte; le pavillon tricolore flottait sur la cataracte de Syène; tout le pays était soumis. La grande et la petite oasis, et le pays des Barâbras, étaient les seuls refuges que les Mameluks eussent dans leurs malheurs.

Napoléon était décidé à porter la guerre en Syrie; les préparatifs se faisaient avec activité sur tous les points.

Avant de quitter l'Égypte, il voulut aller voir de près et mesurer ces fameuses pyramides. Il y campa plusieurs jours, fit plusieurs courses dans le désert, dans la direction de la petite oasis.

La haute et basse Égypte étaient tranquilles. Le divan était en pleine activité, et les habitants du Caire ne conservaient plus de leur révolte que le souvenir de la clémence à laquelle ils devaient leur salut.

X. Les Arabes n'avaient jamais soutenu le feu de l'infanterie française; les Mameluks, qui d'abord l'avaient bravée, avaient fini par reconnaître leur infériorité et l'impossibilité de l'enfoncer. L'expérience de Chobrâkhyt, des Pyramides, de Sédiman, leur servit à ne plus mépriser les troupes à pied. Cent hommes d'infanterie purent dès cette époque parcourir le pays dans toutes les directions ; eussent-ils été rencontrés par 7 ou 800 Mameluks, ceux-ci se seraient bien gardés de les attaquer. Aux trois batailles, les carrés français avaient été rangés sur six de hauteur ; pendant longtemps chaque soldat porta un pieu de 4 pieds de long et d'un pouce de diamètre, garni de fer, avec deux chaînettes de 8 pouces de chaque côté; ces pieux servaient à couvrir l'infanterie. Mais, lorsque sa supériorité eut imposé aux ennemis, on renonça à ces précautions; les carrés ne se formèrent plus que sur trois rangs; souvent même les soldats se plaçaient sur deux de hauteur. Les officiers avaient l'ordre de faire commencer le feu de deux rangs lorsque la cavalerie était à 120 toises, parce que, si l'on attendait qu'elle fût trop près, comme cela était l'opinion de quelques-uns, les chevaux étant lancés, on n'était plus à même de les arrêter. La cavalerie, si elle est bonne, ne met que [1].... à parcourir cette distance; pendant ce temps le soldat ne peut tirer que [2].... Les tirailleurs contre les Bédouins ou les Mameluks marchaient toujours par quatre, et formaient leurs ralliements carrés; ce qui déconcertait la cavalerie. Ce n'est pas qu'il n'y

---

1-2. Espaces laissés en blanc dans le manuscrit.

ait eu bien des exemples qu'un seul tirailleur, de pied ferme, ait jeté à terre le cavalier d'un coup de fusil; mais cela ne doit pas servir de règle.

Les Arabes n'avaient jamais attendu la cavalerie française, à moins qu'ils ne fussent quatre contre un. Les Mameluks, au contraire, faisaient parade de la mépriser; mais, lorsqu'elle fut montée sur des chevaux du pays, elle leur tint tête. Un Mameluk était plus fort qu'un Français; il était plus exercé et mieux armé; 100 Mameluks se battaient avec probabilité de succès contre 100 cavaliers français; mais, dans une rencontre de deux corps d'un nombre supérieur à 200 chevaux, la probabilité était pour les Français.

Les Mameluks se battent sans ordre; ils forment un tourbillon sur les ailes pour tourner les flancs et se jeter sur les derrières de la ligne. Un corps de 300 Français se plaçait sur trois lignes, se portait, par division à droite et à gauche, sur la droite et la gauche de la première ligne, et la cavalerie ennemie, déjà en mouvement pour tourner les flancs de la première ligne, s'arrêtait pour tourner les flancs de cette nouvelle ligne; la troisième faisait le même mouvement, et au même moment toute la ligne chargeait; les Mameluks étaient alors mis en déroute et cédaient le champ de bataille. Les cavaliers français, comme les Mameluks, avaient leurs pistolets attachés au pommeau de la selle par une courroie. Leur sabre pendait au poignet par une dragonne. Les feux à cheval des dragons furent quelquefois utiles; mais cela a bien des inconvénients si l'escadron n'est pas séparé de l'ennemi par un obstacle qui l'empêche d'être chargé. L'infanterie, la cavalerie, l'artillerie françaises, avaient une grande supériorité. La cavalerie française ne marchait jamais en nombre sans avoir du canon servi par l'artillerie à cheval. Les Mameluks, avant de charger, faisaient feu de six armes, d'un fusil, d'un tromblon, de deux paires de pistolets qu'ils portent, une à l'arçon, une sur la poitrine. La lance était portée par un de leurs saïs, qui les suivait à pied. C'était une brave et belle milice.

CHAPITRE VII

CONQUÊTE DE LA HAUTE ÉGYPTE

. Plan de campagne. — II. Soumission des provinces de Beny-Soueyf et de Fayoum ; bataille de Sédiman (7 octobre 1798) ; combat de Minyet el-Fayoum (8 novembre). — III. Syout et Girgeh, les deux provinces de la haute Égypte, sont soumises ; combat de Saouâqy (3 janvier 1799) ; combat de Tahtah (8 janvier). — IV. Desaix s'empare de Syène ; les Mameluks sont chassés de l'Égypte ; combat de Samhoud (22 janvier) ; combat de Thèbes (12 février) ; combat de Qeneh (12 février) ; combat d'Abou-Marrah (17 février). — V. Mourad-Bey marche sur le Caire ; combat de Saouâmah (5 mars) ; perte de la flottille française (6 mars) ; combat de Coptos (8 mars). — VI. Hassan-Bey est cerné dans le désert de la Thébaïde ; combat de Byr el-Bâr (2 avril) ; combat de Girgeh (6 avril). — VII. Pillage et incendie de Beny-A'dyn (18 avril) ; combat de Syène (16 mai) ; mort de Hassan-Bey. — VIII. Prise de Qoseyr (29 mai).

I. Si, le lendemain de la bataille des Pyramides, une division de l'armée française eût poursuivi Mourad-Bey, elle n'aurait éprouvé de résistance nulle part ; elle se serait emparée en quinze jours de toute la haute Égypte. Mais il fallait attendre que toute la cavalerie fût remontée et que les eaux du Nil fussent assez hautes pour que la navigation devînt praticable. Les ennemis profitèrent de ce moment de relâche, qui dura deux mois. Ils revinrent de leur extrême consternation. L'impres-

sion de cette bataille s'affaiblit. Ils reçurent des
secours de diverses tribus et des protestations de
fidélité de diverses provinces. Depuis, la perte de
l'escadre française, les subsides qu'ils reçurent par
l'intermédiaire de la croisière anglaise devant
Alexandrie, leur rendirent l'espérance, ce premier
mobile de toute action et de toute énergie.

En septembre 1798, Mourad-Bey avait une armée de terre et une flottille considérables. Les
kâchefs qu'il avait envoyés dans la péninsule arabique pour appeler les Musulmans au secours des
fidèles, et implorer l'assistance des chérifs au tur-
ban vert, étaient de retour. Ils avaient réussi. Ils
lui annoncèrent que de nombreuses cohortes d'A-
rabes d'Yanbo , renommés par leur bravoure,
allaient traverser la mer Rouge et débarquer à
Qoseyr.

Hassan-Bey, depuis dix-huit ans, était exilé à
Esné avec sa maison, vivant du chétif revenu de la
première zone de la vallée du Nil. Il était misérable, mais il s'était allié par des mariages avec les
deux grandes tribus d'Arabes du pays de Sennaar.
Il jouissait d'un grand crédit parmi les tribus de
la Thébaïde et les Bédouins du désert de la grande
oasis. Les deux cent cinquante Mameluks qui lui
restaient en état de monter à cheval étaient des
hommes d'élite, qui joignaient à la connaissance
du pays un courage éprouvé, une âme trempée
dans le malheur et les ruses de l'âge avancé. Ce
vieillard resta implacable. Ni l'occupation du Caire

par les infidèles, ni les soumissions de Mourad-
Bey ne purent diminuer sa haine. Il se plaisait à
voir des vengeurs dans les Français; il en attendait une amélioration de son sort, car il ambition-
nait d'étendre sa domination sur tout le Sayd.

Le 25 août 1798, Desaix avec 5,000 hommes, dont
500 de cavalerie, 300 d'artillerie ou de sapeurs, et
4,300 d'infanterie, une escadrille de huit bâtiments,
demi-galères, avisos ou demi-chebecs, montés par
les marins français, partit du Caire. C'était à la
fois une opération militaire importante et un
voyage scientifique d'un grand intérêt. Pour la
première fois depuis la chute de l'empire romain,
une nation civilisée et cultivant les sciences et les
arts allait visiter, mesurer, fouiller ces superbes
ruines qui occupent depuis tant de siècles la curiosité du monde savant.

Personne n'était plus propre à diriger une pareille opération que Desaix; personne ne le désirait avec plus d'ardeur. Jeune, la guerre était sa
passion; insatiable de gloire, il connaissait toute
celle qui était attachée à la conquête de ce berceau
des arts et des sciences. Au seul nom de Thèbes, de
Coptos, de Philæ, son cœur palpitait d'impatience.
Les généraux Friant et Belliard, l'adjudant-com-
mandant Donzelot, le colonel d'artillerie La Tour-
herie, étaient sous ses ordres. Le 21e léger, les 61e et
88e de ligne, excellents régiments qui s'étaient
embarqués à Cività-Vecchia, étaient les plus nombreux de l'armée; ils occupaient le même camp, au

sud de Gyzeh, depuis deux mois, et Desaix les avait employés à se préparer à cette campagne. La cavalerie était montée de chevaux arabes, aussi bons que ceux des Mameluks, provenant des remontes et des prises; mais elle n'était pas nombreuse. Les remontes se faisaient avec difficulté : le pays était encore mal soumis.

Des savants et des artistes désiraient suivre Desaix; cela eût eu le double inconvénient d'exposer aux périls de la guerre des hommes précieux et de porter du retard dans les opérations militaires. Denon seul eut la permission de suivre comme volontaire le quartier général de la division.

Desaix a mis cinq mois à la conquête de la haute Egypte : septembre, octobre, novembre, décembre 1798, janvier 1799. Au 2 février il était maître de Syène. Il employa cinq autres mois à réprimer les insurrections et affermir ses conquêtes. Sa campagne se divise en six opérations. La première comprend cent jours; l'événement militaire le plus important est la bataille de Sédiman : la conquête de la province de Beny-Soueyf et du Fayoum en a été le résultat. La deuxième comprend cinquante jours de décembre et de janvier; les combats de Saouâqy et de Tahtah en sont les seuls événements militaires; il a fait la conquête des provinces de Minyet, de Syout et de Girgeh. La troisième comprend trente jours de janvier et de février 1799; le combat de Samhoud est l'événement le plus important; les Mameluks chassés de la vallée, ayant tout perdu,

se réfugièrent dans les oasis, dans le pays de Barâbras, au delà des cataractes, et dans les déserts de
la Thébaïde ; le pavillon tricolore flotta sur toute
l'Egypte. La quatrième comprend quarante jours de
février en mars 1799 ; Mourad-Bey, Elfy-Bey, Hassan d'Yanbo, profitant de la marche de l'armée en
Syrie, rentrent dans la vallée, marchent sur le Caire,
projetant de s'y réunir et de reconquérir d'un seul
coup la haute et la basse Égypte ; ils échouent dans
leur entreprise ; la destruction d'une partie de la
flottille française dans la haute Égypte, le combat
de Coptos, sont des faits d'armes importants. Dans
la cinquième époque, les débris des chérifs d'Yanbo
infestent les provinces de Syout et de Girgeh ; ils
sont poursuivis. La sixième comprend mai et juin ;
la haute Égypte est complétement soumise ; Mourad-Bey et Alfy-Bey, peu accompagnés, errent dans
les déserts. Le combat de Beny-A'dyn entraîne la
perte de cette belle ville. Qoseyr est occupé par le
général Belliard. L'armée de Syrie rentre au Caire.
Toute l'Égypte, haute et basse, est parfaitement
tranquille.

L'instruction que Napoléon donna au général
Desaix pour cette guerre fut de marcher à Mourad-
Bey, de le battre, de profiter de sa retraite pour le
poursuivre l'épée dans les reins et le jeter au delà
des cataractes et dans les oasis ; de faire, à mesure
qu'il s'avancerait, fortifier sur les points les plus
importants les mosquées qui domineraient le Nil,
en protégeant la navigation. Si, après cette marche

triomphante, des révoltes partielles avaient lieu, comme il fallait s'y attendre, il les réprimerait par des combats particuliers, qui amèneraient enfin la soumission sincère du pays. Mais d'abord il fallait occuper toute la vallée. Une division de 1,200 chevaux, qui était occupée à se remonter, et de 1,500 hommes d'infanterie des 3ᵉˢ bataillons qui restaient au Caire, ainsi que huit barques installées par les ingénieurs de la marine pour cette expédition, seraient prêtes sous peu pour le soutenir, lui servir de réserve et réparer ses pertes.

II. Desaix arriva le 30 août à Beny-Soueyf. Les Mameluks ne lui opposèrent aucune résistance. Ils se concentrèrent dans le Fayoum, au nombre de 18,000 hommes, à pied et à cheval, ayant une flottille de cent quatre-vingts bâtiments, dont douze armés de canon. Elle était mouillée dans le canal de Joseph. De Beny-Soueyf, Desaix pouvait marcher sur le Fayoum, qui était à quatre lieues sur sa droite, et combattre Mourad-Bey; mais il pensa qu'en continuant de remonter le Nil, il arriverait à Dârout el-Chérif, petite ville où est la prise d'eau du canal de Joseph; qu'il intercepterait la flottille ennemie et l'enfermerait dans ce canal; que, descendant alors ce canal avec son armée et ses bâtiments, il obtiendrait, par une seule victoire, le Fayoum et les richesses des beys portées sur leurs navires, ce qui serait un coup décisif; à moins que, pour éviter cette catastrophe, Mourad-Bey ne le

prévînt avec sa flottille et son armée sur Syout ;
mais alors le Fayoum, évacué, tomberait de lui-
même et n'aurait pas retardé sa marche. En conséquence de ce plan, il continua de remonter le fleuve,
et arriva à Abou-Girgeh le 4 septembre. Mourad-Bey,
ayant pénétré le projet de son ennemi, fit remonter
à sa flottille le canal de Joseph, la fit entrer dans le
Nil à Dârout el-Chérif, et lui donna l'ordre de mouiller vis-à-vis de Syout. Mais il resta immobile dans
le Fayoum avec son armée, maître de la rive gauche du canal de Joseph, le long de laquelle il étendit sa droite, communiquant ainsi avec Syout, ayant
perpendiculairement derrière lui la petite oasis. Le
5 au soir Desaix eut des nouvelles, à Abou-Girgeh,
de ce mouvement de la flottille. Il partit avec un bataillon du 21ᵉ léger, le 6 à la pointe du jour, marcha sur sa droite et fit huit grandes lieues. Il arriva
à Behnesé, coupant le canal de Joseph ; mais il arriva trop tard. Les bâtiments ennemis avaient
passé, hormis douze bateaux chargés de bagages
qu'il prit après une légère fusillade. Une de ces
barques portait sept pièces de canon. Le 7, il
rentra à Abou-Girgeh ; il y séjourna plusieurs
ours. Il se persuada que, puisque Mourad-Bey
avait fait évacuer sa flottille, lui-même se rendrait
par le désert dans la haute Égypte. Il se confirma
dans le parti de continuer son mouvement en remontant le Nil, et se porta d'un trait à Syout, où
l arriva le 14 septembre. A son approche, la flot-
ille ennemie, pour éviter un engagement, continua

de remonter le fleuve jusqu'à Girgeh. Mourad-Bey
resta tranquille dans le Fayoum; mais, lorsqu'il
vit que les Français étaient à soixante lieues en
avant de lui, il coupa leurs communications avec le
Caire, insurgea les provinces de Minyet et de Syout,
ce qui rendit la position de Desaix critique. Celui-ci
ne pouvait pas manœuvrer sur les flancs de l'ennemi, qui conservait sa communication avec la
haute Égypte par le désert, et qui d'ailleurs avait
derrière lui l'oasis. Que faire dans cette position?
persister dans son projet? C'était tout risquer. Le
plus sage était de céder et d'obéir à la combinai-
son de son ennemi. C'est ce qu'il fit. Il rétrograda
sur Dârout el-Chérif, entra dans le canal de Joseph,
descendit dans le Fayoum. La flottille ennemie
redescendit sur Dârout el-Chérif et jusque vis-à-
vis de Beny-Soueyf; tout le pays l'accueillit avec
des cris de victoire. Les Français, puisqu'ils reculaient, étaient donc battus! Cependant l'armée
française éprouvait les plus grandes difficultés.
Les bâtiments s'engravaient à chaque pas. Elle
surmonta tout. Le 3 octobre, elle arriva au bourg
d'El-Lâboun, à l'entrée du Fayoum, s'empara du
pont de pierre qui est sur le canal et qui lui permettait de manœuvrer sur les deux rives. Après
deux mois de fatigues, pendant lesquels elle avait
parcouru deux cents lieues de terrain, elle se trouvait aussi avancée que les premiers jours.

Après quelques légères escarmouches, quelques
marches et contre-marches, Desaix, impatienté,

marcha droit à Mourad-Bey, qui était animé de la même résolution. Les deux armées se rencontrèrent. Celles des Mameluks couronnait toutes les hauteurs de Sédiman, au milieu du désert et à une lieue du canal de Joseph. Elle comptait 2,000 Mameluks, dont le sabre était redoutable, 8,000 Arabes à cheval, autant à pied, et quatre pièces de canon. Les Français avaient 3,400 hommes d'infanterie, 600 de cavalerie et huit pièces de canon, en tout 4,500 hommes. Desaix forma un seul carré de son infanterie et de sa cavalerie: il se fit éclairer par un petit carré de trois compagnies de voltigeurs. La canonnade s'engagea. Le petit carré de voltigeurs s'étant impunément éloigné, Mourad-Bey saisit l'à-propos, le chargea; 5 ou 6,000 chevaux entourèrent sur-le-champ toute l'armée française. Le capitaine Valette, qui commandait le petit carré, officier intrépide, ordonna à ses voltigeurs de ne faire feu qu'à bout portant. Ils exécutèrent cet ordre imprudent avec sang-froid. Quarante des plus braves Mameluks tombèrent morts au bout des baïonnettes. Mais les chevaux étaient lancés, le carré fut enfoncé, les soldats sabrés; ils eussent été tous perdus, si le grand carré ne s'était approché pour les protéger. La mitraille et le feu de la mousqueterie continrent les Mameluks, les obligèrent à s'éloigner à la portée du boulet. Cependant l'artillerie ennemie, soutenue par l'infanterie, s'avança et prit une position qui incommoda les Français. Pour s'en débarrasser, ils marchèrent droit aux pièces; les pièces furent enlevées. Mourad-Bey alarmé, partit au galop pour reprendre son canon ; il fut repoussé; les Arabes s'éloignèrent dans le désert. La bataille fut gagnée, mais la perte de Desaix avait été considérable ; 400 tués, blessés ou prisonniers : c'était 1 sur 9. Les Mameluks perdirent 500 hommes d'élite, dont trois beys et plusieurs kâchefs. Les Arabes en perdirent autant. Les Arabes-Bédouins, dégoûtés, abandonnèrent Mourad-Bey. Celui-ci se rallia derrière le lac de Garâh, projetant de se retirer dans la petite oasis, s'il était poursuivi. Desaix s'arrêta au village de Sédiman, où il prit une partie des bagages de l'ennemi. Le lendemain il rétrograda sur le Fayoum. Peu de jours après, les habitants de cette province se soumirent. Mourad-Bey fut déçu de ses espérances. Lorsque la charge réussit sur le petit carré, il crut un moment au retour de la fortune : vaine espérance ! La perfide l'avait abandonné, pour toujours.

Desaix passa tout le mois d'octobre à organiser le Fayoum. Il envoya au Caire une grande quantité de barques chargées de blé, de légumes et de fourrages, et reçut en échange des munitions de guerre, des effets d'habillement. Il avait beaucoup d'ophthalmies; il évacua tous ses malades sur l'hôpital d'Ibrahim-Bey. Ses régiments reçurent de leurs dépôts un même nombre d'hommes en bon état; mais il ne poursuivit pas les Mameluks, ils les laissa respirer. Revenus de leur première consternation, ils se portèrent à Behnesé, sur le canal de Joseph, ayant sur leur gauche leur flottille mouillée à Abou-Girgeh ; ainsi ils étaient maîtres de toute la haute Égypte depuis Beny-Soueyf, et de tout le canal de Joseph depuis Behnesé. Desaix occupait sur la gauche Beny-Soueyf, par sa droite le Fayoum.

Sur la fin d'octobre 1798, la nouvelle arriva dans la haute Égypte que la Porte avait déclaré la guerre à la France, que Djezzar-Séraskier marchait sur le Caire, que cette grande ville s'était révoltée, que les Français étaient tous tués. Les esprits fermentaient. Mourad-Bey, habile à profiter de tout, envoya sur plusieurs points des Mameluks, qui insurgèrent à la fois la plus grande partie du Fayoum. Desaix partit de cette capitale, marcha sur les villages qui avaient levé l'étendard de l'insurrection. Il se croisa dans sa marche avec les insurgés, qui, de leur côté, s'étaient de plusieurs points donné rendez-vous sur Minyet. Le 8 novembre, ils s'emparèrent des premières maisons de cette ville ; il y avait 300 Français de garnison et 150 malades. Le colonel Heppler commandait la place. Le général Robin était à l'hôpital. L'usage des malades de l'armée d'Orient était de conserver leurs fusils au chevet de leurs lits. Dans ce moment un grand nombre d'entre eux étaient affectés d'ophthalmie plus ou moins avancée, mais ils pouvaient se battre. Les ennemis s'étaient emparés de la ville sans éprouver une grande résistance.

Ils se livrèrent au pillage et s'y dispersèrent sans ordre ; le général Robin en profita. Il rallia d'abord tout le monde à l'hôpital, de là déboucha sur l'ennemi en deux colonnes au pas de charge, en tua 2 ou 300; une terreur panique s'empara du reste, qui se sauva. Les habitants, pour se venger, se joignirent aux Français. Lorsque Desaix apprit qu'il s'était croisé avec les insurgés, il rebroussa chemin et marcha toute la nuit sur leurs traces. Il était vivement alarmé pour son hôpital de Minyet. Il y arriva le lendemain, à la pointe du jour, pour apprendre la bonne conduite de la garnison et des malades, et la victoire qu'ils avaient remportée.

Cependant le général en chef était mécontent de cette lenteur. « Voilà près de trois mois, disait-il à Desaix, que vous êtes parti du Caire, et vous êtes encore au Fayoum. » Celui-ci n'avait pas assez de cavalerie. Les combats comme ceux de Sédiman lui offraient pour perspective, s'il était battu, une ruine totale, et, s'il était vainqueur, de ne pouvoir pas profiter de la victoire. Le renfort de 1,200 chevaux, étant prêt, partit enfin du Caire avec une batterie d'artillerie légère, six bâtiments de guerre bien bastingués et bien armés, le tout commandé par le général Davout, excellent officier, depuis maréchal, prince d'Eckmühl. Parmi les bâtiments armés était l'Italie, qui contenait plusieurs salons meublés en soieries de Lyon, pour servir au quartier général.

III. A l'arrivée de ces renforts, Desaix remonta par terre la rive droite du canal de Joseph, qui ressemblait en ce moment aux plus belles parties du cours de la Seine. La terre était couverte de fruits ; les pois, les fèves, étaient en graines, l'oranger en fleur. Le pays entre ce canal et le Nil est le plus beau qu'on puisse voir. Les villages y étaient si nombreux qu'on en découvrait trente ou quarante à la vue. Mourad-Bey se refusa à tout combat, et gagna d'abord Syout ; les Français le poursuivirent vivement. Ils arrivèrent à Minyet le 20 décembre. Cette ville est située sur la rive gauche du Nil : elle est grande et belle. Ils y prirent quatre djermes, qui y étaient restées engravées, dont une contenait une pièce de 12, un mortier et quinze pièces en fer. Le lendemain, ils couchèrent à Melâouy el-A'rych. C'est une ville plus jolie que Minyet ; elle a 10,000 habitants. Les antiquaires visitèrent en passant les ruines d'Hermopolis. Le 24 décembre, Desaix fit son entrée dans Syout ; le 29, dans Girgeh, capitale du Sayd.

La province de Syout est riche ; il y a des citernes d'une construction solide et élégante, qui servent pour abreuver les hommes et les chevaux, et une belle écluse, la seule qui soit en Égypte, où il en faudrait un millier. Le village de Beny-A'dyn est très-populeux. Les caravanes du Dârfour y séjournent. Les habitants, fiers et fanatiques, présentèrent au vainqueur des figures menaçantes. C'était le présage de l'insurrection qui, quelques mois après, a causé leur ruine. Les infortunés étaient loin de prévoir qu'ils seraient dans peu à la discrétion de ces mêmes soldats qu'ils recevaient avec tant d'arrogance et d'inhospitalité.

Girgeh est située à égale distance du Caire et de Syène; elle est moins grande que Syout, mais plus grande que Minyet. Il règne dans le pays une telle abondance que, malgré le séjour et la consommation de l'armée, une livre de pain s'y vendait un sou, douze œufs deux sous, deux pigeons un sou, un canard pesant douze livres, dix sous.

Mourad-Bey fuyait toujours, en proie à la plus sombre mélancolie. Son dépit éclatait toutes les fois qu'il faisait prisonniers quelques voltigeurs. « Quoi! s'écriait-il, voilà mes vainqueurs! Ne pourrai-je jamais battre ces petits hommes? » Passant sur son champ de gloire de [1] ... à quelques lieues de Girgeh, il s'y arrêta une heure; il pleura, dit-on, sur les vicissitudes de sa fortune actuelle. En 1788, sur ce même terrain, à la tête de 5,000 Mameluks, il avait battu Hassan, capitan-pacha de la Porte, qui comptait sous ses ordres 16,000 hommes des meilleurs soldats ottomans, soutenus par 2,000 Mameluks de Hassan-Bey. La présence d'esprit de Mourad-Bey, son coup d'œil, son intrépidité, lui avaient donné une victoire complète; peu après, il était rentré triomphant au Caire. Et aujourd'hui, poussé jusqu'aux confins de

---

1. Lacune dans le manuscrit.

la terre habitable, il n'aura bientôt plus, comme le malheureux Bédouin, d'autre refuge que le désert. Existence affreuse! il invoque en vain la mort; son heure n'était pas sonnée !

Cependant la flottille était retenue par les vents contraires à vingt lieues sur les derrières; elle était exposée, on pouvait la brûler; ce qui ferait échouer ou retarderait pour longtemps la marche de Desaix. Mourad-Bey chargea de cette entreprise Osman, qui fit un crochet avec 300 Mameluks, et se rendit par le désert derrière l'armée française, intercepta la communication entre Syout et Girgeh, souleva les populations, les anima par l'espérance de trouver des richesses immenses dans ces bâtiments. Il réussit à interrompre les communications de Girgeh avec la flottille.

Ces nouvelles plongèrent Desaix dans la plus vive inquiétude. S'il perdait sa flottille, il fallait qu'il retournât au Caire, en évacuant toute la haute Égypte. Il délibéra s'il abandonnerait Girgeh pour descendre lui-même le Nil, portant son camp sous le canon de ses bâtiments. Ce mouvement rétrograde, qui aurait été suivi par Mourad-Bey, aurait accru l'insurrection. Il prit le parti plus sage de rester à Girgeh avec son infanterie, et d'envoyer le général Davout avec 1,200 chevaux et six pièces de canon pour rouvrir ses communications.

Davout arriva le 3 janvier aux portes du village de Saouâqy, où s'était formé le premier rassemblement d'insurgés. Plusieurs milliers d'hommes armés en défendaient les avenues, qu'ils avaient barricadées. Après un combat d'une heure, la cavalerie française força la ligne des ennemis, en jeta un grand nombre dans le Nil, en passa 300 par les armes, détruisit les barricades, désarma la population et soumit tous les villages des environs. De là il se porta au gros village de Tahtah. Il y arriva le 8 janvier. Après quelques dispositions préalables, il força les barricades, jeta une partie des défenseurs dans la rivière et en tua un bon nombre. Attaqué lui-même pendant ce temps par un détachement d'un millier d'Arabes et de Mameluks, il fit volte-face et les mit en déroute. Il employa plusieurs jours à désarmer et à soumettre tous les villages de la contrée, et à rétablir la communication avec la flottille, qui, le 17 janvier, profitant d'un bon vent du nord, mouilla à Girgeh, à la gauche du camp. Par cette jonction, Desaix fut tiré d'inquiétude et mis à même de suivre sa conquête. Mais ce contre-temps lui avait fait perdre dix-huit jours, et la perte de temps à la guerre est irréparable.

IV. Mourad-Bey apprit la défaite de ses troupes, mais en même temps il reçut la nouvelle de sa réconciliation avec Hassan-Bey et de l'arrivée des chérifs d'Yanbo. Hassan avait enfin cédé à l'influence d'une esclave grecque qu'il aimait. Il consentit à oublier le passé et à employer sa maison et son influence à combattre les ennemis du nom musulman. Il rejoignit Mourad-Bey avec 3,000 hommes, dont 250 Mameluks. Ce vieillard jouissait d'un grand crédit dans toute la haute Égypte ; sa réconciliation eut une grande influence sur l'esprit de toute cette contrée ; 2,000 chérifs d'Yanbo, commandés par Hassan, étaient arrivés. Hassan d'Yanbo était une espèce de derviche militaire ; intrépide devant l'ennemi, il était plus dangereux encore par l'enthousiasme dont il savait animer ses soldats et les fidèles, lorsqu'il leur parlait du haut de la chaire dans les mosquées. Ces chérifs d'Yanbo étaient réputés les plus braves fantassins de toute l'Arabie. Ils étaient armés d'une carabine, d'une paire de pistolets et d'une lance. Ils avaient tous des turbans verts, comme descendants de la tribu du Prophète. Ils avaient la soif du sang et du pillage. Mourad-Bey attribuait ses défaites précédentes au manque d'une bonne tête d'infanterie qui pût donner l'exemple ; il crut avoir enfin ce qui devait le faire vaincre ; 2,000 autres chérifs étaient réunis à Yanbo, où ils attendaient des bâtiments pour passer la mer Rouge.

Mourad-Bey se trouva à la tête de 12 à 14,000 hommes ; il conçut un projet hardi et nouveau. Il voulait se porter sur Girgeh, lorsque Desaix l'aurait abandonné, soutenir les insurgés et s'y fortifier. Placé ainsi sur les derrières de Desaix, celui-ci serait obligé de retourner sur ses pas et d'engager un combat de maisons dont Mourad-Bey espérait un heureux résultat. A cet effet, il se tint dans le désert, sur la rive gauche du canal de la haute Égypte. Desaix, parti le 20 de Girgeh, marcha entre le Nil et le canal. Mais, le 22, à la pointe du jour, les deux armées se rencontrèrent à la hauteur de Samhoud, marchant en sens inverse. Elles étaient séparées par le canal, qui était à sec. L'armée française était forte de 5,000 hommes, infanterie et cavalerie, et de quatorze pièces de canon ; sur le Nil elle avait une nombreuse flottille armée. L'armée égyptienne était composée de 1,800 Mameluks, 7,000 Arabes à cheval, 2,000 chérifs à pied d'Yanbo, et 3,000 Arabes à pied, sans artillerie ; total, 13 à 14,000 hommes. Aussitôt que les deux armées se furent reconnues, elles se mirent en bataille. La première se forma en trois carrés, deux d'infanterie sur les ailes, un de cavalerie au centre ; la gauche, du côté du Nil, commandée par le général Belliard ; la droite, sur la gauche du canal, commandée par le général Friant ; le centre, à cheval sur le canal, commandé par le général Davout. Les Mameluks prirent un ordre de bataille opposé : la cavalerie sur les ailes, l'infanterie au centre. Mourad-Bey, avec ses Mameluks, formait la droite du côté du Nil ; son infanterie au centre, vis-à-vis de Samhoud ; les Arabes formaient la gauche, placés dans le désert. Les Français mettaient spécialement leur confiance dans leur infanterie, les Mameluks dans leur cavalerie.

Les chérifs d'Yanbo petillaient d'impatience. Leur chef Hassan, avec 1,500 chérifs et 1,000

Arabes à pied, se jette dans le ravin en avant de la ville. L'intrépide colonel Rapp, avec une compagnie de voltigeurs du 21ᵉ léger et 50 chevaux, l'attaque, précipite dans le ravin un millier de chérifs ; mais il est blessé, le peloton de dragons est repoussé : les chérifs jettent des cris de victoire. Le colonel La Tournerie place deux pièces d'artillerie légère à portée de mitraille, qui enfilent le ravin ; en même temps un bataillon français se précipite à la baïonnette sur les chérifs, en tue un grand nombre ; le reste évacue le ravin en désordre : une centaine s'enferment dans une mosquée et y sont égorgés. Mourad-Bey, indécis, restait spectateur de ce combat d'infanterie. Mais bientôt les obus et les boulets portèrent la mort dans ses rangs ; il n'avait pas d'artillerie pour y répondre : « Pourquoi délibérer? dit le vieux Hassan-Bey ; qui a du cœur me suive !... » Il déborda la gauche de l'armée française, enveloppa le carré du général Belliard, en fit plusieurs fois le tour, exposé à un feu de mitraille et de mousqueterie épouvantable. Hassan-Bey, qui pour la première fois se trouvait à un combat contre les Européens, comprit alors que le courage n'est qu'un des éléments de la victoire. Il fut contraint de se mettre hors de la portée du canon. Les batteries s'avancèrent devant Samhoud ; trois compagnies d'infanterie légère y entrèrent au pas de charge ; les fiers chérifs d'Yanbo s'enfuirent en désordre aux premiers boulets qui les atteignirent ; les Arabes s'éloignèrent et se dispersèrent dans le désert. Davout s'ébranla alors avec la cavalerie et trois pièces d'artillerie légère; il chargea Mourad-Bey et le mena battant jusque près de Farchout. Avant d'y arriver, Hassan d'Yanbo, écumant de rage, se barricada dans un village. Davout fut obligé d'attendre l'infanterie, qui enleva le village au pas de charge. Cette journée ne fut pas un moment douteuse; 300 hommes d'élite des Mameluks, 400 chérifs d'Yanbo, les plus braves, et 200 Arabes restèrent sur le champ de bataille.

Le cheik el-beled de Farchout était le dernier descendant du fameux prince Hamman. Cet Hamman, chef d'une tribu d'Arabes Moghrebins, s'était, dans le seizième siècle, transporté de Tunis à Farchout. Il y avait prospéré, et successivement s'était établi dans une partie de la haute Égypte. Cette tribu s'appelait *Haouârch*. Son cheik dominait en souverain tout le pays depuis Syout jusqu'à Syène. Il payait cependant 250,000 ardebs de blé au pacha du Caire et aux beys. Les princes de cette maison, qui régnèrent successivement pendant cent cinquante ans, se firent adorer; leur mémoire est encore chère dans ce pays. En 1768, Ali-Bey marcha contre le prince Hamman, qui alla à sa rencontre avec 25,000 cavaliers: Hamman perdit la bataille près de Syout. L'année suivante il mourut à Esné. Ses enfants achetèrent du vainqueur la paix et la vie par le sacrifice de la plus grande partie de leurs richesses. Le dernier de cette maison était le cheik

el-beled de Farchout. A l'approche des Mameluks,
il se cacha. Mourad-Bey le fit chercher. Amené
enfin en sa présence, il irrita un vaincu au dés-
espoir en déguisant mal la joie secrète qu'il
éprouvait en voyant la défaite et la chute des ennemis de sa maison. Mourad-Bey, dans sa fureur,
abattit d'un coup de sabre la tête de ce dernier re-
jeton d'une si illustre race. Aussitôt après leur
arrivée, les Français se firent un devoir de lui
rendre les honneurs funèbres.

Mourad-Bey continua sa retraite en remontant
le Nil. Hassan d'Yanbo passa le fleuve et se dirigea
sur Qeneh pour y attendre le second détachement
de chérifs, qui était déjà débarqué à Qoseyr. L'armée française coucha, le 22 janvier, à Hoû. Le 23,
elle arriva à Denderah et bivouaqua au milieu de
ces superbes ruines. Le 24, après avoir doublé le
promontoire de la chaîne Libyque, qui s'avance
dans la vallée du Nil, elle aperçut devant elle les
célèbres ruines de Thèbes aux cent portes. Le caractère de grandeur qui les distingue frappa tous les
esprits; plusieurs heures furent employées à les
considérer. Le 25 janvier, l'armée coucha au détroit
des Deux-Montagnes, et le 26, elle arriva à Esné.
Les Mameluks fuyaient devant leur vainqueur.
Ils avaient brûlé leurs bagages, leurs tentes, et
s'étaient partagés en plusieurs corps. Mourad-Bey,
Hassan-Bey, et huit autres beys avec leurs Mameluks, se jetèrent dans le pays des Barâbras; Elfy-
Bey se réfugia dans la grande oasis. Desaix occupa

Esné, y fit construire des fortifications, y établit une manutention, des magasins et un grand hôpital. A mesure qu'on remonte le Nil, la vallée devient plus étroite, la navigation plus difficile. Friant, avec sa brigade, resta à Esné pour observer Elfy-Bey et Hassan d'Yanbo. L'armée traversa Edfou ou l'ancienne *Apollinopolis Magna*, gros bourg situé à dix lieues d'Esné, puis les ruines d'un grand temple placé sur la hauteur qui domine le cours de la rivière; les habitants l'appellent *la citadelle*. Le général n'accorda qu'une heure pour la visite de ces ruines ; il était pressé de rejoindre l'ennemi. Il traversa les monticules de schiste qui sont contigus au Nil; le soldat y marchait avec difficulté. Il suivit les traces d'une ancienne chaussée romaine dont on distinguait encore les vestiges, et coucha au village de Bibân, vis-à-vis de la belle île de ce nom.

Le 2 février, il bivouaqua vis-à-vis de Syène, sur la rive gauche; le 3 février, il traversa le fleuve devant la ville. Là, le Nil a 500 toises de large. Pour la première fois Desaix quitta la rive gauche. Les Mameluks y étaient toujours restés, parce que la vallée est plus large, parce que ce côté est plus fertile et plus à portée des oasis ; tandis que, manœuvrant sur la rive droite, ils eussent pu être acculés contre la mer Rouge.

L'île d'Éléphantine, appelée par les gens du pays *île fleurie*, est grande et très-productive. Elle est située vis-à-vis de Syène, à 3,500 toises de l'île de

Philæ; une ancienne muraille ferme cet espace, qui forme un triangle ayant le Nil des deux côtés. La cataracte est entre l'île d'Éléphantine et l'île de Philæ. De Syène à la cataracte il y a, en suivant les sinuosités du Nil, 3,000 toises. Au-dessus de la cataracte, le Nil se divise et forme trois îles : celle de Philæ, à 300 toises de la rive droite, où est le principal courant ; celle de Begeh et celle de Hesseh, qui ensemble ont 1,200 toises. Cette dernière est séparée de la rive gauche par le canal de navigation. Dans l'île de Philæ était le tombeau d'Osiris ; c'était un lieu de pèlerinage. L'île de Philæ est pleine de monuments. Elle n'a jamais contenu aucune ville, il n'y a jamais existé aucune culture. Elle est hors des limites actuelles de l'Égypte, puisqu'elle est au sud de la cataracte de Syène.

La vallée au-dessus de l'île de Philæ n'a que 600 toises. Les deux montagnes sont rapprochées, elles ne sont séparées que par le lit du fleuve, qui arrive perpendiculairement sur cette île d'aussi loin que la vue peut s'étendre. Le général Belliard prit 150 bateaux, reste de la flottille des Mameluks ; le Nil étant très-bas, on n'avait pu leur faire franchir la cataracte. Ils avaient été pillés par les habitants des villages voisins, qui s'étaient réfugiés avec leur butin dans l'île de Philæ, où ils se croyaient inexpugnables.

Le général, avec 300 hommes, se mit en marche le 5, pour reconnaître la nature de la barrière qui le séparait du pays des Barâbras, où s'était réfu-

gié Mourad-Bey. Il fut obligé de gravir plusieurs
hautes montagnes qui dominent à pic le cours du
Nil, interrompant le chemin de halage. Il arriva
au premier village des Barâbras. Des Mameluks qui
y étaient en cantonnement prirent et donnèrent
l'alarme. A son retour, en passant, il fit sommer
l'île de Philæ. Les misérables pillards répondirent
par des huées et des provocations tout à fait ri-
sibles. Ils disaient qu'ils n'étaient pas des Mameluks, qu'ils ne se rendraient jamais et ne fuiraient
pas devant les chrétiens. Il était impossible de
faire arriver des bateaux pour traverser le Nil;
mais les sapeurs construisirent un radeau; 40 voltigeurs s'y embarquèrent, protégés par quelques
volées d'une pièce de 4. Ils abordèrent dans cette
fameuse Philæ; ils y trouvèrent les dépouilles de
la flottille des Mameluks. Les Français visitèrent
avec curiosité les ruines des monuments qui illus-
traient cette petite île. Desaix porta son quartier
général à Esné, laissant le général Belliard à
Syène pour observer le pays des Barâbras.

Cependant la famine obligea Hassan-Bey, avec
sa maison, ses femmes, ses trésors, à quitter le
pays des Barâbras. Pour laisser plus de place à
Mourad-Bey, il descendit la rive droite, se diri-
geant sur l'isthme de Coptos, où il avait des intel-
ligences et possédait des villages. Le général Davout, instruit qu'il s'approchait de Thèbes, passa
le Nil avec le 22ᵉ de chasseurs et le 15ᵉ de dragons,
et le surprit le 12 février. Les Français étaient

plus nombreux, mais un Mameluk se vantait de valoir deux dragons. Hassan était embarrassé du convoi de ses femmes et de ses bagages, qui se trouvaient fort exposés. Cet intrépide vieillard fit face à tout avec le plus admirable sang-froid. Le combat devint terrible. Le convoi fut sauvé ; il fila. La perte fut égale de part et d'autre. Le bey pourfendit un dragon ; il eut un cheval tué sous lui. Osman-Bey, son lieutenant, fut blessé. Ne pouvant plus camper dans la vallée, Hassan se porta dans le désert et tendit son camp près des puits d'El-Gytah.

Le colonel Conroux partit d'Esné avec 300 hommes de son régiment, passa le Nil et chassa Hassan d'Yanbo de Qeneh, le jetant dans le désert. Mais, peu de jours après, celui-ci fut joint par le détachement qui était débarqué à Qoseyr ; avec ce renfort, il se porta de nuit pour surprendre Conroux et égorger son détachement. Effectivement, le 11, à onze heures du soir, les grand'gardes françaises donnèrent l'alarme et soutinrent le premier effort des ennemis, qui, guidés par les habitants, pénétrèrent dans la ville par quatre côtés. Conroux marcha sur une seule colonne au pas de charge, les défit tous successivement et les chassa de la ville ; il fut blessé. Dorsenne, depuis général de division et colonel des grenadiers à pied, le remplaça. Les chérifs, effrayés, se rallièrent à une lieue de Qeneh, dans un bois de dattiers. Au lever de la lune, Dorsenne les attaqua, les débusqua de leur position et les chassa loin dans le désert.

306 CAMPAGNES D'ÉGYPTE ET DE SYRIE

Le général Friant arriva à la pointe du jour avec le 7ᵉ de hussards. Il se mit à la poursuite des chérifs, qui s'étaient ralliés près d'Abou-Marrah; il les enveloppa par trois colonnes, les chassa du village et acheva de les ruiner. Le colonel Sully prit un bataillon du 88ᵉ et lui fit faire une marche de cinq lieues dans le désert, sans eau et sans chameaux; c'étaient des hommes morts de soif s'ils eussent manqué leur coup. Heureusement le cheik qui leur servait de guide les fit parvenir au camp des Arabes d'Yanbo par un chemin détourné. Ils y arrivèrent sans être attendus, s'emparèrent de tous les chameaux chargés d'eau, de vivres, de troupeaux nombreux et des bagages des chérifs, qui étaient très-pillards.

V. Le pays des Barâbras n'avait plus de fourrages; il ne pouvait pas fournir aux consommations de Mourad-Bey. Ce chef se disposait à se porter sur Dongolah, lorsqu'il reçut la nouvelle que Napoléon avait quitté le Caire et se dirigeait sur l'Asie. Il prit sur-le-champ son parti. Qu'avait-il à perdre? Il fit un crochet par le désert, marcha sur le Caire, laissant Desaix derrière lui. Il donna rendez-vous à Syout à Elfy-Bey, qui occupait la petite oasis. Hassan-Bey se réunit avec les chérifs et descendit par la rive droite du fleuve sur Syout et le Caire. Ce projet souriait au vieux Hassan, qui depuis tant d'années était absent de sa maison et de ces lieux si chers à son enfance. L'idée de délivrer cette pre-

mière clef de la sainte Kaaba, et de faire ses ablutions dans la grande mosquée d'El-Azhar, réveil-
lait le fanatisme des chérifs.

Desaix s'occupait à Esné à achever la pacification
des provinces de son commandement, à y organiser la justice et l'administration, lorsqu'il apprit
par des courriers, qui lui arrivèrent à la fois de
divers côtés, que Mourad avait quitté les Barâbras,
gagné trois marches, et s'était laissé voir entre
Esné et Syout; qu'Elfy-Bey avait quitté l'oasis;
que les chérifs et Hassan-Bey étaient sortis du désert et descendaient la rive droite du Nil. Il péné-
tra le projet de ses ennemis. Il ordonna au général Belliard de quitter Syène et de se porter à Esné
avec toutes ses troupes, pour faire son arrière-
garde et pour contenir le Sayd; il ordonna à Friant
de réunir ses détachements et de se porter à grandes marches sur Syout; à sa flottille de descendre
le Nil et de suivre Friant. Lui-même partit le
2 mars.

Le général Friant arriva le 5 mars à Saouâmah,
comme l'avant-garde, chargée de préparer son logement, entrait dans ce gros bourg; il fut reçu à
coups de fusil; 3 ou 4,000 paysans l'occupaient; ils
étaient en insurrection. L'avant-garde se replia sur
les colonnes, qui entrèrent dans la ville par trois
endroits, battant la charge, et jetant plusieurs centaines d'insurgés dans le Nil. Le lendemain, il continua sa route sur Girgeh et Syout. Le général
Desaix le rejoignit. Cependant Mourad-Bey et Elfy-

Bey avaient réussi à opérer leur jonction à Syout.
Ils y apprirent que Napoléon avait pris El-A'rych,
était entré en Syrie, mais qu'il restait au Caire
plus de Français qu'il n'y en avait dans la haute
Égypte, qu'ils occupaient la citadelle, et que les
habitants étaient portés pour eux; que les cheiks
de Gâma el-Azhar et tous les principaux avaient
déclaré que, si les Mameluks s'approchaient de la
ville, ils marcheraient avec les Français, qu'ils
voulaient rester tranquilles. D'un autre côté, Desaix était sur leurs talons, éloigné seulement de
deux journées; ils allaient se trouver entre Desaix,
qui les prenait en queue, et les Français du Caire,
qui les recevraient en tête : ils prirent le parti d'attendre l'issue de l'expédition de Syrie. Mourad-Bey
se réfugia dans la grande oasis, Elfy-Bey dans la petite; beaucoup de Mameluks se dispersèrent dans
le pays, se déguisant sous des habits de fellahs.

Cependant, sur la rive droite, Hassan-Bey et les
chérifs, à peine réunis à la hauteur de Qeneh, apprirent que la flottille française était retenue par
les vents contraires à El-Bâroud. Ils marchèrent
pour l'attaquer. Elle était composée de douze bâtiments armés de gros canons, chargés des bagages,
des dépôts, des caisses militaires, des musiques
des corps; elle était montée par 300 hommes malingres ou écloppés. Hassan partagea son monde
sur les deux rives. Il fut joint par 10,000 habitants
attirés par l'espoir du pillage. Le combat s'engagea. Les ennemis occupaient les îles et les mina-

rets. Ils n'avaient pas de canon. La mitraille des
bâtiments porta d'abord la mort sur les deux
rives; mais les munitions manquèrent. Les bâtiments eurent grand nombre de blessés. *L'Italie*
échoua; elle fut en danger d'être prise. Le commandant Morandy y mit le feu et la fit sauter; il
y trouva une mort glorieuse. Les autres bâtiments
furent pris; les équipages, les soldats, furent égorgés. Tous les bagages, caisses militaires, etc., servirent de trophées aux chérifs. La perte de l'armée dans cette affaire fut de 200 matelots français
et 300 malingres qui formaient les garnisons; total, 500 Français. Ce fut la plus grande perte qu'elle
éprouva dans la campagne. Cette catastrophe, dont
le souvenir se conserva longtemps, affecta sensible-
ment les soldats, qui reprochèrent avec raison à
leur général de n'avoir pas placé sa flottille sous
la protection d'un de ses forts et d'avoir espéré à
tort qu'elle pourrait suivre l'armée dans une saison où le Nil est si bas.

Le général Belliard, instruit que Hassan descendait le Nil, partit d'Esné, passa sur la rive
droite et se porta sur Qeneh. Chemin faisant, il
fut instruit par la rumeur du pays qu'une grande
bataille avait eu lieu, que les Français avaient été
battus, avaient perdu une grande quantité d'hommes et surtout d'immenses trésors et beaucoup de
bagages. Arrivé à la hauteur de Coptos, il rencontra l'armée ennemie, qui revenait triomphante. Elle
était précédée par les têtes des Français portées au

haut des piques; elle était grossie par une foule
d'habitants, couverts d'habits d'Européens, armés
de leurs armes, marchant au son des instruments
de musique : c'était un épouvantable charivari. Le
désordre, l'ivresse de cette multitude était une
véritable saturnale. Hassan d'Yanbo proclamait partout d'un ton prophétique que le temps de la destruction des Français était enfin arrivé; que désormais ils n'éprouveraient plus que des défaites;
que tous les pas des fidèles seraient des victoires.
Peu de temps après, les tirailleurs s'engagèrent.
Les Français étaient 1,800 hommes et avaient une
pièce de 4, dont la mitraille contint d'abord la fou-
gue des chérifs et protégea la marche de la colonne.
Celle-ci continuait à descendre, longeant le Nil à
droite, suivie et entourée par cette multitude armée. Après avoir fait une lieue, elle fut accueillie
par le feu d'une batterie de quatre pièces de canon, provenant de la flottille, que les Arabes
d'Yanbo avaient débarquées et mises en position.
Au signal de leur artillerie, les chérifs s'élancèrent
sur le carré français avec leur ardeur accoutumée.
Mais le 15ᵉ de dragons les prit en flanc, en sabra
un grand nombre; le champ de bataille en fut
couvert. Le général profita de ce moment pour
marcher sur la batterie qui l'incommodait. Il était
sur le point de se saisir des pièces, lorsque Hassan-Bey le chargea avec ses Mameluks; mais les
carabiniers de la 21ᵉ légère firent demi-tour à
droite, reçurent la charge et la repoussèrent; les

pièces prises furent tournées contre l'ennemi. Ces deux succès changèrent la fortune de la journée. Les chérifs se jetèrent dans le village d'Abnoud, dans une grande mosquée et un château, qu'ils crénelèrent. Le combat dura toute la journée et la nuit. Les pièces prises à l'ennemi servirent avec succès. Le village fut incendié, la mosquée fut enlevée au pas de charge. La nuit se passa au milieu de l'incendie, des morts et des cris des mourants. Hassan d'Yanbo s'enferma dans le château; il déclara vouloir y mourir de la mort des martyrs. Sous la protection de ce château, les ennemis se rallièrent; mais il sauta en l'air avec tous ses défenseurs, et couvrit de ses débris les deux armées. Les barils de poudre trouvés sur les bâtiments français y étaient emmagasinés; le feu y prit; Hassan d'Yanbo y trouva la mort. L'ennemi, consterné, s'enfuit de tous côtés. Dans ce combat acharné, les chérifs perdirent 1,200 hommes; les Français, avec une seule pièce de 4, se battirent un contre six. Cette journée fit honneur au général Belliard. Il sauva ainsi sa colonne et la haute Égypte, qu'il eût fallu conquérir de nouveau si Hassan eût eu la victoire; ce combat eut lieu le 5 et le 6 mars 1799.

VI. Desaix apprit à Syout le désastre de sa flottille, le combat de Coptos et la position critique où avait été Belliard; il sut que celui-ci n'avait plus de munitions de guerre. Il réunit aussitôt les bâ-

timents armés qui lui restaient et remonta le Nil.
Il ne put arriver à Qeneh avec sa flottille que le
30 mars. Après avoir ravitaillé les troupes, il dis-
posa tout pour cerner Hassan-Bey, qui était campé
vis-à-vis d'El-Gytah. Hassan ne pouvait pas y rester
longtemps, les vivres qu'il avait apportés étaient
sur le point de finir; il fallait empêcher qu'il n'en
reçût; Desaix le bloqua dans ce désert. Les déserts
de l'isthme de Coptos sont couverts de collines ra-
boteuses et impraticables; on ne peut passer que
par les gorges; il y en a trois : une qui débouche
sur le Nil, à Byr el-Bâr, l'autre au village de
Hagâzy, et la troisième à Redesyeh, vis-à-vis Edfou. Desaix campa à Byr el-Bâr avec la moitié de
ses forces. Il envoya le général Belliard occuper
Hagâzy avec l'autre moitié. Il considéra le débouché de Redesyeh, qui exigeait un détour de plus
de quarante-cinq lieues de désert sans eau, comme
impraticable. Par ce moyen, Hassan ne pouvait ni
recevoir de vivres ni sortir sans combat : il devait
périr. Le 2 avril, Hassan, mourant de faim, quitta
son camp d'El-Gytah pour gagner la vallée à Byr
el-Bâr. Il se rencontra avec le colonel Duplessis du
7e de hussards. L'engagement devint des plus terribles. Les Mameluks étaient plus nombreux. Duplessis fut tué par Osman-Bey, qu'il avait saisi à
la gorge. La victoire paraissait se décider pour les
Mameluks, mais Desaix arriva au secours de son
avant-garde. Hassan, voyant le débouché occupé
en force, rentra dans le désert et reprit son camp

d'El-Gytah. Quelques jours après, il en partit, se
porta par un détour de quarante-cinq lieues sur le
débouché de Redesyeh, remonta le Nil jusqu'à Ombos, séjourna dans l'île de Mansouryeh, et de là
se rendit à Syène. Aussitôt qu'il en fut instruit,
Belliard le poursuivit, et arriva à Redesyeh trois
jours après que Hassan y avait passé. Il trouva des
traces sanglantes des Mameluks : une dizaine de
cadavres des plus âgés d'entre eux, ceux de vingt-
cinq femmes et de soixante chevaux restés dans le
désert ; manquant de vivres et d'eau, ils avaient
succombé à l'excessive chaleur.

Pendant ce temps, les restes des chérifs d'Yanbo
descendirent le Nil, n'ayant plus d'autre but que
de piller et d'échapper. Ils arrivèrent à El-Hargeh,
village de la rive droite, passèrent sur la rive gauche, pénétrèrent à Girgeh, où ils n'étaient pas
attendus ; ils entrèrent dans le bazar. Le colonel
Morand, qui les suivait, entra dans la ville après
eux et en passa une partie au fil de l'épée. Le colonel du 22ᵉ de chasseurs, Lasalle, officier actif et
d'un mérite distingué, les attaqua avec son régiment et un bataillon du 88ᵉ ; il parvint par ses manœuvres à les cerner dans un enclos et les passa
tous au fil de l'épée. Parmi les morts on trouva le
corps du chérif successeur de Hassan. Tel fut le sort
qu'éprouvèrent 4,000 chérifs d'Yanbo ; 5 ou 600,
la plupart blessés, revirent seuls leur patrie.

Cependant le chérif de la Mecque fut mécontent
de cette conduite des Arabes d'Yanbo ; il leur

écrivit pour leur en faire sentir les conséquences. Il expédia un ministre près du sultan El-Kebir, au Caire, pour désavouer cet acte d'hostilité, qu'il attribuait aux liaisons particulières d'une tribu d'Yanbo avec Mourad-Bey. Il donna des assurances que cet exemple ne serait suivi par aucune autre tribu et que toute l'Arabie resterait tranquille. Il écrivit directement, par Qoseyr, au général Desaix, dans le même sens. Ce chef de la religion craignait que cela pût porter les Français à détruire les mosquées, à persécuter les Musulmans, à confisquer les riches dotations que la Mecque possédait en Égypte, et à intercepter les communications de la Mecque avec toute l'Afrique. Napoléon le rassura, et les relations amicales continuèrent avec ce serviteur de la sainte Kaaba, qui ne cessait de proclamer le sultan français et d'appeler sur lui les bénédictions du Prophète.

VII. Dans le courant de février et de mars, les nouvelles des succès de l'armée de Syrie, de la prise d'El-A'rych, du combat de Gaza, de l'assaut de Jaffa, arrivèrent dans le Sayd. Parmi les prisonniers faits à Jaffa il y avait 260 hommes de cette province; ils y furent renvoyés et y accréditèrent la réputation des armes françaises; cela produisit un bon effet sur l'esprit de ces peuples. Mais la nouvelle des premiers échecs de Saint-Jean-d'Acre se répandit, en mai, avec l'assurance que l'armée de Damas cernait dans son camp d'Acre l'armée française; la révolte de l'émir Hadji, qui avait été la conséquence de ces bruits, les accrédita encore. Hassan-Bey était à Syène depuis le milieu d'avril. Le village de Beny-A'dyn, près de Syout, qui a 20,000 habitants, est l'entrepôt du commerce du Dârfour avec l'Égypte. La population est plus fanatique, plus sauvage, plus féroce et plus noire que celle des autres contrées de l'Égypte. Les Français, comme nous l'avons dit, avaient été mal accueillis la première fois qu'ils y étaient entrés. Depuis, ils avaient toujours évité d'y coucher et d'y séjourner. Les regards des habitants, leur contenance, leur langage, avaient toujours été menaçants. Ils étaient fiers de leurs richesses; on calcule que, pendant le séjour de la grande caravane, il y a sur le marché pour six millions de marchandises en entrepôt pour le Dârfour, le Caire ou Alexandrie. En mars de cette année, cette grande caravane, composée de 10,000 chameaux et 6,000 esclaves, était arrivée, escortée par 2,000 hommes armés, Moghrebins, tous gens féroces, comme le grand désert en produit, qui s'indignaient de voir triompher ces petits hommes de l'Occident sans couleur. Les Mameluks démontés, le reste des chérifs se réunirent à Beny-A'dyn, qui devint bientôt un centre d'insurrection.

Mourad-Bey, qui d'abord n'y voulut placer aucune confiance, s'y attacha lorsqu'il fut encouragé par les nouvelles de Syrie contraires aux Français. Il envoya des beys, des kâchefs de sa maison pour diriger, organiser et accréditer ce rassemblement.

Le général Davout, alarmé de l'accroissement qu'il prenait, réunit ses forces, marcha avec 2,000 hommes, cavalerie, infanterie, artillerie. Les insurgés étaient au nombre de 6,000, bien armés et bien préparés; ils attendaient Mourad-Bey. Les deux généraux se rencontrèrent. La cavalerie française chargea l'avant-garde du bey, qui, n'ayant que 300 cavaliers, fut repoussée sur l'oasis. Au même moment Beny-A'dyn fut cerné. Après une vive fusillade, les barricades furent forcées; les vainqueurs entrèrent au pas de charge, massacrèrent tout ce qu'ils rencontrèrent. L'ennemi s'était crénelé dans les maisons, qui devinrent la proie des flammes. L'armée perdit le colonel Pinon, un des plus braves officiers de cavalerie de la France. Le pillage enrichit le soldat, qui y trouva quatre ou cinq mille femmes, esclaves noires, beaucoup de chameaux, d'outres, des plumes d'autruche, des gommes, des ivoires, de grandes caisses de poudre d'or, beaucoup d'or monnayé. La fille du roi de Dârfour fut au nombre des prisonniers.

Il ne restait plus dans la haute Égypte que Hassan-Bey, qui, depuis qu'il s'était retiré du désert de Qoseyr, était resté tranquillement en possession de Syène. Soit qu'on ne connût pas bien ses forces, soit qu'on supposât qu'il avait déjà passé les cataractes et qu'il n'avait qu'une arrière-garde à Syène, le général fit partir d'Esné le capitaine Renaud, avec 200 hommes d'infanterie seulement, pour s'emparer de cette ville; ces 200 hommes devaient être perdus. Aussitôt que Hassan fut instruit de leur petit nombre, il sourit à l'espérance d'assouvir sa vengeance dans le sang des infidèles. Avec 180 Mameluks, 200 Arabes et 300 fantassins, il marcha à la rencontre de cette poignée de fantassins isolés et sans canon. Le capitaine Renaud, avec une présence d'esprit admirable, sans se laisser étonner par cette foule d'assiégeants, forma son carré, se tourna vers ses soldats : « Camarades, leur dit-il, les soldats d'Italie ne comptent pas le nombre des ennemis; ajustez bien, que chacun tue son homme, et je réponds de tout! » Effectivement 100 Mameluks sont jetés par terre à la première décharge; tout se sauve. Peu d'heures après, Renaud entre dans Syène; il fait main basse sur les bagages et les blessés. L'heure du vieux Hassan était arrivée. Blessé d'un coup de baïonnette, ainsi qu'Osman-Bey, tous deux moururent à quelques jours de là. Le capitaine Renaud n'eut que quatre hommes tués et quinze blessés. Ce combat est le plus beau de toute la guerre d'Égypte.

Mourad-Bey, avec 400 hommes, traînait sa misérable existence au fond des déserts; Hassan-Bey et les redoutables Mameluks de sa maison étaient morts; il n'existait plus un seul chérif d'Yanbo.

Desaix déploya autant de talent dans le gouvernement de ces provinces qu'il avait montré d'activité pendant la campagne. Il fit régner la justice et le bon ordre; la tranquillité fut parfaite. Quoique son gouvernement fût très-sévère, il fut surnommé par les habitants *le Sultan Juste*. Il rendit les communes responsables de tout ce qui se passait sur leur territoire. Un soldat français armé ou désarmé parcourait toute la vallée sans courir aucun danger. Les contributions étaient payées exactement.

Dans le courant d'avril et de mai, l'armée d'Orient occupait les trois angles d'Alexandrie, de Syène et de Saint-Jean-d'Acre; c'est un triangle de trois cents lieues de côté et de trente mille lieues carrées de surface. La correspondance du quartier général de Saint-Jean-d'Acre, en Syrie, avec la haute Égypte, se faisait par le régiment des dromadaires, qui traversait le désert de Gaza à Suez. Plusieurs forts étaient établis depuis Syène jusqu'à Beny-Soueyf; celui de Qeneh était le principal, comme défendant les gorges de Qoseyr. Tous ces forts étaient garnis de batteries qui maîtrisaient la navigation du Nil et contenaient des magasins et de petits hôpitaux. Pour témoigner sa satisfaction à son lieutenant, Napoléon lui envoya d'abord un sabre pris sur les prisonniers faits à Alexandrie, sur lequel était écrit : *Bataille de Sédiman*. Depuis, il lui donna un poignard enrichi de diamants que portait Méhémet-Pacha, fait prisonnier à la bataille d'Aboukir; sur un côté de la lame était écrit : *Napoléon à Desaix, vainqueur de la haute Égypte*, et de l'autre : *Thèbes aux cent portes. Sésostris le Grand*.

VIII. Il restait à occuper le port de Qoseyr, la grande et la petite oasis. Les chaleurs sont trop fortes au mois de mai et le passage du désert trop fatigant; il fallut remettre l'expédition des oasis au mois de novembre. Mais l'occupation de Qoseyr ne comportait aucun délai. Les bâtiments de l'Arabie, de Djeddah, d'Yanbo, y étaient annoncés chargés de marchandises, et devant, en retour, faire leur chargement avec des riz, des blés et autres denrées nécessaires à la péninsule, surtout à la Mecque et à Médine. Le général Belliard fit toutes les dispositions convenables pour traverser ce désert, prendre possession de Qoseyr et l'armer.

L'isthme de Coptos est une partie de désert comprise entre le Nil et la mer Rouge, au lieu où le fleuve s'approche le plus de la mer. De Qeneh à Thèbes il y a onze lieues; un coude du Nil, de neuf lieues de cours, fait couler le fleuve à vingt-cinq lieues de la mer Rouge, distance moyenne. Ces vingt-cinq lieues s'appellent l'*isthme de Coptos*. Si de Thèbes on remonte le Nil pendant cinq lieues jusqu'à Abou-Khilgân, la rivière, qui a couru à l'ouest, et la mer Rouge vis-à-vis, qui par une direction contraire a couru à l'est, se sont éloignées de sorte que la distance de ces deux points est de quarante lieues. Si l'on remonte jusqu'à Syène, de là à la mer il y a soixante lieues environ; si l'on descend le Nil jusqu'à la hauteur de Girgeh, on se trouve à une quarantaine de lieues de la mer Rouge; à Syout on en est à cinquante. La partie du Nil qui forme le coude au-dessus de Qeneh, laquelle a neuf lieues de long, est donc la seule qui ne soit qu'à vingt-cinq lieues en ligne droite de cette mer.

Pour aller de la presqu'île de Coptos à la mer Rouge, il faut suivre des gorges entre des montagnes. Il y en a six différentes, qui ont une longueur moyenne de trente-quatre lieues ou de quarante-deux heures de marche, vu les détours qu'elles font. Ainsi, des deux seuls ports de la mer Rouge qui communiquent aujourd'hui avec le Nil, Qoseyr et Suez, Qoseyr est à vingt-neuf lieues de Qeneh, en ligne directe, et à trente-quatre ou trente-cinq en suivant la gorge, et Suez est à vingt-sept lieues du Caire. Des six routes qui conduisent de la presqu'île de Coptos à Qoseyr, on n'en connaît bien que trois. La plupart de ces gorges aboutissent à la petite oasis d'El-Gytah, d'où il y a deux chemins pour joindre le Nil. L'un se dirige sur Qeneh, et rencontre la terre cultivée à Byr el-Bâr : c'est un petit village; l'autre se dirige sur Thèbes, et remonte le Nil au petit village de Hagâzy. La troisième gorge que nous connaissons va droit de Qoseyr dans la vallée du Nil, et débouche vis-à-vis d'Edfou, au village de Redesyeh; cette gorge a un peu plus de quarante-cinq lieues, c'est celle par où s'échappa Hassan-Bey; de sorte que, pour fermer tous les abords du Nil, il faut occuper les villages de Byr el-Bâr, de Hagâzy, ou les puits d'El-Gytah, et enfin la gorge de Redesyeh, vis-à-vis d'Edfou.

Sur les neuf lieues du coude du Nil qui forme un des côtés de la presqu'île de Coptos, ont successivement existé trois villes qui ont fait le commerce de la mer Rouge : 1° Coptos, ville célèbre, puissante et riche dans le quatrième siècle ; on en voit les ruines à une lieue du Nil. 2° A Coptos a succédé Kous, qui est un peu plus haut vers le sud ; Kous est encore une grande ville, mais elle est fort déchue ; la population est toute copte. 3° Enfin la troisième, qui est au nord, à l'extrémité du coude, est la petite ville de Qeneh. Qeneh est aujourd'hui l'entrepôt du commerce du Nil avec la mer Rouge. Elle n'a point atteint la prospérité de Coptos et de Kous, parce que le commerce de la mer Rouge, aujourd'hui, ne peut pas se comparer avec le commerce de la mer Rouge avant la découverte du cap de Bonne-Espérance.

Le général Belliard partit de Qeneh, le 25 mai 1799, avec deux bataillons, deux pièces de canon et cent chevaux. Il mit trois heures pour aller à Byr el-Bâr ; il s'y arrêta pour compléter sa provision d'eau ; il alla coucher à cinq lieues dans le désert. A une heure du matin la lune se leva ; il arriva à la pointe du jour à El-Gytah. El-Gytah a trois puits, revêtus en briques, fort larges, avec de grandes rampes ; les animaux y descendent. Il y a un fort, un caravansérail ; c'est une des maisons militaires que Ptolémée Soter fit construire sur le chemin de Bérénice. Le général se reposa plusieurs heures à El-Gytah, coucha à cinq lieues de là, dans le désert. Le 27, au lever de la lune, il se mit en marche, arriva après neuf heures de marche au puits d'El-Haoueh ; il campa dans le désert. Enfin, le 28, il arriva au puits de Lambogeh ; c'est une oasis, il y a des acacias, une petite rivière, de l'eau saumâtre ; là on est à deux heures de Qoseyr. Ainsi, de Qeneh à El-Gytah, en prenant par Byr el-Bâr, treize heures ; d'El-Gytah aux fontaines d'El-Haoueh, quinze heures : des fontaines à Lambogeh, onze heures ; de Lambogeh à Qoseyr, deux heures ; total, quarante et une heures, qui, à 1,800 toises par heure, font 75,800 toises ou environ trente-trois lieues de vingt-cinq au degré. Les Arabes Abâbdeh errent dans tout ce désert. Ils se vantent de pouvoir mettre 2,000 hommes sous les armes. Ils ont peu de chevaux, mais beaucoup de chameaux pour faire la traversée du Nil à la mer Rouge et jusqu'au Sennaar.

La ville de Qoseyr est située sur le bord de la mer Rouge, à environ cent lieues sud de Suez en ligne directe, à 25° 7' de latitude nord, 32° 1'36" de longitude de Paris. Elle a 4 ou 500 toises de tour. La bonne eau lui arrive de neuf lieues de là. Le château domine toute la ville. Il y a une citerne dont l'eau est bonne pour les animaux. Tout est désert autour de cette ville. Elle n'est peuplée qu'au temps de l'arrivée des bâtiments de Djeddah et d'Yanbo ; on y voit alors beaucoup d'Arabes d'Yanbo et de marchands égyptiens. Les habitants accueillirent les troupes françaises avec des transports de joie. Les Arabes Abâbdeh avaient fait leur paix et servaient l'armée française avec zèle. Après y avoir séjourné deux jours, le général Belliard retourna à Qeneh, laissant un commandant, une garnison, des vivres et des canons dans le fort de Qoseyr. Le port de Qoseyr est à l'abri des vents d'est et du nord, mais tourmenté par les vents d'ouest. Le vieux Qoseyr, qui est au nord, est, suivant quelques-uns, l'ancienne Bérénice.

Le 14 de juin, l'entrée triomphante de Napoléon au Caire, à la tête de l'armée revenant de Syrie, consolida la tranquillité de toute l'Égypte.

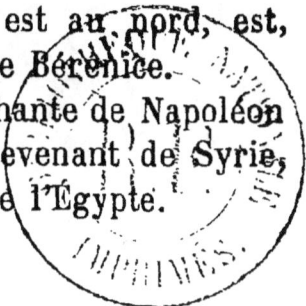

FIN DU DEUXIÈME VOLUME.

TABLE DES MATIÈRES

CHAPITRE III.
CONQUÊTE DE LA BASSE ÉGYPTE.

CHAPITRE IV.
BATAILLE NAVALE D'ABOUKIR.

CHAPITRE V.
AFFAIRES RELIGIEUSES.

Typographie Lahure, rue de Fleurus, 9, à Paris.

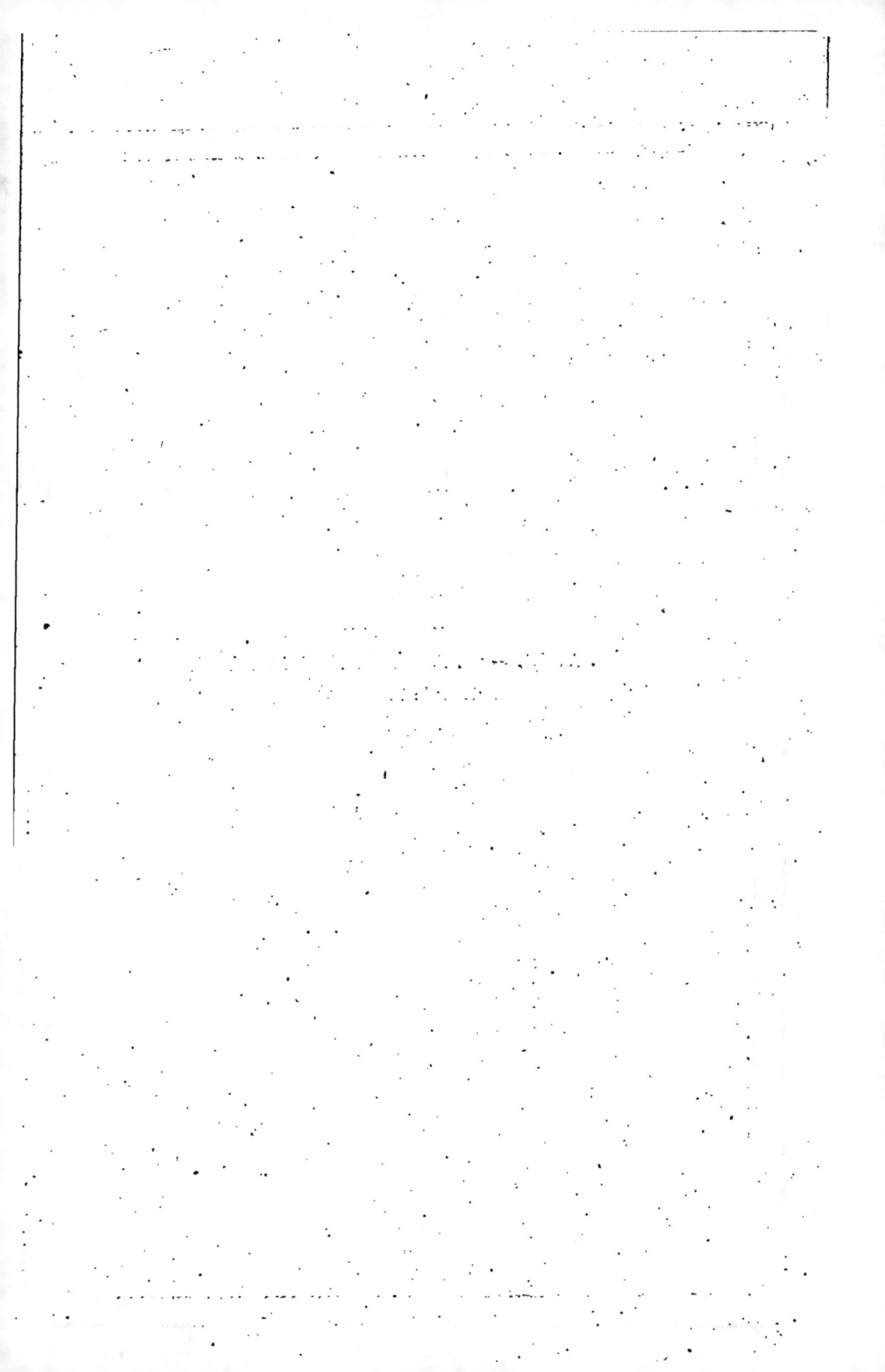

PARIS. — TYPOGRAPHIE LAHURE

Rue de Fleurus, 9

www.ingramcontent.com/pod-product-compliance
Lightning Source LLC
Chambersburg PA
CBHW071635270326
41928CB00010B/1924